Selbstvornahme vor der Abnahme

Europäische Hochschulschriften Recht

European University Studies in Law

Publications Universitaires Européennes de Droit

Band/Volume **6805**

Mehmet Sait Mert

Selbstvornahme vor der Abnahme

PETER LANG
Berlin - Bruxelles - Chennai - Lausanne - New York - Oxford

Bibliografische Information der Deutschen Nationalbibliothek
Die Deutsche Nationalbibliothek verzeichnet diese Publikation in der Deutschen Nationalbibliografie; detaillierte bibliografische Daten sind im Internet über http://dnb.d-nb.de abrufbar.

Zugl.: Dissertation, Friedrich-Schiller-Universität Jena, 2023

ISSN 0531-7312
ISBN 978-3-631-92561-4
E-BOOK 978-3-631-92574-4
E-PUB 978-3-631-92575-1
DOI 10.3726/b22266

Verlegt durch: Peter Lang GmbH, Berlin, Deutschland

info@peterlang.com www.peterlang.com

Diese Publikation wurde begutachtet.

Vorwort

Diese Arbeit soll dazu anregen, das herkömmliche Bild des Werkvertragsrechts im Hinblick auf das Gewährleistungsrecht vor der Abnahme neu zu betrachten. Sie entstand aus der Frage, wie die deutsche und die schweizerische Rechtsordnung ihre unterschiedliche Praxis hinsichtlich des zeitlichen Anwendungsbereiches der Selbstvornahme mit der nahezu identischen Argumentation begründen können, die Natur des Werkvertrages verlange dies so.

Die Arbeit wurde im Wintersemester 2023/2024 vom Fachbereich Rechtswissenschaften der Friedrich-Schiller-Universität als Dissertation angenommen.

Mein besonderer Dank gilt Prof. Dr. Jan Dirk Harke, der diese Arbeit betreut und mich mit unermüdlichem Einsatz hervorragend unterstützt hat. Durch seine wertvollen Rückmeldungen habe ich mein Wissen nachhaltig erweitern und meine Fähigkeiten im wissenschaftlichen Arbeiten vertiefen können, was ich sehr zu schätzen weiß. Honorarprof. Dr. Jochen Schlingloff danke ich für die Erstellung des Zweitgutachtens.

Außerdem möchte ich Frau Prof. Dr. Sonja Meier danken, mit der ich mich anschließend an mein LL.M.-Studium in Freiburg zu dem Dissertationsthema austauschen durfte und die mich zu einer Promotion hierüber ermutigt hat.

Für die wertvollen Gespräche während meines Studiums sowie das Korrekturlesen danke ich Dr. Luca Wimmer, Manuel Glüer und Benjamin Schmidt-Troschke.

Ein persönlicher und besonderer Dank gebührt meinen Eltern Züleyha und Dr. Muhit Mert, die stets an mich geglaubt und mich auf diesem langen Weg unterstützt haben. Ihnen ist die vorliegende Arbeit gewidmet.

Inhaltsverzeichnis

Erster Abschnitt: Einleitung und Problemdarstellung

A. Allgemeines

Werkverträge sind erfolgsbezogene Tätigkeitsverträge. Der Unternehmer verpflichtet sich, für den Besteller ein mangelfreies Werk herzustellen. Im Gegenzug verspricht der Besteller, eine Vergütung zu entrichten. Trotz der meist Zeit kostenden Werkherstellung hat der Werkvertrag nach herrschender Lehre einen einmaligen punktuellen Austauschcharakter,[1] sodass er kein Dauerschuldverhältnis darstellt. Allerdings wird er oft als Langzeitvertrag beschrieben, weil die Ausführung des Werks, besonders bei Bauverträgen, lange dauert.[2] Diese Eigenart und das Erfolgskonzept des Werkvertrages führen zu einer zeitlichen Trennung zwischen der Phase vor und nach der Abnahme.[3] Sie wirkt sich auf den zeitlichen Anwendungsbereich der allgemeinen Leistungsstörungsrechte und der werkvertraglichen Mängelrechte aus.

Die werkvertraglichen Mängelrechte werden in §§ 634 ff. BGB aufgezählt: Der Besteller kann Nacherfüllung verlangen, die Mangelbeseitigung selbst vornehmen, Minderung und Rücktritt erklären sowie Schadensersatz fordern. Praktische Bedeutung haben unter all diesen Rechten vor allem der Nacherfüllungsanspruch und das Selbstvornahmerecht, weil der Besteller typischerweise ein größeres Interesse an der vertragsgemäßen Leistung hat als an der Vertragsauflösung. Das Selbstvornahmerecht ermöglicht dem Besteller, den von ihm gewünschten Zustand ohne den Unternehmer herbeizuführen.

Die Selbstvornahme erfolgt, indem der Besteller die Beseitigung eines Mangels am Werk eigenhändig übernimmt oder sie durch einen Dritten ausführen lässt. Auf diese Weise hält er den Unternehmer, mit dessen Leistung er unzufrieden ist, aus dem Arbeitsprozess heraus. Dagegen hat der Unternehmer ein Interesse daran, seinen eigenen Herstellungsplan zu verfolgen und nicht die Kosten für eine fremde Leistung tragen zu müssen. Das Konfliktpotential ist besonders groß, wenn die Selbstvornahme vor der Abnahme stattfinden soll.

1 Vgl. Harke, Besonderes, Rn. 7; Voit, BauR 2011, 1063, 1064 f.; Ders., FS Koeble, S. 225, 226; Ausführlich dazu 2. Abschnitt, B, II, 2.

2 MünchKommBGB/Busche, § 648 Rn. 1; hinsichtlich des Bauvertrages Voit, BauR 2002, 1776.

3 Staudinger/Peters § 631 BGB Rn. 13, § 633 BGB Rn. 1.

Aufgabe dieser Arbeit ist es zu zeigen, wie hier eine sachgerechte Lösung gefunden werden kann.

B. Anlass der Untersuchung

Die Selbstvornahme wird in der Lehre meistens mit Blick auf das Kaufvertragsrecht behandelt; über die Selbstvornahme im Werkvertragsrecht, ihren Sinn und Zweck und besonders über ihre Struktur wird weniger gesprochen. Da der Besteller sich in der Praxis häufig voreilig einmischt, drehen sich die Diskussionen vor allem um den zeitlichen Anwendungsbereich der Mängelrechte.[4] Im BGB gibt es hierzu keine ausdrückliche Regelung. Obwohl die herrschende Ansicht in der Lehre der Meinung ist, die werkvertraglichen Mängelrechte seien erst nach der Abnahme anwendbar, gibt es noch andere Auffassungen, die hierfür die Vollherstellung bzw. die abnahmereife Herstellung, den Fälligkeitstermin oder den Herstellungsbeginn als maßgeblich sehen.[5]

Die Rechtsprechung war in dieser Frage lange Zeit uneins; allerdings hat der BGH Anfang 2017 die Gelegenheit, die ihm gleich mehrere gleichgelagerte Fälle boten, genutzt und entschieden, dass eine Selbstvornahme erst nach der Abnahme möglich ist.[6] Von der Literatur wird dies zum Teil als unbefriedigend empfunden.[7] Außerdem hat der Gesetzgeber kurz danach, Anfang 2018, in gewissem Umfang die Selbstvornahme im Kaufrecht zugelassen,[8] was die Diskussion erneut befeuert hat.

In dieser Arbeit wird zunächst die Struktur der Selbstvornahme dargelegt. Danach werden die dogmatischen Fragen, zum einen der zeitliche Anwendungsbereich des Rechts auf Selbstvornahme und des allgemeinen Leistungsstörungsrechts und zum anderen der Kostenersatz bei Selbstvornahme, behandelt. Im nächsten Kapitel sollen die rechtspolitischen Aspekte zum Thema vorgetragen und anschließend rechtsvergleichende Lösungsansätze entwickelt werden.

---

4 Vgl. Joussen, BauR 2009, 319, 322.

5 Siehe 1. Abschnitt, E, I.

6 BGH, Urteil vom 19. 1. 2017 – VII ZR 301/13; VII ZR 193/15; VII ZR 235/15. Ausführlich siehe 1. Abschnitt, E, I, 1, b, ii.

7 Vgl. Schwenker, NJW 2017, 1579 ff.; Looschelders, JA 2017, 708, 710; Reichelt, Ishola, ZfIR 2017, 279, 281.

8 § 439 III 1 BGB n.F. ist mit dem Gesetz zur Reform des Bauvertragsrechts, zur Änderung der kaufrechtlichen Mängelhaftung, zur Stärkung des zivilprozessualen Rechtsschutzes und zum maschinellen Siegel im Grundbuch- und Schiffsregisterverfahren vom 28.04.2017, in Kraft getreten am 01.01.2018.

C. Die Dogmatik der Selbstvornahme

I. Der Begriff Selbstvornahme

Im deutschsprachigen Schrifttum gibt es viele Begriffe dafür, dass der Gläubiger den geschuldeten Erfolg einer ordnungswidrigen Vertragsdurchführung auf Kosten des Schuldners entweder selber herbeiführt oder durch einen Dritten herbeiführen lässt. Im Allgemeinen hat sich der Begriff „Selbstvornahme" eingebürgert. Er ist allerdings nicht ganz unproblematisch. Denn er vermittelt den falschen Eindruck, dass es sich dabei um das Gegenstück zur Fremdvornahme handelt. Dies verdeutlicht den Bedarf nach einer passenden Terminologie.

In der Lehre wurden noch weitere und ähnliche Begriffe angewendet. Die „Eigenvornahme" ist der Selbstvornahme insofern ähnlich, als die Wörter „eigen" und „selbst" austauschbar sind. Auch die „Eigenverbesserung" und die „Selbstverbesserung" unterscheiden sich von der Selbstvornahme nicht wesentlich. Sie sind ein wenig konkreter als die Selbstvornahme, denn sie verdeutlichen, dass es um einen Versuch zur Verbesserung des Zustandes geht. Zugleich decken sie aber nicht den Fall ab, in dem der Schuldner überhaupt nicht tätig wird und der Gläubiger die gesamte Leistung selbst herstellen muss. Außerdem wird in der Literatur von der „Selbsthilfe bzw. Selbstabhilfe" gesprochen. Der Begriff der Selbsthilfe kann für den Leser missverständlich sein, weil er im BGB im Rahmen von §§ 229, 859 ff. vorkommt. Die Selbstabhilfe hingegen scheint passender zu sein. Sie deutet auf die Beseitigung des Grundes der Unzufriedenheit. Der Begriff Abhilfe ist übrigens in § 314 BGB sowie in dem Mietvertrags- und im alten Reisevertragsrecht zu finden. Damit besteht ein Bezug zu den Mängelrechten. Der Begriff „Selbsterfüllung" wurde vor der Schuldrechtsmodernisierung für die Herbeiführung des geschuldeten Erfolges durch den Gläubiger verwendet.[9] Dabei wurde zwar auf die materiellrechtliche Rechtsverwirklichung abgestellt. Die geschuldete Forderung wird aber eben nicht erfüllt. Schließlich wird in der Schweizer Rechtsprache die „Ersatzvornahme" verwendet. Dieser Begriff scheint treffend zu sein,[10] weil es sich beim Wort „Ersatz" um eine Person oder Sache handelt, die anstelle einer anderen solchen eingesetzt wird. Beabsichtigt der Gläubiger mit seinem Tun oder mit

9 Saenger, Selbsterfüllung, 10 ff.

10 Siehe aber Saenger, Selbsterfüllung, 12, 76 f., der diese wegen der festen Anwendung des Begriffs der Ersatzvornahme im Prozessrecht für bedenklich hält.

der Beauftragung von Dritten, eine vertragsgemäße anstelle einer vertragswidrigen Durchführung einzusetzen, so findet damit eine Ersetzung statt.

Die genannten Begriffe werden häufig noch mit einem Adjektiv kombiniert, so wie die „eigenmächtige oder voreilige Selbstvornahme"[11]. Sie enthalten eine Bewertung und dienen meist dazu, das Tätigwerden des Gläubigers zu diskreditieren. Zu beachten ist dabei, dass nicht jede Selbstvornahme ohne vorherige Fristsetzung eine eigenmächtige oder voreilige Selbstvornahme darstellt. Dies gilt insbesondere dann, wenn die Fristsetzung nach § 637 II entbehrlich ist. Daher wird der Begriff „eigenmächtige Selbstvornahme" in dieser Arbeit hauptsächlich für solche Fälle angewendet, in denen der Gläubiger bei den Mangelbeseitigungsarbeiten den Vorrang der Nacherfüllung missachtet.

Weil der Begriff Selbstvornahme im deutschen Recht üblich geworden ist, soll er auch in dieser Arbeit Verwendung finden. Bei einer neuen Regelung wäre aber wünschenswert, dass sich der Gesetzgeber einer anderen Terminologie bedient.

II. Die Auswirkung der Selbstvornahme auf die Forderung

Eine erfolgreich durchgeführte Selbstvornahme führt zur Beseitigung des Leistungsdefizits, indem der versprochene Werkerfolg durch den Besteller oder dessen Beauftragten herbeigeführt wird. Damit muss die Forderung des Bestellers erlöschen.[12] Fraglich ist, wie sich dieses Ergebnis herleiten lässt.

Zunächst bietet sich die Annahme einer Erfüllung gemäß § 362 I BGB an. In diesem Fall erlischt das Schuldverhältnis, *„wenn die geschuldete Leistung an den Gläubiger bewirkt wird"*. Trotz insoweit nicht eindeutigen Wortlauts der Vorschrift erfordert dies, dass der versprochene Erfolg durch die Leistung des Schuldners herbeigeführt werden soll. So wird nicht nur dem Leistungsinteresse des Gläubigers Rechnung getragen, sondern auch dem tilgungsrechtlichen Interesse des Schuldners.[13] Da die Selbstvornahme nicht durch die eigene Leistung des Schuldners stattfindet, scheidet § 362 I also aus.[14]

---

11 Das „eigenmächtig" betont, dass die Vornahme der Mangelbeseitigung ohne Auftrag, Erlaubnis oder Befugnis geschieht. Das Adjektiv „voreilig" andererseits beschreibt die Fälle, in denen die Mangelbeseitigung beeilt und unbedacht stattfindet.

12 S. zum alten Recht Palandt/Sprau (2000) § 634 Rn. 6.

13 Der Theorienstreit trägt hier nichts bei. Abgesehen von der Vertragstheorie, die bereits überwunden ist, haben alle anderen Theorien gemeinsam, dass der Schuldner mit seiner negativen Bestimmung die Erfüllung verhindern kann.

14 Beuthien, Zweckerreichung, S. 16; S. aber Oechsler, Schuldverhältnisse, § 2 Rn. 204, der im kaufrechtlichen Kontext von der Erfüllung spricht. So auch Ders., NJW

Auch eine Deutung als Leistung durch Dritte gemäß § 267 scheidet aus.[15] Dritter im Sinne der Vorschrift kann nicht der Gläubiger selbst sein, denn wenn dieser einen anderen mit der Mangelbeseitigung beauftragt, erfolgt die Leistung auf eine eigene Schuld des Dritten gegenüber dem Gläubiger. Selbst wenn man sich auf den Standpunkt der objektiven Theorie stellt, wonach zum Eintritt der Erfüllungswirkung schon die Identität von Schuld und Leistung genügen soll,[16] gelingt die Anwendung von §§ 267, 362 nicht reibungslos. Es kann für die Zuordnung nämlich keine Rolle spielen, ob der Besteller selbst die Mängel beseitigt oder dies einem Auftragnehmer überlässt.

Des Weiteren könnte zwar zumindest im Hinblick auf den nach § 637 I geschuldeten Aufwendungsersatz eine Leistung an Erfüllungs Statt gemäß § 364 vorliegen. Hierfür fehlt es im Fall der Selbstvornahme aber an der erforderlichen Vereinbarung, durch die dem Schuldner eine Ersetzungsbefugnis eingeräumt wird. Im Wege der Selbstvornahme erlangt der Gläubiger nur das, was er ohnehin bekommen sollte, nur nicht infolge der Leistung des Schuldners, und die Aufwendungen sind Gegenstand einer dem Schuldner aufoktroyierten Pflicht.

Als Erlöschungsgrund bei Selbstvornahme wird außerdem die Unmöglichkeit der Leistung erwogen.[17] Sie bietet sich aber deshalb nicht an, weil es sich ja um eine vom Gläubiger verursachte Störung der Leistung handelte. Die hierfür einschlägigen Regelungen in §§ 323 Abs. 6, 326 Abs. 2 folgen dem Grundgedanken, dass der aus der Unmöglichkeit resultierende Nachteil auf den Gläubiger abgewälzt werden soll. Dies kommt bei der Selbstvornahme aber keinesfalls in Betracht.

Findet sich im BGB kein passender Ansatzpunkt, könnte sich eine Lösung durch einen Blick auf das Pendant der Selbstvornahme im Vollstreckungsrecht ergeben. Auch hier ist man sich aber nur darüber einig, dass die nach § 887 ZPO vollstreckte Forderung erlischt. Worauf dies beruht, ist umstritten. Nach einer

---

2004, 1825, 1826. Vgl. auch Führich/Staudinger/ReiseR-HdB/Staudinger § 19 (§ 651k) Rn. 16 für die Erfüllung im Falle der Selbstabhilfe im Pauschalreisevertragsrecht.

15 Anders aber Lamprecht, ZGS 2005, 266, 273.

16 MünchKommBGB/Fetzer § 362 Rn. 10.

17 Beuthien, Zweckerreichung, S. 27 f.; Saenger, Selbsterfüllung, S. 327; Canaris, FS Picker, 2010, 113, 131; Paehler, Selbstvornahme, S. 98 ff.; Schönknecht, Selbstvornahme, S. 54 ff.; i.E. so auch Rieble DB 1989, 1759, 1760.; vgl. auch Markworth, AcP 219, 63, 75 ff., der im Hinblick auf die Selbstvornahme die Zweckerreichung in Betracht zieht.

Ansicht kommt § 362 BGB zum Zuge,[18] wobei im Fall einer Ersatzvornahme durch Dritte noch auf § 267 BGB verwiesen wird.[19] Eine direkte Anwendung von § 362 hierauf erscheint aber fragwürdig. Denn weder hat der Schuldner freiwillig geleistet, noch kann er über die Tilgung seiner Schuld bestimmen. Eine andere Auffassung rekurriert auf die Vorschriften der ZPO, in denen die Tilgung der vollstreckten Forderung erwähnt oder zumindest angedeutet ist. Es handelt sich um §§ 815, 819, 897 ZPO.[20] Bei der Ersatzvornahme können sie jedenfalls nicht unmittelbar zur Anwendung kommen. Denn sie betreffen nicht die Vornahme vertretbarer Handlungen, sondern regeln nur die Wirkungen einer Wegnahme gepfändeten Geldes oder einer herauszugebenden Sache sowie die Ablieferung eines Versteigerungserlöses. Sieht man hierin nicht nur Bestimmungen über den Gefahrübergang, kann man sie als Erfüllungsfiktionen ansehen.[21] Vergleichbar ist die Fiktion, die § 894 ZPO bei der Verurteilung zur Abgabe einer Willenserklärung anordnet. In § 887 ZPO kann man eine vergleichbare Fiktion dadurch bestimmt sehen, dass die Ersatzvornahme „auf Kosten des Schuldners" erfolgen soll.[22] Der durch die Zwangsvollstreckung bewirkte Erfolg wird dem Schuldner kraft Gesetzes und ohne Tilgungsbestimmung zugerechnet, sodass seine Schuld erlischt.[23]

Dieser Ansatz lässt sich auch auf die Selbstvornahme gemäß § 637 übertragen. Ebenso wie die Ersatzvornahme im Rahmen der Zwangsvollstreckung bezweckt die Selbstvornahme im Werkvertragsrecht die Befriedigung des Gläubigerinteresses ohne Beitrag des Schuldners. Dessen Tilgungsbestimmung wird dadurch ersetzt, dass dem Gläubiger die Befugnis zur Selbstvornahme eröffnet ist.

Erfolgt die Selbstvornahme unter Missachtung der Voraussetzungen von § 637 eigenmächtig, scheidet die Erfüllungsfiktion aus. Umstritten ist in diesem Fall, ob eine voreilige Selbstvornahme zu einer Unmöglichkeit führt. Nach

---

18 BeckOGK/Looschelders § 362 BGB Rn. 131 f.; MünchKommBGB/Fetzer § 362 Rn. 40; Beuthien, Zweckerreichung, S. 303 f.; Saenger, Selbsterfüllung, S. 154 f.; Krüger, NJW 1990, 1208, 1210.

19 Lamprecht, ZGS 2005, 266, 273.

20 Grüneberg/Grüneberg § 362 Rn. 15; PWW/Pfeifer § 362 Rn. 15; Erman/Buch-Heeb § 362 Rn. 16; Gernhuber, Erfüllung, § 5 I 1 a S. 91 f.; s.a.; Jauernig/Stürner § 362 BGB Rn. 4.

21 Schünemann, JZ 1985, 49; Staudinger/Olzen § 362 BGB Rn. 6 ff.

22 Schünemann, JZ 1985, 55; i.E. auch so Harke, Allgemeines, S. 350; kritisch aber Kerwer, Erfüllung, S. 111 Fn. 35.

23 Harke, Allgemeines, S. 350.

einer Ansicht ist dies zu bejahen, weil das Leistungsdefizit infolge des Eingriffs des Bestellers nicht mehr beseitigt werden kann.[24] Dieser Lösung kann nicht vorbehaltlos zugestimmt werden. Denn der Unternehmer kann die Mangelbeseitigung gemäß § 635 nach seiner Wahl durch die Nachbesserung oder Neuherstellung bewirken. Die Unmöglichkeit betrifft höchstens eine der beiden Varianten.[25] Deshalb muss für die andere Form der Mängelbeseitigung auf die Figur der Zweckerreichung zurückgegriffen werden.[26] Sie zeitigt nach allgemeiner Auffassung die Folgen einer Unmöglichkeit,[27] weshalb § 275 I dann doch den Erlöschenstatbestand für beide Varianten der Mangelbeseitigung darstellt.

III. Die Auswirkung der Selbstvornahme auf die Gegenleistung

Geht man von einer Fiktion der Erfüllung aus, lässt diese die Gegenleistung ebenso unberührt wie der reguläre Tatbestand von § 362. Der Unternehmer behält seinen Anspruch auf Vergütung, dem aber der Anspruch des Bestellers auf Ersatz der bei der Selbstvornahme angefallenen Aufwendungen gegenübersteht. Erfolgt die Selbstvornahme eigenmächtig, ergeben sich die Konsequenzen für den Anspruch des Unternehmers auf Vergütung aus § 326 II. Da der Besteller für die Unmöglichkeit und Zweckerreichung verantwortlich ist, behält der Unternehmer ebenfalls seinen Anspruch auf Vergütung, ist aber nicht zum Aufwendungsersatz verpflichtet und muss sich nur seine Ersparnis und anderweitigen Erwerb anrechnen lassen.

Gegen diese Lösung lässt sich freilich einwenden, dass der BGH in der parallelen Situation beim Kaufvertrag strikt auf dem Vorrang der Nacherfüllung beharrt und dem Käufer, der voreilig selbst einen Mangel beseitigt, jeglichen Ausgleich versagt.[28] Denn der Verkäufer verliert dabei nicht nur sein zweites Andienungsrecht, sondern auch die Möglichkeit, das Bestehen und Vorliegen sowie die Ursache des Mangels festzustellen. Hält man dies für richtig,[29] kommt

---

24 Gursky, NJW 1971, 782, 784; So in Bezug auf die eigenmächtige Mangelbeseitigung des Gläubigers im Kaufrecht Lorenz, NJW 2003, 1417, 1418; Ders. ZGS 2003, 398.

25 BeckOGK/Riehm § 275 BGB Rn. 126.

26 Herresthal, Riehm, NJW 2005, 1457; Seidel, JZ 1991, 391, 392; Gsell, ZIP 2005, 922, 923; BeckOGK/Riehm § 275 BGB Rn. 122 ff.

27 MünchKommBGB/Ernst § 275 Rn. 158.

28 BGH NJW 2005, 1348, 1349; NJW 2006, 988.

29 So in der Lehre: Dauner-Lieb, Arnold, ZGS 2005, 10, 13; Schroeter, JR 2004, 441, 443; Looschelders, JA 2007, 673, 674; AnwKommBGB/Büdenbender § 437 Rn. 3; Staudinger/Matusche-Beckmann § 439 BGB Rn. 54 ff.; Grüneberg/Weidenkaff 437 Rn. 57 f.

man kaum umhin, ebenso beim Werkvertrag zu verfahren. Dies bedeutet, dass der Anspruch auf den Werklohn in voller Höhe erhalten bleibt.

D. Der zeitliche Anwendungsbereich der allgemeinen Leistungsstörungsrechte

I. Die Ansprüche des Bestellers aus dem allgemeinen Leistungsstörungsrecht

Der Besteller hat zunächst einen Erfüllungsanspruch auf die Herstellung des Werkes, § 631 I i.V.m. § 241 I 1. Erbringt der Unternehmer seine Pflicht trotz Fristsetzung nicht oder nicht vertragsgemäß, so stehen dem Besteller folgende Ansprüche aus dem allgemeinen Leistungsstörungsrecht zur Verfügung: Schadensersatz neben der Leistung nach § 280 I, Schadensersatz statt der Leistung nach §§ 281 und 280, Schadensersatz wegen der Verzögerung der Leistung §§ 280 II, 286 und die Rücktrittsrechte nach § 323. Da die Rückabwicklung oder der Wertersatz bei langzeitigen Bauarbeiten zu evident ungerechten Ergebnissen führen, kann das Rücktrittsrecht unter Umständen auch durch das Kündigungsrecht aus wichtigem Grund nach § 314 verdrängt werden.[30] Neben diesen allgemeinen Leistungsstörungsrechte steht dem Besteller seit 2018 noch ein Kündigungsrecht nach § 648a zur Verfügung, „*wenn dem kündigenden Teil unter Berücksichtigung aller Umstände des Einzelfalls und unter Abwägung der beiderseitigen Interessen die Fortsetzung des Vertragsverhältnisses bis zur Fertigstellung des Werks nicht zugemutet werden kann*“[31].

Erforderlich ist jeweils das Vorliegen einer Pflichtverletzung. Sowohl § 281 I als auch § 323 I knüpfen daran an, dass eine fällige Leistung nicht oder nicht wie geschuldet erbracht wird. Der Mangel einer Leistung ist als Pflichtverletzung zu verstehen. Darüber hinaus setzen Ansprüche aus §§ 280 ff., 314 und § 323 voraus, dass der Besteller dem Unternehmer zur vertragsgemäßen Erfüllung eine angemessene Frist setzt. Allerdings kann die Fristsetzung zuweilen entbehrlich sein, §§ 281 II, 323 II und § 314 II 2. Außerdem muss der Schuldner im Fall der Schadensersatzansprüche nach §§ 281 I, 280 I die Pflichtverletzung zu vertreten haben. Ein solches Vertretenmüssen wird jedoch nach § 280 I 2 vermutet. Schließlich darf kein Ausschlussgrund vorliegen. Ein solcher ist gem. § 281 I 3 und § 323 V 2 hinsichtlich des Anspruchs auf Schadenersatz statt der

30 Voit, NZBau 2017, 521, 523.

31 Vgl. KG Berlin ZfBR 2023, 569, wobei die Unzumutbarkeit bei keinem erkennbaren Fortschritt nach 23 Monaten und dazu einer Fristüberschreitung bejaht wird.

Leistung und des Rücktritts- bzw. Kündigungsrechts gegeben, wenn die Pflichtverletzung nur unerheblich ist. Übrig bleibt dann lediglich der Anspruch auf Schadensersatz neben der Leistung. Ist der Besteller für die Pflichtverletzung überwiegend oder allein verantwortlich oder ist ihm mangelnde Vertragstreue vorzuwerfen, so ist das Rücktrittsrecht nach § 323 VI als ausgeschlossen anzusehen.

II. Die Entstehungszeit der Ansprüche aus dem allgemeinen Leistungsstörungsrecht

1. Der Grundsatz: ab Fälligkeit des Erfüllungsanspruchs aus § 631 I BGB

Mit der Fälligkeit des Erfüllungsanspruchs kann dieser gem. § 887 ZPO durchgesetzt werden. Die Fälligkeit eines Erfüllungsanspruchs im Werkvertrag lässt sich nach § 271 bestimmen. Ist die Leistungszeit vertraglich nicht bestimmt worden, so hat der Unternehmer das Werk in einer angemessenen Zeit herzustellen. Die Leistung kann normalerweise nicht sofort verlangt werden, da die Herstellung des Werks einen bestimmten Zeitablauf erfordert und der Unternehmer vorleistungspflichtig ist. Der Besteller kann aber dem Unternehmer eine angemessene Frist zur Erfüllung setzen, falls kein Fertigstellungstermin vereinbart wurde. Nach § 271 II finden im Zweifel die vereinbarten Termine und Fristen eine vorrangige Anwendung.

2. Die Geltendmachung der Ansprüche vor Fälligkeit des Erfüllungsanspruchs durch § 323 IV BGB

§ 323 IV ermöglicht dem Besteller, bereits vor Fälligkeit der Leistung vom Vertrag zurückzutreten. Dafür muss jedoch offensichtlich voraussehbar sein, dass die Voraussetzungen des Rücktritts mit der Fälligkeit des Erfüllungsanspruchs eintreten werden. Erfasst werden damit die Fälle, in denen das Abwarten bis zur Fälligkeit des Erfüllungsanspruchs dem Besteller unzumutbar ist.[32] Beispiele sind die Erfüllungsverweigerung und die objektive Erfüllungsgefährdung durch den Unternehmer. Zudem ist § 323 IV anzuwenden, wenn aus anderen Gründen das Vertrauen des Bestellers in eine vertragsgemäße Werkherstellung geschwunden ist.[33]

---

32 So über Analogie Voit, FS Koeble, 225, 231 f.; das wird auch in BT-Drucks. 14/6040, S. 186 angedeutet.

33 BGH NZBau 2008, 576.

Es stellt sich die Frage, ob im Anwendungsbereich des § 323 IV auch noch Schadensersatz verlangt werden kann. Vor der Schuldrechtsmodernisierung 2002 sah die Rechtsprechung in der Erfüllungsverweigerung des Schuldners noch eine positive Forderungsverletzung.[34] Sie eröffnete dem Gläubiger nicht nur ein Rücktrittsrecht, sondern auch einen Anspruch auf Schadensersatz wegen Nichterfüllung.[35] Bei der Schuldrechtsmodernisierung wurde hierauf nicht eingegangen, was aber noch nicht ausschließt, dass dem Gläubiger ein Schadensersatzanspruch zustehen kann. Bringt der Schuldner zum Ausdruck, dass er seine Leistung im Fälligkeitszeitpunkt nicht erbringen wird, so wäre ein Abwarten bis zu diesem Moment nicht mehr als eine Formalie. Einer Nachfristsetzung bedarf es auch nicht aus dem Grund, dass der Erfüllungsanspruch beseitigt werden müsste. Denn er fällt mit dem Rücktritt nach § 323 IV weg. Es sprechen also gute Gründe für einen Schadensersatzanspruch.[36]

Die Frage, worauf der Schadensersatzanspruch gründen soll, berührt die dogmatische Struktur von § 323 IV. Eine Ansicht versteht die Erfüllungsverweigerung vor dem Fälligkeitszeitpunkt als Verletzung einer Leistungstreuepflicht nach § 241 II.[37] Dementsprechend soll sich der Schadensersatzanspruch aus §§ 282, 241 II ergeben. Favorisiert werden in der Lehre hingegen §§ 280, 281. Umstritten ist dabei aber, worin die erforderliche Pflichtverletzung liegt. Nach einer Auffassung sanktioniert § 323 IV als Ausnahmevorschrift einen zukünftigen Vertragsbruch.[38] Dafür spreche die Formulierung, „*dass die Voraussetzungen des Rücktritts eintreten werden*". Damit kommt eine direkte Anwendung von § 281 nicht in Betracht. Denkbar sei aber eine analoge Anwendung, weil die von § 323 IV bewältigte Interessenlage bei Schadensersatz und Rücktritt gleich sei.[39] Vorzugswürdig erscheint aber, in der ernsthaften Erfüllungsverweigerung eine gegenwärtige Pflichtverletzung zu sehen.[40] Hierfür muss man nur die Leistungstreuepflicht zu den vom Schuldner übernommenen Leistungspflichten zählen.

---

34 BGH NJW 1954, 229; NJW 1986, 842, 843.

35 So Huber, Leistungsstörungen, Bd. II, § 51 II 2 für eine analoge Anwendung des § 326 Abs. 1 BGB a.F.

36 Dazu Schwarze, Leistungsstörungen, § 21 Rn. 3 ff.

37 Ramming, ZGS 2003, 209.

38 Voit, FS Koeble, 225, 228; Vgl. Weidt, Vertragsbruch, S. 113.

39 MünchKommBGB/Ernst, § 281 Rn. 56; Grüneberg/Grüneberg § 281 Rn. 8a; Voit, NZBau 2017, 521, 523.

40 Staudinger/Peters § 633 BGB Rn. 3a, 89.

III. Zwischenergebnis und kritische Würdigung

Das allgemeine Leistungsstörungsrecht gewährt dem Besteller Ansprüche auf Schadensersatz (neben und statt der Leistung), die Befugnis zum Rücktritt und eventuell auch ein Kündigungsrecht. Die Anwendung dieser Rechte setzt grundsätzlich die Fälligkeit des Erfüllungsanspruchs des Bestellers voraus. Erbringt der Unternehmer seine fällige Leistung nicht oder nicht vertragsgemäß, so kann der Besteller seinen Erfüllungsanspruch durch § 887 ZPO durchsetzen oder weitere Ansprüche aus dem allgemeinen Leistungsstörungsrecht geltend machen.

Vor dem Fälligkeitstermin kann der Besteller lediglich vom Vertrag zurücktreten, wenn offensichtlich ist, dass die Voraussetzungen für ein Rücktrittsrecht eintreten werden, § 323 IV. Diesbezüglich hat er richtig einzuschätzen, ob die Pflichtverletzung erheblich ist, um das Rücktritt- bzw. Kündigungsrecht und den Anspruch auf den Schadensersatz statt der Leistung geltend zu machen.

Im allgemeinen Teil des Schuldrecht ist keine Regelung zur Selbstvornahme zu finden. Das Interesse des Bestellers daran, die Herstellung eines vertragsgemäßen Werks zu erreichen, können weder die Auflösung des Vertrages noch der Schadensersatz vollständig abdecken.[41] Die allgemeinen Leistungsstörungsrechte gelten für alle Vertragsarten; ihre Rechtsfolgen sind jedoch nicht unbedingt auf die werkvertragsspezifischen Probleme zugeschnitten.

E. Der zeitliche Anwendungsbereich der Mängelrechte im BGB-Werkvertragsrecht

Die werkvertraglichen Mängelrechte sind als modifizierte Gewährleistungsrechte einzuordnen. Ihr zeitlicher Anwendungsbereich ist im BGB nicht eindeutig bestimmt und im Schrifttum umstritten. Die Rechtsprechung war diesbezüglich – je nach OLG – geteilter Ansicht, der BGH hat sich letztens unter Berücksichtigung mancher Ausnahmen für den Moment der Abnahme als Zäsur entschieden.

41 MünchKommBGB/Busche, § 634 Rn. 4; diese Lösung entspricht den Vorrang der Vertragsdurchführung auch nicht.

I. Unterschiedliche Auffassungen über den zeitlichen Anwendungsbereich der werkvertraglichen Mängelrechte

Die Ansichten zum Anwendungsbereich des werkvertraglichen Gewährleistungsrechts lassen sich stichwortartig wie folgt auflisten: Die Mängelrechte sollen zuständig sein

- erst ab der Abnahme,
- ab der Vollendung oder abnahmereifen Herstellung des Werks,
- ab dem vereinbarten Fertigstellungstermin oder
- schon während der Herstellung.

1. Die Abnahme

Herrschender Lehre[42] und neuerdings auch dem BGH[43] zufolge ist der Gefahrübergang und damit die Abnahme des Werkes bei der Anwendung von Mängelrechten nach §§ 634 ff. ausschlaggebend. Diese Ansicht wird unterschiedlich begründet.

a. Die Lehrmeinungen

Im Schrifttum wird auf den Erfolgsbezug und die Struktur des Werkvertrags als punktueller Austausch rekurriert.[44] Beides führe zur maßgeblichen Rolle der Abnahme. Mit ihr wird gem. §§ 644 I 1 und II 1 Nr. 2 die Vergütung fällig und die Leistungsgefahr geht auf den Besteller über. Außerdem löst sie die Verjährung werkvertraglicher Mängelansprüche aus, die je nach Werk dann zwei oder fünf Jahre läuft, § 634a. Dagegen verjähren Ansprüche nach dem allgemeinen Leistungsstörungsrecht gemäß §§ 195, 199 erst nach drei Jahren und in Abhängigkeit von der Kenntnis des Gläubigers. Für eine Zäsur sorgt die

42 Messerschmidt/Voit – Moufang/Koos, § 634 BGB Rn. 6; Joussen, BauR 2009, 319, 332; Jansen, Mangelrechte, S. 70 f., 75 f.; BeckOK BGB/Voit, § 634 Rn. 2, 16; Voit, BauR 2011, 1063, 1075; Jauernig/Mansel, § 634 BGB Rn. 3; Kniffka/Koeble/Kniffka Teil 6 Rn. 2; Erman/Schwenker/Rodemann § 633 Rn. 22 f.; Meßmer, Selbstvornahmerecht, S. 272 weist auf die Abnahme an, obwohl auf S. 100 die abnahmereife Fertigstellung betont wurde; Bachmann, AcP 211, 395, 432 spricht sich für das Abnahmeerfordernis aus, nimmt jedoch an, dass bezüglich einzelner Rechte Friktionen entstehen können.

43 BGH NJW 2017, 1604; NJW 2017, 1607; BeckRS 2017, 102864.

44 Voit, BauR 2011, 1063, 1070 f.; Ders., BauR 2022, 339, 347; s.a. BeckOK BGB/Voit, § 634 Rn. 3; Meßmer, Selbstvornahmerecht, S. 97.

Abnahme auch in der Frage der Beweislast. Während der Unternehmer vorher die Beweislast dafür trägt, dass das Werk mangelfrei hergestellt wurde, muss ab der Abnahme der Besteller beweisen, dass ein Fehler am Werk das Ergebnis mangelhafter Erfüllung ist. Zudem kommt es bei der Verzinsung der Vergütung auch auf die Abnahmezeit an, § 641 IV. Alle diese Beispiele zeigten, dass die Abnahme im Werkvertragsrecht der entscheidende Zeitpunkt sei.[45] Dies lasse darauf schließen, dass die Abnahme auch für den zeitlichen Anwendungsbereich werkvertraglicher Mängelrechte maßgeblich sein müsse.

Ein weiterer Begründungsansatz geht vom Vorrang des Nacherfüllungsanspruchs aus.[46] Schon sein Name zeige an, dass die Erfüllungsphase beendet sein müsse. Dies sei bei Werkleistungen erst mit der Abnahme möglich, § 640 I. Außerdem spreche gegen die Anwendung der Mängelrechte vor der Abnahme das Recht des Unternehmers zur Verweigerung der Mangelbeseitigung wegen unverhältnismäßiger Kosten nach § 635 III.[47] Es würde dem Gesetzeszweck widersprechen, wenn der Unternehmer aus diesem Grund schon die Erfüllung ablehnen könnte, denn die Schwelle für einen Ausschluss des Erfüllungsanspruchs nach § 275 I, III ist deutlich höher.[48]

Schließlich wird für das Abnahmeerfordernis angeführt, dass der Unternehmer eine Verschaffungspflicht habe.[49] Er müsse dem Besteller das Werk mangelfrei zur Abnahme anbieten. Dann könne der Besteller das Werk auch erst nach der Abnahme prüfen und einen Mangel feststellen.[50]

b. Die Rechtsprechung

Der Bundesgerichthof hat die Frage, ob die Mängelrechte des Bestellers aus §§ 634 ff. BGB vor der Abnahme eingreifen, lange Zeit offengelassen. Trotzdem überwog in der oberlandesgerichtlichen Rechtsprechung die Ansicht, dass eine Abnahme unabdingbar sei. Nur in Ausnahmefällen könnten bereits vorher die werkvertraglichen Mängelrechte geltend gemacht werden.

---

45 Voit, BauR 2011, 1063, 1070 f.

46 Joussen, BauR 2009, 319, 324.

47 BeckOK BGB/Voit, § 634 Rn. 3; Joussen, BauR 2009, 319, 326 f.

48 Joussen, BauR 2009, 319, 324.

49 Messerschmidt/Voit – Moufang/Koos, § 633 BGB Rn. 6; Joussen, BauR 2009, 319, 323; Meßmer, Selbstvornahmerecht, S.98 f.

50 BeckOK BGB/Voit, § 634 Rn. 3; Ders. § 635, Rn. 3.

i. OLG-Entscheidungen

Schon 2012 sprach sich das OLG Köln[51] dafür aus, die Abnahme als Schnittpunkt für die Erfüllungs- und Nacherfüllungsrechte anzusehen. Das lasse sich darauf zurückführen, dass die Herbeiführung des geschuldeten Erfolgs Sache des Unternehmers sei. Hierzu würde es nicht passen, wenn sich der Besteller in die Herstellung einmischen könnte. Während der Herstellung sei der Unternehmer mit der Nacherfüllung nur insoweit zu belasten, wie er vom Besteller auch schon eine Entscheidung über die Abnahme verlangen könne. Nur in Ausnahmefällen, in denen der Besteller die Abnahme wegen Mängeln verweigern darf, könnten solche Rechte angewendet werden.

Auch das OLG Düsseldorf[52] ging in einem Urteil von 2014 von der exklusiven Zuständigkeit des allgemeinen Leistungsstörungsrecht vor der Abnahme aus. Solange das Werk noch nicht hergestellt sei, könne es auch nicht mangelhaft sein. In einer späteren Entscheidung führte dasselbe Gericht noch aus, das Nacherfüllungsrecht sei der Ausgangspunkt für die anderen Rechte aus § 634.[53] Deshalb verblieben dem Besteller während der Herstellung nur allgemeine Rechte. Nur wenn die Erfüllung de facto nicht mehr möglich ist, könne der Besteller seine Rechte aus § 634 ff. ausnahmsweise vorher geltend machen.

Auch das OLG Schleswig[54] befand im Jahr 2015, dass die Mängelrechte aus §§ 634 ff. „an sich" erst eingreifen, wenn das fertiggestellte und abgenommene Werk Mangel aufweist. Statt einer eigenen Begründung verwies das Gericht auf die Entscheidung des OLG Köln.

ii. BGH Urteile

Der BGH schloss sich 2017 in drei Urteilen der Ansicht an, die werkvertraglichen Mängelrechte hingen grundsätzlich von der Abnahme ab.[55] In dem Fall, der dem ersten Urteil[56] zugrunde lag, hatte der Besteller einen Unternehmer mit Fassadenarbeiten beauftragt. Er rügte Mängel und verweigerte die Abnahme. Nachdem eine von ihm gesetzte Frist erfolglos abgelaufen war, verlangte er vom Unternehmer Kostenvorschuss für die Mangelbeseitigung nach §§ 634, 637 III. In dem Fall, der dem zweiten Urteil[57] zugrunde lag, beauftragte der Besteller

51 OLG Köln NJW 2013, 1104.

52 OLG Düsseldorf BeckRS 2014, 22424.

53 OLG Düsseldorf BeckRS 2015, 10247.

54 OLG Schleswig NJW-Spezial 2015, 685.

55 BGH NJW 2017, 1604; NJW 2017, 1607; BeckRS 2017, 102864.

56 BGH NJW 2017, 1604.

57 BGH BeckRS 2017, 102864.

den Unternehmer mit Terrassen- und Mauerarbeiten. Als dem Unternehmer drei Verbesserungsversuche misslungen waren, lehnte der Besteller weitere Versuche ab und verweigerte die Abnahme. Der Unternehmer verlangte die Zahlung der restlichen Vergütung, der Besteller hingegen Kostenvorschuss zur Mängelbeseitigung. In dem zu entscheidenden letzten Fall[58] ging es um die Errichtung eines Anbaus an ein Einfamilienhaus. Nachdem der Unternehmer vom Plan abgewichen war, rügte der Besteller, dass die Standardsicherheit nicht gewährleistet sei. Der Besteller verweigerte die Zahlung des restlichen Werklohns und verlangte vom Unternehmer zudem die Rückzahlung der gezahlten Abschlagszahlungen und die Erstattung der Kosten für den Rück- und Wiederaufbau des Gebäudes. Ob es zu einer Abnahme gekommen war, stand nicht fest.

Die Begründung des BGH dafür, *„dass der Besteller Mängelrechte nach § 634 BGB grundsätzlich erst nach Abnahme des Werks mit Erfolg geltend machen kann“*[59], stimmt in allen drei Urteilen wörtlich überein. Die generelle Anwendung der werkvertraglichen Mängelrechte während der Herstellungsphase griffe nach Ansicht des Gerichts unzulässigerweise in die Dispositionsfreiheit des Unternehmers ein.[60] Schon der Begriff „Nacherfüllung“ in § 634 deute an, dass das werkvertragliche Mängelregime erst nach der Herstellung anwendbar sein solle.[61] Der Nacherfüllungsanspruch weise zudem inhaltliche Unterschiede zum Erfüllungsanspruch auf, insbesondere das über § 275 hinausgehende Leistungsverweigerungsrecht des Unternehmers.[62] Außerdem spreche die allgemeine Zäsurwirkung der Abnahme für eine Beschränkung des zeitlichen Anwendungsbereich der Rechte aus §§ 634 ff.[63] Vor der Abnahme sei eine interessengerechte Lösung auch mit Hilfe des allgemeinen Schuldrechts möglich.[64] Denn der Besteller verfüge von vornherein über seinen Herstellungsanspruch aus § 631 I, den er bei Bedarf einklagen und nach § 887 ZPO auch unter Einschaltung eines Dritten vollstrecken könne. Die daneben bestehenden Leistungsstörungsrechte seien nur ausnahmsweise möglich, um das werkvertragliche Reglement zu ergänzen, wenn die Nacherfüllung nicht mehr

58 BGH NJW 2017, 1607.
59 BGH NJW 2017, 1604 Rn. 31.
60 BGH NJW 2017, 1604 Rn. 32.
61 BGH NJW 2017, 1604 Rn. 33.
62 BGH NJW 2017, 1604 Rn. 34.
63 BGH NJW 2017, 1604 Rn. 35 f.
64 BGH NJW 2017, 1604 Rn. 38 ff.

verlangt werden könne und das Vertragsverhältnis in ein Abwicklungs- und Abrechnungsverhältnis übergegangen sei.[65]

2. *Die Vollendung bzw. abnahmereife Herstellung*

Eine andere Auffassung in Schrifttum geht davon aus, dass es für die Anwendbarkeit Mängelrechte grundsätzlich auf die Fertigstellung des Werkes oder die abnahmereife Herstellung iSv. § 640 I 1 ankommt.[66]

Im Schrifttum findet sich das Argument, der Wortlaut von § 634 und die Gesetzessystematik verwiesen auf die Herstellung.[67] Von einem Werk lasse sich nicht erst ab der Abnahme, sondern schon mit seiner Herstellung sprechen. Zwar lasse sich vorher nicht feststellen, ob es mit einem Mangel behaftet sei.[68] Sei das Werk abnahmereif, also ohne schwerwiegenden Mangel,[69] fertiggestellt worden, habe der Unternehmer aber seine Pflicht aus § 631 I erfüllt, so dass es von nun an um eine Nacherfüllung gehe.[70] Es sei nicht ersichtlich, warum der Besteller zur Anwendung seiner hierauf bezogenen Rechte bis Abnahme warten sollte.[71] Er müsse den sich anbahnenden Schaden mit Hilfe der Mängelrechte aus §§ 634 ff. früher verhindern können, falls sich ein Mangel am Werk schon feststellen lassen sollte.[72] Ein Eingriff in die Dispositionsfreiheit des Unternehmers sei nicht zu befürchten, weil dieser die Art und Weise der Herbeiführung des Erfolges bis zur Herstellung des Werkes allein bestimmen dürfe.[73] Die Abnahme stelle keineswegs die einzige Möglichkeit für den Gefahrübergang dar. Nach § 644 I S. 2 BGB geht die Gefahr auf den Besteller über, wenn dieser sich in Annahmeverzug befindet. Um in einem solchen Verzug zu geraten, müsse zuerst einmal das fertiggestellte Werk abnahmereif angeboten

---

65 BGH NJW 2017, 1604 Rn. 46 ff.; Kritisch Thode, jurisPR-PrivBauR 5/2017 Anm. 1; S. noch die Anmerkung von Looschelders, JA 2017, 708, 710.

66 MünchKommBGB/Busche, § 634 Rn. 3; Harke, Besonderes, Rn. 118; im Wesentlichen Ott, FS Merle, S. 277, 286 f.; s.a. Meßmer, Selbstvornahmerecht, S. 100.

67 Ott, FS Merle, S. 277, 281 ff.; MünchKommBGB/Busche, § 631 Rn. 71; Ders. § 634 Rn. 3.

68 Harke, Besonderes, Rn. 118.

69 MünchKommBGB/Busche, § 640 Rn. 10 f.

70 MünchKommBGB/Busche, § 634 Rn. 3; a.A. aber BGH NJW 2017, 1604, Rn. 33.

71 Dies hebt Voit, BauR 2011, 1063, 1075 hervor, obwohl er eher für das Abnahmeerfordernis ist.

72 Vgl. Bachmann, AcP 211, 395, 413, der die Grundidee in Bezug auf das Kaufrecht akzeptiert.

73 MünchKommBGB/Busche, § 634 Rn. 4.

werden.[74] Dadurch konkretisiere sich der Erfüllungsanspruch auf das abnahmereife Werk.[75]

In der Rechtsprechung fand diese Auffassung keine rechte Unterstützung. 2007 betonte das OLG Koblenz[76] in einem Urteil lediglich, dass die werkvertraglichen Mängelrechte dem Besteller nicht vor Fertigstellung des Werkes zustehen könnten. Zudem bejahte 2019 das OLG Hamburg in einem Urteil die Geltendmachung von Mängelrechten ohne Abnahme, wobei der Unternehmer seine Bauleistungen einem anderen als Besteller zur Verfügung gestellt hat.[77] Das sollte aber eher eine Ausnahme darstellen, weil der Unternehmer sich hinsichtlich seiner Vergütung auf die konkludente Abnahme berufen und bei der Geltendmachung von Kostenvorschüssen des Bestellers wegen Mängel gleichwohl auf die fehlende Abnahme gestützt und sich somit widersprüchlich verhalten hat.

3. *Der Fertigstellungstermin oder die Fälligkeit*

a. *Die Lehrmeinungen*

Ein bedeutender Teil im Schrifttum[78] vertritt die Ansicht, die besonderen Mängelrechte aus §§ 634 ff. seien ab dem Fertigstellungstermin anzuwenden. Er markiere nämlich Fälligkeit des Herstellungsanspruches aus § 631 BGB. Erfüllung und Nacherfüllung seien inhaltlich nicht zu unterscheiden, weil beide auf die mangelfreie Herstellung eines Werkes abzielten.[79] Ein wesentliches Ziel der Schuldrechtsmodernisierung sei gewesen, die früher bestehende Trennung zwischen allgemeinen Leistungsstörungsrechten und besonderen Mängelrechten aufzuheben.[80] Deren Geltendmachung vor der Abnahme führe zu

---

74 Meßmer, Selbstvornahmerecht, S. 100.

75 Joussen, BauR 2009, 319, 330.

76 OLG Koblenz BeckRS 2007, 19699.

77 OLG Hamburg BeckRS 2019, 49947 Rn. 92 ff.

78 Jordan, Anwendungsbereich, S. 131 f., 177; Kapellmann/Messerschmidt/Langen, VOB/B § 13, Rn. 6; vgl. die zahlreichen Ausnahmen zum Abnahmeerfordernis von Folnović, BauR 2008, 1360, 1364 und 1367; Knütel, BauR 2002, 689, 691 ist für die alte Rechtslage, sodass die Gewährleistungsrechte dem Besteller erst mit dem Erreichen des Fertigstellungstermins entstünden; die Frist für die Mangelbeseitigung könne jedoch vorher gesetzt werden; hinsichtlich des Bauvertrages Schlier, Mängelrechte, S. 161 und Jansen, Mangelrechte, S. 153 ff.

79 Jordan, Anwendungsbereich, S. 153.; Jansen, Mangelrechte, S. 69 fügt dazu noch hinzu, dass der Besteller die inhaltlich gleichen Ansprüche nicht zusammen geltend zu machen braucht.

80 Jordan, Anwendungsbereich, S. 149 f.

mehr Effektivität und Rechtssicherheit.[81] Das Fälligkeitserfordernis reduziere Abgrenzungsfragen[82] und gewährleiste auch, dass der Unternehmer bis dahin in seiner Dispositionsfreiheit nicht beschränkt werde. Erbringe er seine Leistung bei Fälligkeit nicht vertragsgemäß, überwiege das Interesse des Bestellers an einer vertragsgemäßen Erfüllung.[83]

Auch die spezifische Interessenlage bei Bauverträgen verlange, dass die Mängelrechte schon vor der Abnahme erhoben werden können.[84] Das Bauwerk werde meist auf dem Grundstück des Bestellers hergestellt. Außerdem stellten die Bauarbeiten einen langen und komplizierten Prozess dar.[85] Es komme nicht selten vor, dass der Rückbau des Werks aufwendig oder sogar unmöglich sei und dass verschiedene Bauleistungen aufeinander folgten. Hier falle es den Vertragsparteien häufig schwer, im Nachhinein festzustellen, worauf ein Mangel zurückgeht und wer dafür verantwortlich ist. Es gebe keine Rechtfertigung dafür, den Besteller unter diesen Umständen mit seinem Anliegen bis zur Abnahme warten zu lassen. In Ausnahmefällen solle der Besteller sogar schon vor Fälligkeit von seinen Mängelrechten Gebrauch machen können.[86]

Schließlich tauge die Abnahme schon deshalb nicht für eine zeitliche Differenzierung, weil bei ihr dem Besteller, der das Werk wegen Mängeln zu Recht verweigere, dann die Selbstvornahme- und Minderungsrechte gerade vorenthalten blieben.[87] Obwohl er stärker belastet ist, stünde er schlechter als ein Besteller, der ein Werk mit unwesentlichen Mängeln abgenommen habe und dann über Mängelrechte verfügte.

b. Die Rechtsprechung

Auch diese Auffassung ist in der Rechtsprechung kaum auf Interesse gestoßen. Einschlägig ist lediglich eine OLG-Entscheidung: 2010 bemerkte das OLG München in einem Urteil, dass die Geltendmachung des Vorschussanspruches nicht daran scheitern könne, dass es im konkreten Fall nicht zu einer Abnahme

---

81 Jordan, Anwendungsbereich, S. 135.
82 Jordan, Anwendungsbereich, S. 135.
83 Jordan, Anwendungsbereich, S. 171; Schlier, Mängelrechte, S. 145 f.; nach BeckOK BGB/Voit, § 634 Rn. 6 könnte die Mangelbeseitigung im Rahmen des Erfüllungsanspruchs verlangt werden.
84 Vgl. Schlier, Mängelrechte, S. 25 f., 145 f.
85 Schlier, Mängelrechte, S. 18; Müller-Foell, NJW 1987, 1608, 1609.
86 Jordan, Anwendungsbereich, S. 176; so auch bezüglich des Bauwerkes Schlier, Mängelrechte, S. 164 ff.
87 Jordan, Anwendungsbereich, S. 175 f.

gekommen ist.[88] Das umstrittene Gebäude war 1994/1995 errichtet worden, allerdings wegen Durchführung eines selbstständigen Beweisverfahrens mehrere Jahre nicht abgenommen worden. Aus Sicht des OLG hatte die Vorinstanz den für die Selbstvornahme nach § 633 III BGB a. F. erforderlichen Verzug des Unternehmers zwar falsch hergeleitet, trotzdem sei der Vorschussanspruch begründet gewesen. Nach mehreren Terminvereinbarungen und erfolglos verstrichenen Fristen könne vom Besteller nicht mehr verlangt werden, das erhebliche Mängel aufweisende Werk erst abzunehmen, um dann die Mängelrechte geltend zu machen.

4. Der Herstellungsbeginn

Eine andere Auffassung im Schrifttum will den zeitlichen Anwendungsbereich der Mängelrechte noch weiter nach vorne verschieben.[89] Sie sollen schon ab dem Herstellungsbeginn anwendbar sein. Diese Ansicht stützt sich in erster Linie auf die Gesetzessystematik.

Im Schrifttum wird insoweit wieder darauf verwiesen, dass die Gewährleistungsrechte mit der Schuldrechtsmodernisierung 2002 ihre Sonderstellung verloren hätten.[90] Aus den Bestimmungen der §§ 632a, 648 ergebe sich, dass der Unternehmer das Werk jederzeit fehlerfrei herzustellen habe.[91] Der Besteller kann nach § 632a I 2 vereinbarte Abschlagszahlungen verweigern, wenn die erbrachten Leistungen nicht vertragsgemäß sind. Weiterhin verfügt er nach § 648 über ein Recht zur außerordentlichen Kündigung, mit dem er stets auf eine mangelhafte Werkausführung reagieren könne. Kündigt er den Vertrag noch während der Herstellung, bleibt ihm der Anspruch auf die bis dahin fällig gewordenen und noch nicht erfüllten Leistungen erhalten.[92] Daraus ergebe sich, dass schon das Teilwerk mangelfrei hergestellt sein müsse.[93]

---

88 OLG München BeckRS 2012, 11561.

89 Vorwerk, BauR 2003, 1, 10 f.; Weise, NJW-Spezial 2008, 76 f.; BeckOK VOB/B/Fuchs § 4 Abs. 7, Rn. 1 ff.; Ott, FS Merle, S. 277, 287; so auch nach Schlier, Mängelrechte, S. 163, wenn das Erreichen des vertraglichen Erfolges durch die mangelhafte Bauausführung konkret gefährdet wird.

90 Vorwerk, BauR 2003, 1, 10.

91 Vorwerk, BauR 2003, 1, 10 f.

92 MünchKommBGB/Busche, § 648 Rn. 16.

93 Vorwerk, BauR 2003, 1, 11.

II. Die Auslegungsmethoden

Die Entscheidung über den zeitlichen Anwendungsbereich der Mängelrechte ist mit Hilfe der anerkannten Auslegungsmethoden zu treffen.

1. Grammatische Auslegung

Es gibt, wie schon bemerkt, keine ausdrückliche Aussage zum zeitlichen Anwendungsbereich der werkvertraglichen Mängelrechte. Man kann ihn nur indirekt erschließen:

§ 634 eröffnet dem Besteller die werkvertraglichen Gewährleistungsrechte erst dann, wenn das Werk mangelhaft ist. Fraglich ist zunächst, ob sich die Mangelhaftigkeit eines Werkes überhaupt schon vor der Abnahme feststellen lässt. Weder der Begriff des Mangels noch der der Abnahme weisen auf sie als maßgeblichen Zeitpunkt hin.[94] Der Mangel stellt die Abweichung des Ist-Zustandes vom Soll-Zustand und ist somit nicht nur an die Abnahme gebunden. Vielmehr soll der Besteller nach § 640 I 2 die Abnahme verweigern können, falls das Werk mit schwerwiegenden Mängeln behaftet ist.[95] Außerdem darf der Besteller nach § 632a I 2 die Zahlung eines angemessenen Teils des Abschlags schon vor der Abnahme verweigern, falls die erbrachten Leistungen nicht vertragsgemäß sind.[96] Daraus lässt sich schließen, dass ein Mangel am Werk schon vor der Abnahme und damit während der Herstellung entstehen und festgestellt werden kann.[97] Darüber hinaus stellt sich die Frage, ob und wann der Unternehmer für den Mangel des Werkes einzustehen hat. Nach § 633 I hat der Unternehmer dem Besteller das Werk frei von Sach- und Rechtsmängeln zu verschaffen. Nach einer im Schrifttum vertretenen Ansicht ist der Begriff „Verschaffung" in die Zukunft gerichtet[98] und bezeichnet einen punktuellen Erfolg in Gestalt eines Leistungsaustauschs.[99] Hieraus folge, dass der Unternehmer während der Herstellung noch nicht für die Mangelfreiheit einzustehen habe.

---

94 Jordan, Anwendungsbereich, S. 140; Jansen, Mangelrechte, S. 48; s.a. BT-Drucks. 14/6040, S. 260.

95 Jordan, Anwendungsbereich, S. 140.

96 Die alte Fassung der Vorschrift benutzte den Begriff „Mängel", während die neue Fassung sich für den Begriff „nicht vertragsgemäß" entscheidet. Nach Messerschmidt/Voit – Messerschmidt, § 632a BGB Rn. 57 umfasst die Vorschrift mangelbedingte Abweichungen vom vertraglichen Zustand.

97 Dagegen Joussen, BauR 2009, 319, 324.

98 Joussen, BauR 2009, 319, 323.

99 Voit, BauR 2011, 1063, 1071.

Auf die Verschaffungspflicht könne sich ein Besteller erst dann berufen, wenn die Vergütungsgefahr auf ihn übergegangen sei.[100] Deshalb sollten die Mängelrechte aus §§ 634 ff. grundsätzlich auch erst mit der Abnahme geltend gemacht werden können. Das Verb „verschaffen" in § 633 wurde im Zuge der Schuldrechtsmodernisierung des Jahres 2002 aus dem Kaufvertragsrecht übernommen. Hier hat der Verkäufer dem Käufer nach § 433 I 1 2 das Eigentum an der Sache und nach dem Satz 2 die Sache frei von Sach- und Rechtsmängeln zu verschaffen. Es ist daher zweifelhaft, ob die „Verschaffung" aus § 633 I wirklich auf die Abnahme zielt[101] oder ganz dem Vorbild des Kaufrechts geschuldet ist[102]. Diese Unklarheit könnte aber teilweise mit dem neuen Reformgesetz überwunden sein. § 650 g III 1 stellt eine Vermutungsregel bezüglich der Verschaffung auf. Ist das Werk dem Besteller verschafft worden und hat der Besteller bei der Verweigerung der Abnahme die offensichtlichen Mängel in der Zustandsfeststellung nicht gerügt, so wird vermutet, dass solche Mängel nach der Zustandsfeststellung entstanden und vom Besteller zu vertreten sind. Danach bedeutet die Verschaffung, dass der Unternehmer das Werk aus seiner Sicht fertigstellt und dem Besteller zur Abnahme anbietet.[103] Das abnahmereife Werk tatsächlich zur Verfügung zu stellen, ist hierzu ausreichend;[104] auf die Abnahme selbst kommt es nicht an.

Ein weiteres Problem ist, ob der Begriff „Nacherfüllung" in § 635 I i.V.m. § 634 Nr. 1 eine Aussage über den Anwendungsbereich der Mängelrechte enthält. Man könnte aus ihm folgern, dass die Erfüllungsphase schon beendet sein muss, bevor der Besteller die Mangelbeseitigung verlangen kann.[105] Die Erfüllung tritt zwar regelmäßig mit der Abnahme ein, allerdings ist dies nicht unerlässlich.[106] Der Erfüllungsanspruch kann sowohl mit der vollständigen

---

100 MünchKommBGB/Busche, § 633 Rn. 6; BeckOK BGB/Voit, § 633 Rn. 3; Messerschmidt/Voit – Moufang/Koos, § 633 BGB Rn. 7; Schlier, Mängelrechte, S. 75 f.; OLG Koblenz, BeckRS 2007, 19699.

101 Dagegen Ott, FS Merle, S. 277, 282, dass § 633 im Gegensatz zum §§ 434 I 1 i.V.m. 433 I 2 keine Bestimmung hat so wie der Gefahrübergang.

102 Messerschmidt/Voit – Moufang/Koos, § 633 Rn. 6; Ders., von Rintelen, § 631 Rn. 10; Thode, NZBau 2002, 297, 301.

103 Vgl. Fuchs, NZBau 2019, 25, 29; nach Messerschmidt/Voit – Messerschmidt, § 650 g Rn. 87 ist die Besitzübertragung nicht allein entscheidend.

104 Ob der Unternehmer auf eine mangelfreie Leistung nicht vor diesem Zeitpunkt in Anspruch genommen werden kann, wird unter der systematischen Auslegung untersucht.

105 BGH, NJW 2017, 1604, 1606, Rn. 33.

106 Jordan, Anwendungsbereich, S. 142 f.

Herstellung des Werkes nach § 633 I, 362 als auch anderweitig erlöschen, z.B. durch die Erfüllungssurrogate, Annahme an Erfüllungs Statt oder durch Unmöglichkeit. Im Fall einer Nacherfüllung iSv. § 635 I liegt gerade kein Erlöschungsgrund vor; die Nacherfüllung erfordert als Tatbestand vielmehr einen Erfüllungsversuch.[107] Das kommt insbesondere in der Gesetzesbegründung zu § 281 Abs. 1 S. 1 zum Ausdruck, wo die Nacherfüllung als ein „Unterfall der Leistung“ beschrieben wird.[108] Deshalb lässt der Begriff „Nacherfüllung“ auch keinen Schluss darauf zu, dass die Mängelrechte aus § 634 erst nach der Abnahme anwendbar wären.[109]

2. *Historische Auslegung*

Abgesehen von einigen sprachlichen Veränderungen blieben die werkvertraglichen Regelungen vom Erlass des BGB am 01.01.1900 bis zur Schuldrechtsmodernisierung 2002 größtenteils unverändert. Erst mit ihr und danach im Jahr 2018 mit dem Reformgesetz zum Bauvertragsrecht hat der Gesetzgeber am Werkvertragsrecht wichtige Änderungen vorgenommen.

a. Das BGB von 1900

Die BGB-Kommissionen hatten die Absicht, die Rechte des Bestellers bei einer mangelhaften Werkleistung ausführlich zu regeln. Im Hinblick darauf wurde schon in der ersten Kommission die Frage diskutiert, ob die Gewährleistungsrechte des Bestellers dem Vorbild der kaufrechtlichen Gewährleistung oder dem Muster des allgemeinen Leistungsstörungsrechts folgen sollten.[110] Nach einer Abwägung der Vor- und Nachteile beider Lösungen beschloss die Kommission, weder das eine noch das andere Regime ausschließlich als Richtschnur zu nehmen.[111] Mit Blick auf die praktische Zweckmäßigkeit wurde die Schaffung spezieller Vorschriften als nötig angesehen, welche teilweise sowohl von den allgemeinen Leistungsstörungsrechten als auch der kaufrechtlichen Gewährleistung abweichen.[112] Der erste Entwurf sah in § 562[113] noch vor, dass der Besteller dem Unternehmer zur Mangelbeseitigung eine angemessene Frist

107 Jordan, Anwendungsbereich, S. 142 f.

108 BT Drucks. 14/6040, S. 138.

109 Jordan, Anwendungsbereich, S. 143; Vorwerk, BauR 2003, 1, 8.

110 Die Beratung des BGB, Jakobs §§ 633–636 Prot. I 2307 S. 850; Mot. Bd. II, S. 478 ff.

111 Mot. Bd. II, S. 480.

112 Mot. Bd. II, S. 480.

113 § 569 im ersten Entwurf entspricht dem § 562 KE.

setzen konnte und er im Fall ihres fruchtlosen Ablaufs lediglich über ein Wandelungs- und Minderungsrecht verfügte. Erst die Vorkommission des Reichsjustizamtes fügte zugunsten des Bestellers ein Selbsthilferecht für den Fall hinzu, dass der Unternehmer mit der Mangelbeseitigung in Verzuge gerät.[114] Diese Lösung fand danach in der zweiten Kommission Anerkennung und wurde in den zweiten Entwurf[115] und später auch in das BGB aufgenommen. Die werkvertraglichen Mängelrechte unterschieden sich damit deutlich von den allgemeinen Leistungsstörungsrechten. Wie der Gesetzgeber der Schuldrechtskommission bemerkt hat,[116] führte die fehlende Abstimmung zwischen den beiden Regelungskomplexen zu vielfachen Streitigkeiten über die Frage, in welchem Verhältnis die werkvertraglichen Regelungen zum allgemeinen Leistungsstörungsrechten standen. In der Praxis entschied sich die überwiegende Auffassung für einen abschließenden Charakter der besonderen Gewährleistungsregelungen, sofern diese anwendbar sind.[117]

Auf den zeitlichen Anwendungsbereich der Mängelrechte aus §§ 633 ff. BGB a.F. lassen die Gesetzgebungsmaterialien nicht schließen. Dies gilt auch für die Regelung der Abnahme in § 640 BGB a.F. Der Gesetzgeber wollte den Besteller so behandelt wissen wie einen Käufer beim Vertragsschluss.[118] Hatte dieser infolge grober Fahrlässigkeit einen Mangel nicht erkannt, so standen ihm die Gewährleistungsrechte nicht mehr zu. Dass diese Regelung beim Werkvertrag auf die Abnahme bezogen wurde, ließ keine Folgerung in der Frage zu, ab wann die werkvertraglichen Mängelrechte geltend zu machen waren.

Nach § 633 I BGB a.F. schuldete der Unternehmer die Herstellung eines mangelfreien Werks. Zur Geltendmachung der werkvertraglichen Gewährleistungsrechte aus § 634 I 3 BGB a.F. wurde ein erfolgsloser Fristablauf vorausgesetzt. Der Besteller durfte die Frist für die sich vor der Ablieferung des Werkes zeigenden Mängel sofort bestimmen, § 634 I 2 BGB a.F. Daraus folgt zum einen, dass der Gesetzgeber von 1900 die Feststellung eines Mangels bereits vor der Ablieferung für möglich hielt. Zum anderen musste es sich bei

---

114 Die Beratung des BGB, Jakobs §§ 633–636 S. 854 f.

115 Mot. Bd. II, S. 921, Protokolle S. 2209.

116 BT-Drucks. 14/6040, S. 87.

117 Beispielsweise vgl. Soergel/Teichmann (1998) vor § 633 Rn. 9 ff.; Staudinger/Peters (2000) § 633 BGB Rn. 7 ff.; Palandt/Sprau (2000) Vorbem. v. § 633 Rn. 17, 27; Anders aber vor der Abnahme nach BGH NJW-RR 1988, 310, 311.

118 Die Beratung des BGB, Jakobs § 640, Prot -RJA 486, S. 872; Mot. Bd. II, S. 924, Protokolle S. 2218 f.

der Nachbesserungspflicht des Unternehmers aus § 633 II BGB a.F. um die ursprüngliche Pflicht zur Erfüllung handeln.[119]

Dass die werkvertraglichen Mängelrechte schon vor Abnahme eingriffen, führte dazu, dass sie in Konkurrenz zum allgemeinen Leistungsstörungsrecht traten. Besonders schwer fiel dabei die Abgrenzung der Schadensersatzansprüche aus § 635 BGB a.F. und aus positiver Vertragsverletzung. Nach der Rechtsprechung deckte der Schadensersatzanspruch aus § 635 BGB a.F. lediglich einen Mangel am Werk und die engen Mangelfolgeschäden ab.[120] Dagegen sollte mit dem Schadensersatzanspruch aus positiver Vertragsverletzung auch Ersatz für die weiteren bzw. entfernten Mangelfolgeschäden verlangt werden können.[121] Die Entscheidung zwischen beiden Ansprüchen war deshalb besonders brisant, weil es eine große Kluft zwischen den Verjährungsregeln gab. Nach § 638 verjährten die Mängelrechte auf Wandelung, Schadensersatz und Minderung in 6 Monaten bzw. bei Arbeiten am Grundstück in einem Jahr und bei Bauwerken in 5 Jahren. Die Ansprüche aus positiver Vertragsverletzung hingegen verjährten nach § 195 BGB a.F. in 30 Jahren.

b. Die Schuldrechtsmodernisierung 2002

i. Gutachten und Vorschläge zur Überarbeitung des Schuldrechts

Zur Vorbereitung einer Reform des Schuldrechts holte das Bundesministerium der Justiz in den Jahren 1981–1983 insgesamt 24 Gutachten ein. Eines davon betraf das Werkvertragsrecht und wurde von Weyers erstattet. Es enthielt den Vorschlag, der Abnahme ihre zentrale Bedeutung im Werkvertragsrecht zu nehmen und Gefahrübergang auf die Vollendung des Werkes und gegebenenfalls dessen Übergabe zu verlegen.[122] Die allgemeinen Funktionen des Schuldrechts machten die Doppelbedeutung der Abnahme entbehrlich. Oft würde diese im Nachhinein durch das Gericht *„in die soziale Wirklichkeit hineinkonstruiert“*,[123] damit die der Abnahme zugeordneten Rechtsfolgen geltend gemacht werden können. Zur Mängelhaftung schlug Weyers vor, dass die Gewährleistungsrechte nach einer Fristsetzung mit der Ablehnungsandrohung

---

119 BGH NJW 1969, 653, 654; 1971, 838, 839; NJW 1958, 706; Staudinger/Peters (2000) § 633 Rn. 134; Soergel/Teichmann (1998) § 633 Rn. 1 bezeichnet den Mangelbeseitigungsanspruch als Resterfüllungsanspruch.

120 BGH NJW 1993, 923 m.w.N.

121 S. dazu Soergel/Teichmann (1998) § 635 Rn. 6 ff.

122 Weyers, Gutachten, Bd. II, S. 1115, 1121.

123 Weyers, Gutachten, Bd. II, S. 1115, 1151.

geltend zu machen seien.[124] Das in § 633 III BGB a.F. für die Selbstvornahme genannte Verzugserfordernis wurde von Weyers hingegen als entbehrlich gesehen.[125] Außerdem schlug er vor, das Nebeneinander vom spezialvertraglichen Schadensersatzanspruch aus § 635 mit Schadensersatzansprüchen nach allgemeinem Schuldrecht zu beseitigen. Er wollte eine Norm schaffen, die für *„einen Ersatz (aller) „aus der Mangelhaftigkeit des Werkes" folgenden Schäden"* führt.[126] Außerdem wurden die Verjährungsfristen für die werkvertraglichen Rechte in Anlehnung auf das Gutachten von Peters und Zimmermann an die dort vorgesehenen allgemeinen Verjährungsfristen angeglichen. Als Beginn der Verjährung wurde statt der Abnahme der Gefahrübergang vorgeschlagen.[127]

Ein anderes Gutachten wurde von Keilholz erstattet und galt der Frage nach dem Bedarf einer Überarbeitung des zivilrechtlichen Baurechts. Keilholz sprach sich dafür aus, die Billigungsfunktion der Abnahme beizubehalten, weil diese der Besonderheit des Werkvertrages, dass der Vertragsgegenstand bei Vertragsschluss noch nicht fertiggestellt ist, Rechnung trage.[128] Die Rechte des Auftraggebers vor der Abnahme hielt Keilholz für ausreichend und erkannte keine Reformbedürftigkeit.[129] Auch die werkvertraglichen Gewährleistungsrechte nach der Abnahme seien im Grunde sachgerecht und sollten deshalb bewahrt werden. Allerdings empfehle sich eine ausdrückliche Regelung des Ersatzes der Schäden aus der Mängelbeseitigung und des Vorschussanspruches.[130]

Schließlich ging auch Huber in seinem Gutachten zu den Leistungsstörungsstörungsrechten auf das Werkvertragsrecht ein. Er sah eine besondere Schwäche darin, dass allgemeine und besondere Regime nebeneinanderstanden und unterschiedlich ausgestaltet waren.[131] Außerdem kritisierte Huber die unterschiedliche Gestaltung der Gewährleistungsrechte im Kauf-, Miet- und

124 E § 634 I 1 „Zur Behebung eines Mangels der in § 633 bezeichneten Art kann der Besteller dem Unternehmer eine angemessene Frist mit der Erklärung bestimmen, da er die Behebung des Mangels nach Ablauf der Frist ablehne." Weyers, Gutachten, Bd. II, S. 1115, 1187.

125 Weyers, Gutachten, Bd. II, S. 1115, 1163.

126 E § 635 1 „Beruht der Mangel des Werkes auf einem Umstande, den der Unternehmer zu vertreten hat, so kann der Besteller nach Ablauf der in § 634 I und II bezeichneten Frist auch Ersatz des ihm aus der Mangelhaftigkeit des Werkes entstehenden Schadens verlangen." Weyers, Gutachten, Bd. II, S. 1115, 1187.

127 Weyers, Gutachten, Bd. II, S. 1115, 1155, 1172.

128 Keilholz, Gutachten, Bd. III, S. 241, 269 f.

129 Keilholz, Gutachten, Bd. III, S. 241, 279 f.

130 Keilholz, Gutachten, Bd. III, S. 241, 283.

131 Huber, Gutachten, Bd. I, S. 647, 671.

Werkvertragsrecht.[132] Er schlug deshalb die Entwicklung eines allgemeinen Konzepts der Leistungsstörungsrechte vor, das die beim Kauf-, Miet- und Werkvertrag relevanten Prinzipien berücksichtigen und angleichen sollte.[133]

Die Gutachten zur Überarbeitung des Schuldrechts wurden auf zwei Tagungen der Zivilrechtslehrervereinigung besprochen[134] und insbesondere setzte man sich mit der Überarbeitung des Werkvertragsrechts beim 55. DJT[135] auseinander. Konkrete Vorschläge zum zeitlichen Anwendungsbereich der Gewährleistungsrechte wurden nicht unterbreitet.

ii. Die Schuldrechtskommission

1984 wurde die Schuldrechtskommission eingesetzt, um einen Vorschlag für die Reform des geltenden Schuldrechts einschließlich des Werkvertragsrechts zu erarbeiten.[136] Die Kommission legte ihren Abschlussbericht 1991 dem Bundesministerium der Justiz vor, 1992 wurde er veröffentlicht.

Mit Blick auf das Werkvertragsrecht ist insbesondere das Vorhaben von Bedeutung, die besonderen Gewährleistungsrechte weitgehend in das allgemeine Leistungsstörungsrecht zu integrieren.[137] Durch die Verzahnung mit dem allgemeinen Leistungsstörungsrecht sollten vor allem die Abgrenzungsprobleme zwischen den Schadensersatzansprüchen aus § 635 BGB a.F. und aus positiver Vertragsverletzung beseitigt werden. Außerdem sollte die Haftung für Sach- und Rechtsmängel einander angeglichen werden.[138] Aufgrund des bereits bestehenden Anspruchs auf die Mangelbeseitigung in § 633 BGB a.F. und des Fristsetzungserfordernisses in § 634 I BGB a.F. hat die Schuldrechtskommission grundsätzliche Änderungen im Werkvertragsrecht als nicht erforderlich angesehen.[139] Es wurden aber nicht unwesentliche Änderung im Detail vorgeschlagen. So sollte der Besteller nicht nur einen Anspruch auf die Mangelbeseitigung haben, sondern auch einen auf die Neuherstellung, wobei die Wahl zwischen beiden Varianten aber dem Unternehmer vorbehalten bleiben sollte.

---

132 Huber, Gutachten, Bd. I, S. 647, 671, 772.

133 Huber, Gutachten, Bd. I, S. 647, 772.

134 S. zu Zivilrechtlehrertagungen in Bamberg 1981: Diederichsen, AcP 182, 101–125; Weyers, AcP 182, 60–79; Wolf, AcP 182, 80–100 und zu Zivilrechtlehrertagungen in Stuttgart 1983: Vollkommer, AcP 183, 525–567; Lieb, Höhn, AcP 183, 327–368.

135 Vgl. Teichmann, Verhandlungen, Bd. I, A. 33 ff.

136 Abschlussbericht, 1992, S. 15.

137 Abschlussbericht, 1992, S. 21.

138 Abschlussbericht, 1992, S. 22.

139 Abschlussbericht, 1992, S. 33.

§ 636 I BGB-KE[140] sah die Selbstvornahme nach einer erfolgslosen Fristsetzung anstelle des bisherigen Verzugserfordernisses vor. Außerdem sollte der in Rechtsprechung bereits anerkannte[141] Vorschussanspruch in das Gesetz aufgenommen werden. Zum Schadensersatz verwies § 639 BGB-KE[142] auf das allgemeine Leistungsstörungsrecht, wodurch die Unterscheidung zwischen der engen und entfernten Mangelfolgeschäden entbehrlich werden sollte.[143] Eine Aussage zum zeitlichen Anwendungsbereich der Mängelrechte findet sich im Kommissionsentwurf aber nicht.

iii. Der Diskussionsentwurf

Erst im Jahr 2000 nahm die Bundesregierung die Überarbeitung des Schuldrechts wieder ins Visier und veröffentlichte den Diskussionsentwurf eines Schuldrechtsmodernisierungsgesetzes, der größtenteils auf den Abschlussbericht der Schuldrechtskommission von 1991 basierte. Zentrale Neuerungen sollten die Pflichtverletzung als zentraler Begriff des Leistungsstörungsrechts, der Vorrang des Erfüllungsanspruchs durch das Fristsetzungserfordernis, ein umfassender Schadensersatzanspruch, ein verschuldensunabhängiges Rücktrittsrecht und die Kumulation von Schadensersatz und Rücktritt sein. Beim Werkvertragsrecht sah der Diskussionsentwurf wiederum keine fundamentalen Änderungen vor.[144] Anders als im Entwurf der Schuldrechtskommission sollte die Wahl zwischen der Neuherstellung und Nachbesserung nach dem

140 § 636 I BGB-KE „Der Besteller kann wegen eines Mangels des Werkes nach erfolglosem Ablauf einer von ihm zur Nacherfüllung bestimmten angemessenen Frist den Mangel selbst beseitigen und Ersatz der erforderlichen Aufwendungen verlangen, wenn nicht der Unternehmer die Nacherfüllung nach § 635 Abs. 3 BGB-KE verweigert." Abschlussbericht, 1992, S. 254.

141 Vgl. BGH NJW 1967, 1366; NJW 1977, 1336.

142 § 639 BGB-KE „(I) Der Besteller kann wegen eines Mangels des Werkes nach Maßgabe der §§ 280, 283 BGB-KE Schadensersatz verlangen. Außer in den Fällen des § 283 Abs. 2 BGB-KE bedarf es der Bestimmung einer Frist auch dann nicht, wenn die Nacherfüllung fehlgeschlagen ist.

(2) Schadensersatz wegen Verzögerung der Nacherfüllung kann der Besteller nur unter den zusätzlichen Voraussetzungen des § 284 BGB-KE verlangen.

(3) Schadensersatz wegen Nichtausführung des Vertrags kann der Besteller nur gemäß § 327 BGB-KE nach Rücktritt verlangen." Abschlussbericht, 1992, S. 260.

143 Vgl. Abschlussbericht, 1992, S. 261.

144 Diskussionsentwurf, 2000, S. 206.

Vorbild des Kaufrechts dem Besteller überlassen sein.[145] Zum Anwendungsbereich der Mängelrechte war wiederum keine besondere Regelung vorgesehen. Auch die konsolidierte Fassung dieses Entwurfes, mit der Fehler und Schwächen des ursprünglichen Entwurfes beseitigt werden sollten,[146] enthielt keine diesbezügliche Regelung.

iv. Der Gesetzesentwurf

14.05.2001 legten die Regierungsfraktionen den „Entwurf eines Gesetzes zur Modernisierung des Schuldrechts“[147] vor. Dieser erklärte Änderungen der Mängelhaftung im Werkvertragsrecht schon deshalb für unvermeidlich, weil im geltenden Recht zum Teil auf kaufrechtliche Vorschriften verwiesen wurde, die aber nicht fortbestehen sollte.[148] Außerdem hielt man eine Anpassung der kaufrechtlichen und werkvertraglichen Vorschriften aufgrund der großen Ähnlichkeit der beiden Vertragstypen für geboten.[149] Außerdem war Ziel der Reform, den Unterschied zwischen den eigenständigen spezifischen Mängelrechten und den allgemeinen Leistungsstörungsrechten zu verringern.[150] Insbesondere sollte die Kluft zwischen den Verjährungsfristen in § 195 und § 638 BGB überwunden werden. Dafür wurden die besonderen Gewährleistungsrechte des Bestellers weitgehend ins allgemeine Leistungsstörungsrecht integriert. Die Verschaffung eines mangelhaften Werkes sollte als Pflichtverletzung gelten, *„die grundsätzlich die gleichen Rechtsfolgen nach sich zieht wie im allgemeinen Leistungsstörungsrecht“*.[151] Durch die Verweisung in § 634 Nr. 4 auf § 280 sollte zudem die problematische Unterscheidung zwischen Mangel- und Mangelfolgeschäden abgeschafft werden.[152] Überhaupt sollte *„es ein besonderes Gewährleistungsrecht nicht mehr geben“*.[153]

---

145 Diskussionsentwurf, 2000, S. 568.

146 Vgl. Canaris, JZ 2001, 499.

147 BT-Drucks. 14/6040.

148 BT-Drucks. 14/6040, S. 260.

149 BT-Drucks. 14/6040, S. 260.

150 Mit einem Verweis auf die kaufrechtlichen Bestimmungen in BT-Drucks. 14/6040, S. 261 gilt dies nach der Gesetzesbegründung auch für die werkvertraglichen Regelungen: BT-Drucks. 14/6040, S. 94 f. und S. 219 f.

151 BT-Drucks. 14/6040, S. 94; s.a. Abschlussbericht, 1992, S. 32.

152 BT-Drucks. 14/6040, S. 94.

153 BT-Drucks. 14/6040, S. 219 betont dies im Hinblick auf die kaufrechtlichen Mängelrechte. Aufgrund der weitgehenden Annäherung der kaufrechtlichen Mängelhaftung mit der werkrechtlichen soll es ebenso für die werkvertraglichen Mängelrechte gelten.

§ 634 BGB-RE regelte die Gewährleistungsrechte des Unternehmers in einem Katalog. Dort wird die Nacherfüllung durch die Fristsetzung anderen Mängelrechten vorgeschaltet. Entgegen den Diskussionsentwürfen räumte § 635 I BGB-RE das Wahlrecht bei der Nacherfüllung in Abweichung vom Kaufrecht und entsprechend dem Vorschlag der Schuldrechtskommission dem Unternehmer ein.[154]

Dem Selbstvornahmerecht wurde in § 637 BGB eine separate Regelung gewidmet, die auch den Kostenvorschuss umfasste. Außerdem wurde das Verzugserfordernis abgeschafft und mit ihm die Voraussetzung, dass das Ausbleiben der Nacherfüllung vom Unternehmer zu vertreten sein musste.[155] Stattdessen sollte es wie bei den anderen Mängelrechten allein auf den Ablauf einer fruchtlos gesetzten Nachfrist ankommen.

Auf den zeitlichen Anwendungsbereich der Mängelrechte aus §§ 634 ff. ging auch der Gesetzgeber nicht ein.

c. *Modernisierung des Bauvertrags- bzw. Werkvertragsrechts durch das Reformgesetz 2018*

Die Änderungen durch die Schuldrechtsmodernisierung von 2002 griffen für die speziellen Bedürfnisse des Bauvertrags zu kurz. Die komplexen und langwierigen Bauprozesse bereiteten in der Praxis ständig Probleme.[156] Weil die BGB-Werkvertragsregelungen zu allgemein gehalten waren, bedurfte es spezieller Vorschriften für Bau-, Ingenieur- und Architekturverträge.[157] Deshalb richtete das Bundesjustizministerium eine Arbeitsgruppe zum Bauvertragsrecht ein, die 2013 in einem Abschlussbericht Vorschläge zur werk- und bauvertraglichen Gesetzesänderung machte.[158] Diese wurden 2018 durch das Reformgesetz zum Bauvertragsrecht[159] in das BGB aufgenommen.

---

154 Zum Kaufrecht, BT-Drucks. 14/6040, S. 229.

155 BT-Drucks. 14/6040, S. 262, 266.

156 BT-Drucks. 18/8486, S. 1.

157 BT-Drucks. 18/8486, S. 24 f.

158 Erreichbar unter: https://www.bmjv.de/SharedDocs/Gesetzgebungsverfahren/Dokumente/Abschlussbericht_AG_Bauvertragsrecht.pdf;jsessionid=CDCD3800BA87FB7A3B6BA18E6268EA00.2_cid324?__blob=publicationFile&v=2 (Stand: 18.02.2023).

159 Gesetz zur Reform des Bauvertragsrechts, zur Änderung der kaufrechtlichen Mängelhaftung, zur Stärkung des zivilprozessualen Rechtsschutzes und zum maschinellen Siegel im Grundbuch- und Schiffsregisterverfahren vom 28.04.2017.

Auch im allgemeinen Werkvertragsrecht wurden im Zuge dieser Reform einige Normen geändert bzw. ergänzt. Sie betreffen die Abschlagszahlungen nach § 632a, die fiktive Abnahme gemäß § 640 II und die Feststellung des Leistungsstandes bei der Kündigung aus wichtigem Grund in § 648a. Die Arbeitskommission hatte auch eine ausdrückliche Regelung zum zeitlichen Anwendungsbereich der Mängelrechte vorgeschlagen, der mit der Abnahme beginnen sollte.[160] Dieser ist aber gerade nicht Gesetz geworden. Allerdings wurde in der Begründung des neuen § 632a BGB n.F. hervorgehoben, dass die Abgrenzung zwischen wesentlichen und unwesentlichen Mängeln nach § 632a BGB a.F. zu Problemen geführt und dem Prinzip widersprochen habe, dass die Mängelrechte aus §§ 634 ff. an die Abnahme geknüpft seien.[161] Die Abnahme habe im Werkvertragsrecht eine zentrale Bedeutung, und der Unternehmer sei bis dahin – grundsätzlich – nicht verpflichtet, ein mangelfreies Werk zu übergeben. Wann er den während der Herstellung entstandene Mangel beseitigen wolle, unterliege seiner Disposition. Sollten die erbrachten Leistungen zum Zeitpunkt der Abschlagszahlungen Abweichungen vom Vertrag aufweisen, so solle der Besteller einen angemessenen Teil der Abschlagszahlungen einbehalten, unabhängig davon, ob der Mangel wesentlich oder unwesentlich sei.

d. Zwischenergebnis

In erster Fassung des BGB vom 01.01.1900 gab es keine ausdrückliche Regelung zum zeitlichen Anwendungsbereich der Mängelrechte. Die Lehre und Rechtsprechung gingen davon aus, der Besteller könne grundsätzlich jederzeit die Beseitigung des Mangels verlangen. Die Regelung des § 634 I 2 BGB a.F. setzte jedoch voraus, dass die vom Besteller dem Unternehmer gesetzte Frist nicht vor dem Fertigstellungstermin ablaufen durfte. Daraus ließ sich ableiten, dass die Mängelrechte frühestens ab dem Fertigstellungstermin bzw. ab Fälligkeit des Erfüllungsanspruchs geltend zu machen waren.

Mit der Schuldrechtsmodernisierung 2002 wurde § 634 I 2 BGB a.F. ersatzlos abgeschafft. Nicht klar ist jedoch, welches Ziel der Gesetzgeber damit verfolgt hat. Weder § 634 ff. noch § 640 enthalten eine zeitliche Bestimmung im Hinblick auf die Mängelrechte. Der Gesetzesbegründung ist auch nichts zu entnehmen. Die Änderungen durch das Reformgesetz zum Bauvertragsrecht haben daran nichts geändert. Lediglich die Begründung der Änderung von § 632a BGB verweist auf die zentrale Rolle der Abnahme und misst dieser für

160 Abschlussbericht, 2013, S. 41 ff.

161 BT-Drucks. 18/8486, S. 47.

die Mängelrechte aus § 634 ff. entscheidende Bedeutung zu. Deshalb ist davon auszugehen, dass auch der Gesetzgeber nun dazu neigt, in der Abnahme die maßgebliche zeitliche Zäsur zu sehen.

3. Systematische Auslegung

Bei der systematischen Auslegung kommt es auf den inneren Gesetzeszusammenhang an. Mit § 633 hat der Unternehmer dem Besteller das Werk mangelfrei zu verschaffen. Insbesondere im Hinblick auf die Regelungen in §§ 632a und 648 stellt sich die Frage, ob der Unternehmer auf eine mangelfreie Leistung nicht schon während der Herstellung in Anspruch genommen werden kann.

a. Abschlagszahlungen nach § 632a BGB

§ 632a I 1 regelt den Anspruch des Unternehmers auf die Abschlagszahlungen. Diese stellen ein Teil der Vergütung dar, sind jedoch, anders als von § 641 I 1 bestimmt, nicht von der Abnahme abhängig.[162] Damit kann der Unternehmer vom Besteller bereits während der Herstellung Abschlagszahlungen für die von ihm erbrachten Leistungen verlangen. Der Besteller hingegen kann nach § 632a I 2 die Zahlung eines angemessenen Teils der Abschlagszahlungen verweigern, wenn die erbrachte Leistung nicht vertragsgemäß ist. § 641 III findet nach § 632a I 3 entsprechende Anwendung. Nach einer Auffassung ergibt sich hieraus, dass der Unternehmer von vornherein zur mangelfreien Herstellung verpflichtet sei.[163]

Bis zum Gesetz zum Bauwerkvertragsrecht konnte der Besteller die Abschlagszahlungen insgesamt verweigern, falls ein schwerer Mangel vorlag. Seit dem Reformgesetz von 2018 hat der Besteller im Fall eines schweren Mangels keine besonderen Rechte. Er kann nur noch wie bei anderen Mängeln das Doppelte der für die Mangelbeseitigung erforderlichen Kosten einbehalten, § 641 III i.V.m. § 632a I 3.

Mit dem Recht auf Abschlagszahlungen bezweckt der Gesetzgeber, dem vorleistungspflichtigen Unternehmer die Vorbereitung seiner Leistung zu erleichtern.[164] Es liegt beim Unternehmer, ob er von dieser Befugnis Gebrauch machen möchte. Will er auf Abschlagszahlungen verzichten, kann seine Dispositionsfreiheit nicht über § 632a begrenzt werden. Deshalb lässt sich aus § 632a BGB

162 MünchKommBGB/Busche, § 632a Rn. 2, 4.
163 Vorwerk, BauR 2003, 1, 11.
164 BT-Drucks. 18/8486, S. 46.

trotz seiner Druckfunktion[165] keine Aussage zur Herstellungspflicht des Unternehmers herauslesen.[166]

b. Die Kündigung nach § 648 BGB

Der Besteller kann den Vertrag bis zur Vollendung des Werkes jederzeit kündigen, § 648. Mit der Kündigung endet der Vertrag für die Zukunft, und der Leistungsumfang beschränkt sich auf die bisher vom Unternehmer erbrachten Leistungen. Insofern existiert eine Pflicht dazu, das Teilwerk i.S.d. §§ 633, 631 frei von Mängeln herzustellen. Mit der h.A.[167] und Rechtsprechung[168] verfügt der Besteller auch nach der Kündigung über seine Mängelrechte nach §§ 634 ff., wenn das Teilwerk mit Mangeln behaftet ist. Die Gegenauffassung,[169] die dem Besteller das Verlangen einer Mangelbeseitigung wegen der Vertragsaufsagung versagen möchte und daher dem Unternehmer lediglich ein Recht statt einer Pflicht auf die Mangelbeseitigung zuschreibt, ist nicht überzeugend. Denn so wird die ex-nunc-Wirkung der Kündigung übersehen, die die Kündigung gerade von einem Rücktritt unterscheidet.

Umstritten ist, ob es auch im Fall der Kündigung einer Abnahme bedarf. Der BGH[170] und die überwiegende Auffassung in der Lehre[171] sieht das Abnahmeerfordernis unabhängig davon, ob der Vertrag gekündigt ist, für das Ende des Erfüllungsstadiums als nötig an. Die Abnahme habe „*im gekündigten Vertrag die gleiche Funktion wie im nicht gekündigten Vertrag*“[172]. Sie stelle

---

165 Voit, BauR 2022, 339, 346.

166 Jansen, Mangelrechte, S. 64 f.; Joussen, BauR 2009, 319, 325 f.; Schlier, Mängelrechte, S. 77; Vgl. aber Klein, BauR 2015, 368 ff.

167 MünchKommBGB/Busche, § 648 Rn. 16; BeckOK/Voit § 648 Rn. 9; Grüneberg/Retzlaff § 648 Rn. 4; PWW/Leupertz/Halfmeier § 633 Rn. 7; Erman/Schwenker/Rodemann § 648 Rn. 5; HK-BGB/Scheuch BGB § 648 Rn. 10; Vogel, BauR 2011, 313, 317.

168 BGH NJW 1988, 140; NJW-RR 2001, 383, 384.

169 Peters, NZBau 2014, 333 f.; Staudinger/Peters § 648 BGB Rn. 10a, 28.

170 BGH NJW 2003, 1450, 1452; NJW 2006, 2475, 2476.

171 Messerschmidt/Voit – Oberhauser, § 648 Rn. 18 f.; MünchKommBGB/Busche, § 648 Rn. 20; Jauernig/Mansel BGB § 648 Rn. 3.

172 BGH NJW 2003, 1450, 1452; zust.: Franke, LMK 2003, 82; MünchKommBGB/Busche, § 648 Rn. 20; Messerschmidt/Voit – Oberhauser, § 648 Rn. 19; A.A. BeckOK/Voit § 648 Rn. 9; PWW/Leupertz/Halfmeier § 633 Rn. 7; Peters, NZBau 2006, 559, 561; Ders. JR 2007, 426.

auch eine Voraussetzung für die Fälligkeit der nun teilweise geschuldeten Vergütung.[173]

Kritisiert wird diese Auffassung mit dem Argument, die Abnahme des teilweise ausgeführten Werks führe in der Praxis zu Problemen.[174] In den meisten Fällen werde sie von den Vertragspartnern nicht vereinbart, und es sei ungeklärt, wie das Werk auf Vertragsgemäßheit zu prüfen ist.[175] Gehe der BGH zurückhaltend mit einer Teilabnahme bei nicht gekündigten Werkverträgen um,[176] müsse dies auch für die gekündigte Verträge gelten.[177] Außerdem spreche gegen das Abnahmeerfordernis, dass das Teilwerk erst mit der Kündigung konkretisiert wird.[178] Je nachdem, wie man sich in dieser Frage entscheidet, fällt auch die Antwort auf die Frage aus, ob sich aus § 648 etwas für das Abnahmeerfordernis bei den Mängelrechten gewinnen lässt. Die Vorschrift ist also ebenfalls unergiebig.

4. *Teleologische Auslegung*

Im Folgenden gilt es, den Sinn und Zweck der werkvertraglichen Mängelrechte daraufhin zu untersuchen, ob sich hieraus etwas für ihren Geltungsbereich ergibt.

a. *Der Nacherfüllungsanspruch (§ 635)*

Der Nacherfüllungsanspruch gemäß §§ 635, 634 Nr. 1 zielt ebenso wie der Erfüllungsanspruch nach § 631 I darauf ab, die Herstellung eines mangelfreien Werkes zu gewährleisten. Seine Geltendmachung vor der Abnahme könnte aus zwei Gründen problematisch sein: zum einen wegen des Vorrangs der Nacherfüllung vor anderen Mängelrechten, zum anderen wegen der Einschränkung der Nacherfüllungspflicht des Unternehmers durch die Leistungsverweigerungsrechte nach § 635 III.

---

173 BGH NJW 2006, 2475; zust. Messerschmidt/Voit – Oberhauser, § 648 Rn. 19; a.A. Peters, BauR 2012, 11, 15.

174 BeckOK BGB/Voit, § 640 Rn. 19 und § 648 Rn. 9; Vogel, BauR 2011, 313, 318.

175 BeckOK BGB/Voit, § 648 Rn. 9; Peters, NZBau 2006, 559, 561 sieht die Lösung in einem selbstständigen Beweisverfahren.

176 Vgl. BGH NJW-RR 2006, 1248; NZBau 2010, 47, 48.

177 S. Peters, NZBau 2006, 559, 561 für den Vergleich zwischen den Rechtslagen bei dem ungekündigten und gekündigten Werkvertrag.

178 Vgl. dazu OLG Brandenburg NJW-RR 2017, 850 Rn. 67.

Dem Nacherfüllungsanspruch kommt dadurch ein Vorrang gegenüber den übrigen Mängelrechten zu, dass diese an das Scheitern oder die Ablehnung der Nacherfüllung geknüpft sind.[179] Der Unternehmer soll zunächst die Möglichkeit haben, die Nacherfüllung selbst herbeizuführen. Dieser Vorrang wird mit dem Fristsetzungserfordernis gewährleistet. Wegen des einheitlichen Ziels des Erfüllungs- und Nacherfüllungsanspruchs[180] bedeutet der Vorrang der Nacherfüllung kein Hindernis für die frühere Geltendmachung der anderen Mängelrechten, sofern nur vorher eine angemessene Frist gesetzt wird. Das gilt sowohl für das Recht zur Selbstvornahme als auch für die Befugnis zur Minderung.[181] Da die Nacherfüllung lediglich einen misslungenen Erfüllungsversuch voraussetzt, kann sie auch vor der Abnahme in Betracht kommen. Es genügt dann, wenn in beiden Phasen dieselben Voraussetzungen eingehalten werden.

Problematisiert wird in Lehre[182] und Rechtsprechung[183] vor allem, dass § 635 III eine niedrigere Schwelle als § 275 II für die Leistungsverweigerung durch den Unternehmer festlegt. Dies ist zwar richtig, die Regelung hat nach ihrem Sinn aber wiederum keine zeitliche Komponente. Sie soll eine sachgerechte Lösung für die Fälle bieten, „*in denen der Mangel des Werks auf einem Verschulden eines Lieferanten des Werkunternehmers beruht und der Werkunternehmer die Mangelhaftigkeit des Werks nicht zu vertreten hat*“[184]. Es geht also darum, eine Überspannung der Leistungspflicht des Unternehmers zu verhindern.[185] Eine solche droht nicht erst nach der Abnahme, sondern kann schon früher eintreten.[186] Das Telos von § 635 spricht damit nicht gegen die Zulassung zu den Mängelrechten vor der Abnahme, sondern umgekehrt für eine Zuerkennung des Nacherfüllungsanspruchs und des mit ihm verbundenen Leistungsverweigerungsrechts in der Zeit davor.

179 BeckOK BGB/Voit, § 635 Rn. 1.
180 Jordan, Anwendungsbereich, S. 153, 162 f.
181 Jordan, Anwendungsbereich, S. 156.
182 BeckOK BGB/Voit § 634 Rn. 3; Staudinger/Peters § 635 BGB Rn. 8; Jansen, Mangelrechte, S. 66 f.
183 BGH NJW 2017, 1604, 1606.
184 BT-Drucks. 14/6040 S. 265.
185 Anders aber C. Teichmann, in: Examenswissen, S. 275.
186 Bachmann, AcP 211, 395, 418.

b. Besondere Bestimmungen für Rücktritt und Schadensersatz (§ 636)

Auch bei den in § 636 vorgesehenen Modifikationen des Rücktritts- und Schadensersatzrechts stellt sich die Frage nach einer zeitlichen Komponente. Die drei aufgeführten Fälle sind dabei separat zu prüfen.

§ 636 1. Alt betrifft den Fall, in dem *„der Unternehmer die Nacherfüllung gem. § 635 Abs. 3 verweigert"*. Befreit sich der Unternehmer von seiner Nacherfüllungspflicht nach § 635 III berechtigterweise, wäre es sinnlos, dem Besteller eine Fristsetzung abzuverlangen, um seine Mängelrechte geltend machen zu können. Dies gilt unabhängig davon, wann das Leistungsverweigerungsrecht geltend gemacht wird. Kann es schon vor der Abnahme erhoben werden, muss auch der Übergang zu Rücktritt und Schadensersatz eröffnet sein.

Des Weiteren nennt § 636 2. Alt ein Fehlschlagen der Nacherfüllung. Diese betrifft entweder solche Fälle, in denen der Besteller die Beseitigung des Leistungsdefizits fordert, ohne dem Unternehmer eine Frist zu setzen und der Nacherfüllungsversuch fehlschlägt oder solche Fälle, in denen die gesetzte Frist zu lange ist und der Besteller nach dem fehlgeschlagenen Nachbesserungsversuch nicht bis zum Ende der Frist warten möchte.[187] Unter Verweis auf die entsprechende Regelung im Kaufrecht in § 440 führt die Gesetzesbegründung aus, dass dem Besteller bei einer fehlgeschlagenen Nacherfüllung eine Fristsetzung nicht zuzumuten ist.[188] Es kommt daher nicht zur Abwägung der beiderseitigen Interessen an, wie von §§ 281 II 2. Alt., 323 II Nr. 3 vorgesehen. Diese Erleichterung des Zugangs zu den Sekundärrechten ist ebenfalls unabhängig von der Abnahme sinnvoll. Voraussetzung ist nur, dass es bereits zu einem fehlgeschlagenen Versuch der Korrektur des mangelhaften Erfüllungsversuchs gekommen ist.

Schließlich ist auf die dritte Variante von § 636, nämlich den Fall einzugehen, dass die Nacherfüllung durch den Unternehmer dem Besteller unzumutbar ist. Auch hier kommt es nicht auf die Abwägung der beiderseitigen Interessen an,[189] sondern allein auf die Betroffenheit des Bestellers.[190] Die Rechtsprechung sieht die Voraussetzungen von § 636 3. Alt. dann als erfüllt, *„wenn das Vertrauen des Bestellers in die Verlässlichkeit und Kompetenz des Unternehmers so nachhaltig erschüttert ist, dass aus seiner (objektiven) Sicht eine erfolgreiche Nacherfüllung nicht zu erwarten ist"*[191.192] Die Art des Mangels und Gründe seiner

187 BeckOK/Voit § 636 BGB Rn. 24.

188 Vgl. BT-Drucks. 14/6040, S. 265, 233.

189 A.a. nach MünchKommBGB/Ernst § 323 Rn. 125.

190 MünchKommBGB/Busche § 636 Rn. 22; OLG Bremen BeckRS 2005, 30362178.

191 OLG Saarbrücken NJW-RR 2018, 237.

192 Vgl. auch BGH NJW 1967, 388; NJW 1968, 1524; OLG Stuttgart BeckRS 2019, 43603.

Entstehung[193] wie etwa gravierende, elementare Ausführungs- und Beratungsfehler[194] können Zeichen der Unzuverlässigkeit oder Inkompetenz des Unternehmers sein. Auch diese Konstellation ist nicht an eine Abnahme gebunden. Dementsprechend soll die kaufrechtliche Parallelbestimmung in § 440 S. 1 3. Var. auch schon vor dem Gefahrübergang eingreifen, wenn der Käufer beim Vertragsschluss oder nachher arglistig getäuscht ist.[195] Auch im Werkvertragsrecht ist diese Lösung einfacher, als dem Besteller über eine direkte oder analoge Anwendung von § 323 IV zu helfen.

c. Die Selbstvornahme (§ 637)

Sowohl das Selbstvornahmerecht als auch der Vorschussanspruch nach § 637 sind auf das Werkvertragsrecht spezifisch zugeschnitten. Sie bilden das materiellrechtliche Pendant zur prozessrechtlichen Ersatzvornahme nach § 887 ZPO. Ausschlaggebend ist das Interesse des Bestellers an der mangelfreien Herstellung des Werkes. Auch hier leuchtet nicht ein, warum vorher eine Abnahme stattfinden müsste, sofern es nur zu einer erfolglosen Fristsetzung gekommen oder ein gleichwertiger Tatbestand erfüllt ist.

Das Erfordernis einer Abnahme ergibt sich auch nicht indirekt aus den Grenzen, die dem Selbstvornahmerecht gesetzt sind. Die Lehre ist uneins darüber, ob der Besteller in den Machtbereich des Unternehmers eingreifen kann und ob für die Selbstvornahme eine entsprechende Duldungspflicht entsteht. § 637 regelt bloß die Kostenzuordnung berechtigter Selbstvornahme.[196] Ein Eingriff in den Rechtskreis des Unternehmers kann nur nach sehr strengen Maßstäben gerechtfertigt sein, denen die Selbsthilfe unterliegt. Es bedarf daher einer strikten Beachtung der von § 229 ff., § 859 f. vorgeschriebenen Grenzen. Das Werk soll sich also bereits im Machtbereich des Bestellers befinden, damit dieser zur Selbstvornahme schreiten kann.[197] Wann dies der Fall ist, variiert je nach der Gestaltung des einzelnen Falles. Bei einem Gebäude oder hieran ausgeführten Werk befindet sich der Leistungsgegenstand von vornherein in den Händen des Bestellers, so dass eine Selbstvornahme ohne Eingriff in den Herrschaftsbereich des Unternehmers möglich ist.

---

193 OLG Düsseldorf NJW-RR 1997, 20.

194 OLG Koblenz DAR 2010, 523.

195 LG Bonn NJW 2004, 74; LG Köln BeckRS 2005, 12110; so auch der Sachverhalt beim BGH NJW 1978, 260; vgl. aber noch BGH NJW 2007, 835 für die Heranziehung des § 323 II Nr. 3 statt § 440.

196 Saenger, Selbsterfüllung, S. 137 f.

197 Saenger, Selbsterfüllung, S. 137 f.

d. Die Minderung (§ 638)

Auch bei der Minderung lässt sich der Frage nachgehen, ob der Ratio der einschlägigen Bestimmung des § 638 eine zeitliche Komponente zu eigen ist. Der Besteller soll mit der Minderung „*sein finanzielles Interesse an einer ordnungsgemäßen Vertragserfüllung im Wesentlichen wahren*" können.[198] Im Unterschied zur Nacherfüllung und Selbstvornahme dient die Minderung nicht der Herstellung eines mangelfreien Werkes, sondern der Schaffung eines finanziellen Äquivalents auf Seiten des Bestellers.[199]

Die Minderung ist dann von Bedeutung, wenn ein Leistungsdefizit nicht beseitigt werden kann oder soll.[200] Da sie eine Herabsetzung der Vergütung darstellt, besteht eine gewisse Beziehung zur Abnahme, die nach § 641 I 1 bei der Abnahme des Werkes zu entrichten ist. Dies bedeutet aber nicht, dass sie nicht auch vor Abnahme sinnvoll sein könnte.[201] Mit der Minderungserklärung des Bestellers wird die Herstellungspflicht des Unternehmers reduziert und das Vertragsverhältnis in ein Abrechnungsverhältnis gewandelt.[202] Ein praktisches Bedürfnis für eine Minderung kann dann entstehen, wenn der Unternehmer das Werk abnahmereif herstellt und der Besteller die (Nach-)Erfüllung durch ihn endgültig ablehnt oder der Unternehmer sie ernsthaft verweigert. Auch der BGH lässt die Geltendmachung der Mängelrechte vor oder ohne Abnahme dann zu, wenn der (Nach-)Erfüllungsanspruch nicht mehr in Betracht kommt und das Vertragsverhältnis in ein Abrechnungsverhältnis übergangen ist.[203] Dabei übersieht er, dass gerade die Minderung erst das Abrechnungsverhältnis schafft.[204] Um diesen Widerspruch zu vermeiden, empfiehlt es sich dann eher, von dem Abnahmeerfordernis ganz abzusehen. Es sollte lediglich darauf ankommen, dass der Besteller keine weitere (Nach-)Erfüllung durch den Unternehmer begehrt.[205]

---

198 BT-Drucks. 14/6040, S. 130.

199 Bachmann, AcP 211, 395, 419.

200 BeckOGK/Rast § 638 BGB Rn. 3.

201 Vgl. aber Hofmann, Pammler, ZGS 2004, 91, 93 ff. sowie Bachmann, AcP 211, 395, 421 f. die sich für die Geltendmachung des Minderungsrechts vor dem Gefahrübergang im Kaufrecht aussprechen.

202 Vgl. BGH NJW 2017, 1604, 1606 Rn. 44; NJW 2017, 1607.

203 BGH NJW 2017, 1604.

204 Schwenker, NJW 2017, 1579, 1581.

205 Vgl. dazu OLG Brandenburg NJW 2015, 1611; ähnlich hierzu mit der Unterscheidung zwischen der Geld- und Sachleistung Vowinckel, NZBau 2019, 87 ff.

e. Die Verjährung (§ 634a)

Schließlich bleibt noch die Frage, ob der Ratio der verjährungsrechtlichen Regelung in § 634a ein zeitliches Element innewohnt. Im Allgemeinen bestehen Sinn und Zweck der Anspruchsverjährung in der Gewährleistung von Rechtsfrieden und dem Schutz des betroffenen Schuldners. Er soll nicht mit den veralteten Ansprüchen so behelligt werden, dass er „*infolge der verdunkelnden Macht der Zeit*“[206] in Beweisnot gerät. Er soll Vertrauensschutz genießen, wenn der Gläubiger seine Rechte so lange nicht geltend macht, dass bei ihm der Eindruck entsteht, er werde nicht mehr in Anspruch genommen.[207]

Das allgemeine Telos von Verjährungsregelungen wohnt zwar auch den Sonderregeln inne, dabei sind aber die Besonderheiten der einzelnen Regelungen zu berücksichtigen. So ist bei § 634a zu beachten, dass der Beginn der Verjährung von den subjektiven Kriterien des § 199 I abweicht und mit der Abnahme an einen objektiv feststellbaren Zeitpunkt anknüpft.[208] So wird die Position des Schuldners noch gestärkt, der sich nicht auf eine Verzögerung der Verjährung aus für ihn uneinsehbaren Gründen einstellen muss. Im Gegenzug muss er aber hinnehmen, dass die Verjährung erst ab der Abnahme gilt. Hält der Gesetzgeber dies für zumutbar, spricht nichts dagegen, die Verjährung werkvertraglicher Mängelrechte, die vor der Abnahme geltend gemacht werden, erst mit der Abnahme beginnen zu lassen.[209] So entschied sich bereits das OLG Hamm dafür, die Verjährung eines mangelbehebenden Erfüllungsanspruchs nach den Regeln für den Nacherfüllungsanspruch zu beurteilen.[210] Gilt das Abnahmeerfordernis damit für den Verjährungsbeginn aller Ansprüche gleichermaßen, kommt es auch nicht zu einer zeitlichen Zäsur.

f. Interessen der Vertragsparteien

Die Mängelrechte sollen für einen Ausgleich der Interessen beider Vertragspartner sorgen. Zu prüfen ist daher im Folgenden, ob es auf einer Seite

206 Mot. Bd. I, S. 291.

207 Vgl. BGH NJW 1993, 2054, 2055; NJW 1990, 2065; AnwKommBGB/Langen/Raab § 634a Rn. 2.

208 BT-Drucks. 14/6040, S. 264.

209 Ähnlich so MünchKommBGB/Busche § 634a Rn. 44; vgl. aber Voit, BauR 2022, 339, 340.

210 OLG Hamm NJW 2019, 3240, 3244 f.; zust. BeckOGK/Raab-Gaudin § 634a BGB Rn. 156.

schützenswerte Belange gibt, die gegen eine Anwendung des werkvertraglichen Gewährleistungsrechts vor der Abnahme sprechen.

i. Die Belange des Unternehmers

Ein häufig hiergegen ins Feld geführter Gesichtspunkt ist die Dispositionsfreiheit des Unternehmers.[211] Nach verbreiteter Ansicht soll er bis zum Gefahrübergang selbst entscheiden können, ob, wie und wann er einen Mangel beseitigen will.[212] Eine vorherige Einmischung des Bestellers sei ihm deshalb unzumutbar, weil er auch die alleinige Verantwortung für die mangelfreie Herstellung trage und sein Vergütungsanspruch nicht fällig sei.

Die Dispositionsfreiheit des Unternehmers ist jedoch schon hinreichend durch den Vorrang des Nacherfüllungsanspruchs gewährleistet. Unabhängig davon, ob der Besteller seine allgemeinen Leistungsstörungsrechte oder die werkvertraglichen Mängelrechte ausüben möchte, hat er doch stets zuerst Erfüllung oder Nacherfüllung zu verlangen. Und hier steht dem Unternehmer das Wahlrecht zwischen Nachbesserung und Neuherstellung zu. Verlangt der Besteller Nacherfüllung, gibt er damit keine konkrete Maßnahme, sondern nur ein Ziel vor.[213] Der Unternehmer kann die Art und Weise der Ausführung selbst bestimmen.

Umgekehrt erscheint es nicht sachgerecht, dass der Unternehmer selbst über die Dauer des Schutzes seiner Dispositionsfreiheit entscheiden können soll. Sowohl die Fertigstellung des Werkes als auch dessen Angebot hat der Unternehmer selbst in der Hand. Indem er sie hinauszögert, könnte er selbst bestimmen, wie lange er vor Mängelrechten des Bestellers geschützt ist.

Als gegenläufiger Mechanismus kommen, wenn man von den Mängelrechten absieht, nur der Herstellungsanspruch nach § 631, die Kündigung aus wichtigem Grund gemäß § 648a und Schadensersatzanspruche aus dem allgemeinen Leistungsstörungsrecht in Betracht. Der Besteller kann durch eine Klage auf Herstellung des Werks zwar einen gewissen Druck auf den Unternehmer ausüben, den Vorgang dadurch aber nicht unbedingt beschleunigen. Um das Werk zu erlangen, muss er den Anspruch erst titulieren und dann nach § 887 ZPO vollstrecken lassen. Dies ist ein zeitaufwändiger Prozess. Die Kündigung aus wichtigem Grund steht dem Besteller überhaupt nur dann als ein Druckmittel

211 Jansen, Mangelrechte, S. 74 f.; Schlier, Mängelrechte, S. 85 f.

212 Jakobs, FS Beitzke, S. 69, 75 f.; Meßmer, Selbstvornahme, S. 96 ff., 228; s.auch BGH NJW 2017, 1604.

213 BGH NJW-RR 1997, 1106.

zur Verfügung, wenn man auch hier vom Erfordernis der Abnahme absieht. Das Risiko, dass die Voraussetzungen einer Kündigung aus wichtigem Grund nicht vorliegen und somit die Rechtsfolgen einer Kündigung nach § 648 zur Anwendung kommen, trägt dabei der Besteller. Übrig bleiben nur die Schadensersatzansprüche nach allgemeinem Leistungsstörungsrecht. In der Lehre wird bloß auf einen Schadenersatzanspruch des Bestellers wegen Verzugs nach §§ 286, 280 verwiesen.[214] Dieser muss aber auch erst geltend gemacht werden und führt zu einem bloßen Ausgleich des Zeitinteresses in Geld,[215] mit dessen Zahlung sich der Unternehmer den Erhalt seiner Dispositionsfreiheit erkaufen kann.

ii. Die Belange des Bestellers

Es findet sich die Ansicht, dass die Interessen des Bestellers im ersten Anlauf der Vertragsdurchführung schon durch den Herstellungsanspruch aus § 631 und durch allgemeine Leistungsstörungsrechte hinlänglich geschützt seien.[216] Stattdessen lässt sich aber besser umgekehrt fragen, weshalb dem Besteller die werkvertraglichen Mängelrechte bis zur Abnahme vorenthalten werden sollten, wenn sie doch zur Vorbeugung der werkvertragsspezifischen Probleme dienen[217] und ihre Funktionen auch schon vor der Abnahme erfüllen können. Die mit ihnen bewältigten Probleme können nämlich schon in der Erfüllungsphase auftreten, weshalb auch ein Interesse des Bestellers an ihrer Beseitigung bestehen kann.[218] Den entscheidenden Unterschied macht dabei das Recht zur Selbstvornahme, das eine Entsprechung nur in der prozessualen Durchsetzung des Herstellungsanspruchs gemäß § 887 ZPO findet. Beide Instrumente sind von sehr ungleicher Effektivität.

Sowohl die Ersatzvornahme nach § 887 ZPO als auch die Selbstvornahme nach § 637 BGB setzen eine vertretbare Handlung voraus. Bei der Ersatzvornahme nach § 887 ZPO bedient sich der Besteller der staatlichen

---

214 Voit, BauR 2011, 1063, 1072; Joussen, BauR 2009, 319, 331.

215 Schlier, Mängelrechte, S. 148 f.

216 BGH NJW 2017, 1604, 1606 Rn. 38 ff.

217 MünchKommBGB/Ernst § 323 Rn. 23 macht darauf aufmerksam, dass das Gesetz unterschiedliche Behandlung des Sachmangels im Vergleich zu Störungen verlangt. Eine unterschiedliche Behandlung des Sachmangels vor und nach einem bestimmten Zäsurzeitpunkt kommt aber nicht infrage.

218 Nach Jordan, Anwendungsbereich, S. 164 ist das Interesse des Bestellers an der mangelfreien Erfüllung ein gesteigertes, wenn der Erfüllungsanspruch fällig ist.; s.a. Schlier, Mängelrechte, S. 145 f., 162 f.; Bachmann, AcP 211, 395, 413.

Zwangsvollstreckungsmittel, um den Erfolgseintritt auf Kosten des Unternehmers zu bewirken. Bei der Selbstvornahme nach § 637 BGB hingegen übernimmt der Besteller die Vornahme der geschuldeten Handlung auf Kosten des Unternehmers ohne gerichtliche Ermächtigung. In beiden Fällen hat der Besteller die Möglichkeit, den geschuldeten Leistungserfolg selbst herbeizuführen. Eine Ersatzvornahme gemäß § 887 ZPO erweist sich gegenüber der Selbstvornahme aber als aufwändig und langwierig.[219] Um seinen Anspruch vollstrecken zu lassen, muss der Besteller seinen Anspruch zunächst titulieren, was grundsätzlich erst nach Eintritt der Fälligkeit, aber gemäß § 259 ZPO ausnahmsweise auch schon vorher bei Besorgnis nicht rechtzeitiger Leistung möglich ist.[220] Auch wenn das Urteil vorläufig vollstreckbar ist, muss der Besteller doch immerhin bis zur gerichtlichen Entscheidung abwarten. Sonst qualifiziert sich die Herbeiführung des Werkerfolgs durch den Besteller als eigenmächtige Ersatzvornahme und der Besteller kann in diesem Fall seine Kosten nicht nachträglich im Wege eines Vollstreckungsverfahrens geltend machen.[221] Zudem ist die gerichtliche Entscheidung stets den Risiken ausgesetzt, dass allgemeine Vollstreckungsvoraussetzungen wie Titel, Klausel, Zustellung nicht bestehen, dass der Schuldner im Wege der Vollstreckungsgegenklage nach §§ 767,769 ZPO oder sogar unmittelbar im Vollstreckungsverfahren[222] Erfüllungseinwand erhebt und durch die ggf. erforderliche Beweisaufnahme das Verfahren verzögert wird,[223] oder dass gegen den Beschluss über die Ermächtigung zur Ersatzvornahme sofortige Beschwerde nach § 793 ZPO und ggf. gegen die Beschwerdeentscheidung Rechtsbeschwerde nach § 574 ZPO erhoben wird. Ein rascher Eingriff in die Werkausführung kann auf diese Weise nicht erfolgen. Er kann aber deshalb erforderlich sein, weil Nachauftragnehmer mit ihrer Arbeit beginnen wollen und ein späterer Rückbau unmöglich ist. Als Beispiel hierfür wurde in der Lehre geliefert, dass dem Besteller das Warten bis zur Abnahme unzumutbar ist, wenn das Gebäude auf mangelhafter Bodenplatte weiter

---

219 Magnussen, Mangelbeseitigung, S. 31; Peters, JR 2004, 353, 355; Saenger, Selbsterfüllung, S. 140.

220 Voit, BauR 2022, 339, 342 beschreibt diesen Weg als „dornenreich“ und hält zur Ermächtigung der notwendigen Handlungen den Fälligkeitszeitpunkt für erforderlich.

221 Vgl. BGH NJW-RR 2007, 213.

222 So BGH NJW 2005, 367.

223 Umstritten ist in der Lehre noch, ob der Schuldner sich sonst auf weitere Gründe für das Erlöschen der titulierten Forderung wie Unmöglichkeit, Verzicht, Abtretung oder Pfändung berufen kann.

errichtet wird.[224] Durch die Verzögerung können sich zudem noch die Tätigkeiten von Nachunternehmern überlagern.

Sowohl aus der Ersatzvornahme nach § 887 ZPO als auch aus den Selbstvornahmearbeiten gemäß § 637 BGB entstehen dem Besteller Kosten. Bei dem prozessualen sowie materiell-rechtlichen Vorgehen hat der Besteller zwei Möglichkeiten: er kann die Vornahme der geschuldeten Handlung selbst vorfinanzieren und erst nach dem Abschluss der Arbeiten die Kosten oder die Aufwendungen hierfür verlangen oder im Vorhinein Vorschuss verlangen. Es könnte aber Unterschiede zwischen beiden Wegen im Hinblick auf den Umfang des Kostenersatzes und das Risiko einer Schadensersatzpflicht bestehen. Die Gegenüberstellung der Kostenrisiken einer Mangelbeseitigung durch Vollstreckung nach § 887 ZPO und durch Selbstvornahme gemäß § 637 BGB ergibt keinen relevanten Unterschied[225]: § 887 I ZPO bestimmt, dass die Ersatzvornahme auf Kosten des Schuldners erfolgt. Dieser hat nach § 788 I ZPO die notwendigen Kosten der Zwangsvollstreckung zu tragen. Dazu gehören alle Kosten, *„die der Gläubiger mit dem Ziel der Befriedigung der titulierten Forderung aufwendet“*,[226] nicht jedoch die Kosten, die nur aus Anlass der Zwangsvollstreckungskosten entstanden sind.[227] Das Notwendigkeitskriterium ist in § 788 ZPO durch einen Hinweis auf § 91 ZPO angereichert. Dementsprechend müssen sich die Kosten bei vernünftiger Würdigung der Sachlage zur Durchsetzung des titulierten Anspruchs als objektiv erforderlich erweisen.[228] Dies kann auch für Eigenleistungen des Gläubigers gelten. Nach § 637 I kann der Besteller Ersatz der für eine Beseitigung des Mangels erforderlichen Aufwendungen verlangen. Aufwendungen sind alle freiwillige Vermögensopfer, die der Besteller mit diesem Ziel auf sich nimmt.[229] Erforderlich sind solche Aufwendungen, die ein *„vernünftiger, wirtschaftlich denkender“*[230] Besteller zur Beseitigung eines Mangels und dessen Spuren machen muss. Stehen mehrere Methoden zur Selbstvornahme an, hat der Besteller die wirtschaftlich günstigste zu wählen, wenn sie sicher dazu geeignet ist, den Mangel zu beseitigen.[231]

224 Klein, BauR 2015, 358, 360.

225 Saenger, Selbsterfüllung, S. 262 ff., 269 f.

226 BGH NJW-RR 2006, 881.

227 Vgl. BGH NJW 2005, 2460 (2461); Musielak/Voit/Lackmann § 788 ZPO Rn. 5; Stein/Jonas/Münzberg § 788 ZPO Rn. 8.

228 BGH NJW-RR 2015, 59, 60; NJW 2014, 2508; NJW 2012, 3789, 3790; NJW-RR 2003, 1581.

229 MünchKommBGB/Busche § 637 Rn. 8; Grüneberg/Retzlaff § 637 Rn. 6.

230 BGH NJW 2010, 2571, 2572, Rn. 19, OLG München BeckRS 2018, 23495.

231 OLG Hamburg NJW 2016, 412 Rn. 75.

Dass auch Eigenleistungen des Bestellers zu vergüten sind, ist in Lehre[232] und Rechtsprechung[233] weitgehend anerkannt.

Ein Unterschied besteht aber im Hinblick auf das Haftungsrisiko: Bei dem prozessualen Vorgehen kommt ein Schadensersatzanspruch des Unternehmers zwar nicht in Frage, falls der Besteller für die Vollstreckung die Rechtskraft des Urteils abwartet.[234] Anders verhält es sich aber, wenn der Gläubiger den Mangel aufgrund eines nur vorläufig vollstreckbaren Urteils beseitigen lässt. Dabei läuft der Besteller Gefahr, dass die Entscheidung später mit einem abändernden oder aufhebenden Urteil außer Kraft tritt. Der Besteller ist dann gem. § 717 II 1 ZPO zum Ersatz des Schadens verpflichtet, der *„dem Beklagten durch die Vollstreckung des Urteils oder durch eine zur Abwendung der Vollstreckung gemachte Leistung entstanden ist"*. Diese Verpflichtung setzt kein Verschulden voraus und kommt damit einer Gefährdungshaftung nahe.[235] Ein vergleichbares Risiko besteht bei einer unberechtigten Selbstvornahme nach § 637 nicht. Das BGB regelt nicht eigens, auf welche Anspruchsgrundlage der Unternehmer in diesem Fall sein Schadensersatzrecht stützen kann. Eine im Schrifttum vertretene Ansicht rekurriert in diesem Fall auf § 231.[236] Danach ist derjenige, der im Fehlglauben an sein Recht Selbsthilfe übt, auch dann zum Schadensersatz verpflichtet, wenn ihm keine Fahrlässigkeit zur Last fällt. Wendet man diese Vorschrift an, besteht kein Unterschied zur Ersatzvornahme nach Zwangsvollstreckungsrecht. Die Anwendbarkeit von § 231 unterliegt freilich durchgreifenden Zweifeln.[237] Denn sie setzt eine unerlaubte Handlung voraus, mit der widerrechtlich in den Rechtskreis eines anderen eingegriffen wird. Bei der Selbstvornahme ist der Besteller, wenn er den Unternehmer nicht zu ihrer Hinnahme zwingt, allein in seinem eigenen Rechtskreis tätig. § 637 gewährt dem Besteller keine Rechte, die über einen Aufwendungsersatz- und Vorschussanspruch hinausgehen. Dementsprechend muss sich der Besteller nur die Verletzung seiner Pflicht zur Rücksichtnahme auf seinen Vertragspartner gemäß

---

232 BeckOGK/Rast § 637 BGB Rn. 138; MünchKommBGB/Busche § 637 Rn. 10; Grüneberg/Retzlaff § 637 Rn. 6; Staudinger/Peters § 634 BGB Rn. 84.

233 BGH NJW 1973, 46; OLG Saarbrücken NZBau 2021, 180.

234 Bereits in Mot. Bd. II, S. 1167, Protokolle S. 2929.

235 MünchKommZPO/Götz § 717 Rn. 2; Musielak/Voit/Lackmann ZPO § 717 Rn. 1; Saenger-ZPO/Johann Kindl, § 717 Rn. 1; Ders., Selbsterfüllung, S. 273; BGH NJW 1983, 232; NJW 1970, 1459, 1461; OLG Karlsruhe BeckRS 2016, 110686.

236 Saenger, Selbsterfüllung, S. 283 f.

237 Auch Klingbeil, in: Strukturwandel und Privatrecht, S. 185, 212 Fn. 111 hält § 231 BGB für eine querstehende und deshalb nicht analogiefähige Regelung.

§ 241 Abs. 2 vorhalten lassen[238] und ist deshalb nur nach § 280 I haftbar. Da seine Verpflichtung zum Schadensersatz in diesem Fall an sein Verschulden geknüpft ist, steht er also im Vergleich zu einem vorläufig vollstreckbar erklärten Urteil etwas günstiger. Dieser Unterschied erscheint auch nicht unberechtigt, wenn man bedenkt, dass sich der Besteller bei der Urteilsvollstreckung staatlicher Zwangsmittel bedient.

Es lässt sich festhalten: Das prozessrechtliche und materiell-rechtliche Vorgehen bei der Mangelbeseitigung durch den Besteller haben viele Gemeinsamkeiten. Durch die beiden Vorgehensweise kann der Besteller den Zweck der geschuldeten Handlung tatsächlich erreichen und in gleichem Umfang Ersatz der erforderlichen Aufwendungen beanspruchen. Ein Vergleich macht aber deutlich, dass die Vorleistung des Bestellers nach § 637 im Vergleich zu den prozessualen Behelfen schneller funktioniert. Zudem ergibt sich ein Unterschied bei Risiko der Schadensersatzpflicht für unberechtigte Selbst- oder Ersatzvornahme. Während den Besteller, der aus einem für vorläufig vollstreckbaren Urteil vorgeht, die objektive Haftung aus § 717 Abs. 2 ZPO trifft, ist er bei einer Selbstvornahme nach § 637 nur wegen Verletzung der Rücksichtnahmepflicht und damit im Fall seines Verschuldens zum Schadensersatz verpflichtet.

Nun stellt sich noch die Frage, ob die allgemeinen Leistungsstörungsrechte das Interesse des Bestellers an der Erreichung des Vertragszwecks so gut schützen können wie die Selbstvornahme nach § 637. Hierzu kommen die Schadensersatzansprüche nach §§ 280 ff., der Rücktritt nach § 323 und die Kündigung nach § 648a in Betracht. Innerhalb dieser Gruppe kommt den Schadensersatzansprüchen besondere Bedeutung zu. Denn der Besteller, der die Mangelbeseitigung selbst vornimmt und damit den geschuldeten Erfolg realisiert, kann auch auf diesem Weg die ihm entstandenen Kosten liquidieren. Die Schadensersatzansprüche können sowohl neben dem Rücktrittsrecht als auch nach einer Kündigung geltend gemacht werden, §§ 325, 648a VI.

Während sowohl der Anspruch auf Schadensersatz statt der Leistung als auch das Selbstvornahmerecht an die Voraussetzung einer erfolglosen Fristsetzung geknüpft sind, besteht ein Unterschied beim Verschuldenserfordernis: Im Gegensatz zum Schadenersatzanspruch hängt die Selbstvornahme nach § 637 nicht davon ab, dass der Unternehmer das Leistungsdefizit zu vertreten hat. Die praktische Bedeutung dieses Unterschieds ist allerdings umstritten. Gegen die Relevanz des Verschuldenserfordernisses wird vorgebracht, einem Werkunternehmer sei es ohnehin kaum möglich, das Ausbleiben der Nacherfüllung zu

238 Lamprecht, ZGS 2005, 266, 268; vgl. auch Beuthien, Zweckerreichung, S. 90.

entschuldigen.[239] Auch nach der Rechtsprechung des BGH führt „*das Unterbleiben der verschuldensunabhängig geschuldeten Nacherfüllung stets zu einem den Schadensersatzanspruch rechtfertigenden Verschulden*“[240].

In theoretischer Hinsicht stellt sich jedoch die Frage, woran das Erfordernis des Vertretenmüssens anknüpfen soll, an die Verursachung des Mangels oder an das Ausbleiben eines erfolgreichen Versuchs der Nacherfüllung.[241] Auch praktisch kann sich das Verschuldenserfordernis auswirken. Obwohl sie selten vorkommen mögen, sind Fälle denkbar, in denen der Unternehmer zumindest die Versäumung der Frist selbst entschuldigen kann. Der Besteller muss dann, wenn er erfolgreich Schadensersatz verlangen will, erneut eine Frist setzen, während ihm dies bei der Selbstvornahme nach § 637 BGB erspart bleibt. Was die Reichweite des Schadensersatzes anbelangt, geht dieser zwar über die Selbstvornahme insofern hinaus, als er auch Mangelfolgeschäden abdeckt. Es ist aber zweifelhaft, ob er auch einen Kostenvorschuss einschließt.

Der BGH gewährt ihn dann, wenn der Schadensersatzanspruch nach der Abnahme geltend gemacht wird.[242] Dabei soll die gesetzgeberische Wertung der Regelung des Selbstvornahmerechts auch im Rahmen des Schadensersatzes berücksichtigt werden. Es ist jedoch noch ungeklärt, ob der Besteller einen Vorschuss für Mangelbeseitigungsarbeiten verlangen kann, wenn er seinen Schadensersatzanspruch aus dem allgemeinen Leistungsstörungsrecht geltend

239 Harke, Besonderes, Rn. 87; Riehm, NJW 2021, 27 Rn. 28.

240 BGH NJW 2021, 53, 62 Rn. 68.

241 Während die Gesetzesbegründung kein einheitliches Bild ergibt, werden im Schrifttum unterschiedliche Ansichten vertreten: der Anknüpfungspunkt liegt nach Todorow, Vertretenmüssens, S. 36 und HK-BGB/Scheuch § 634 Rn. 7.1 *nur in der mangelhaften Leistung*; nach Lorenz, FS Huber, S. 423 ff, 434, Faust, FS Canaris, S. 219, 230, Riehm, FS Canaris, S. 1079, 1093, Unberath, Die Vertragsverletzung, 2007, 344 ff., Reichenbach, JURA 2003, 512, 520, Reischl, JuS 2003, 453, 455 f., BeckOK/Lorenz § 281 BGB Rn. 14 und Grüneberg/Grüneberg § 281 Rn. 16 *nur im Ausbleiben der Nacherfüllung*; nach Korenke, Schuldrecht, S. 48 und Hirsch, Jura 2003, 289, 293 *im Vorliegen der beiden Elemente* und nach PWW/Schmidt-Kessel/Kramme § 280 Rn. 20, § 281 Rn. 4, MünchKommBGB/Ernst § 281 Rn. 50, Grüneberg/Weidenkaff § 437 Rn. 37, AnwKommBGB/Dauner-Lieb § 280 Rn. 38, Staudinger/Schwarze § 280 BGB D 12, 14, BRHP/Faust § 437 Rn. 87, Huber, FS Schlechtriem, S. 521, 527 ff., Brömmelmeyer, JZ 2006, 493, 497, Braun, ZGS 2004, 423, 424 ff., und Fest, JURA 2005, 734, 737 *im Vorliegen einer der beiden Elemente.*

242 BGH NJW 2018, 1463; ähnlich bei Abrechnung- und Abwicklungsverhältnis nach der Geltendmachung von Schadensersatz nach § 281 IV OLG Stuttgart BeckRS 2019, 43603; anders aber nach OLG Frankfurt a.M. NJW-RR 2018, 1425.

macht. Die Frage ist bislang kaum diskutiert. Hält man § 637 mit dem BGH erst ab der Abnahme für anwendbar, kann man seine Wertung kaum auf einen Schadensersatzanspruch nach allgemeinem Leistungsstörungsrecht übertragen.

g. Zwischenergebnis der teleologischen Auslegung

Die teleologische Auslegung der einzelnen Bestimmungen zu den werkvertraglichen Gewährleistungsrechten zeigt, dass diesen Regelungen keine zeitliche Komponente innewohnt. Vielmehr gebieten Sinn und Zweck der besonderen Vorschriften in §§ 634 ff., die werkvertragsspezifisch gestalteten Mängelrechte schon vor der Abnahme neben den allgemeinen Leistungsstörungsrechten zum Zuge kommen zu lassen. Die Dispositionsfreiheit des Unternehmers ist durch den Vorrang der Nacherfüllung hinreichend geschützt. Das Interesse des Bestellers an einer ordentlichen Ausführung des Werks hingegen wird durch das Recht zur Selbstvornahme deutlich effektiver geschützt als durch eine zeitraubende Vollstreckung des Herstellungsanspruchs oder einen Anspruch auf Schadensersatz statt der Leistung, bei dem das Verschuldenserfordernis und die Frage nach dem Recht auf Vorschuss für Unsicherheiten sorgen.

F. Die Erkenntnisse und kritische Würdigung de lege lata

Die Selbstvornahme, sprachlich besser der Ausdruck „Ersatzvornahme", ist die Herbeiführung des geschuldeten Erfolges durch den Gläubiger. Beim Vorliegen der Tatbestandsvoraussetzungen des § 637 ist die Selbstvornahme gerechtfertigt und der Grund für den Untergang des Nacherfüllungsanspruchs ebenso wie die Erfüllungsfiktion bei der Ersatzvornahme nach § 887 ZPO. Die eigenmächtige Selbstvornahme führt zu einem Ausschluss des Anspruchs wegen Unmöglichkeit und Zweckerreichung. Der Anspruch auf die Gegenleistung besteht fort.

§§ 634 ff. regeln den zeitlichen Anwendungsbereich der werkvertraglichen Mängelrechte nicht ausdrücklich. Deshalb haben sich hierzu unterschiedliche Ansichten gebildet. Dem Gesetzgeber ist dieser Streit bekannt gewesen. Nichtsdestoweniger hat er von einer klaren Regelung abgesehen.

Die Rechtsprechung hat die Auslegungsmethoden bislang nicht ausgeschöpft. Der BGH gibt zwar die in der Lehre angeführten Argumente für ein Abnahmeerfordernis wieder und setzt sich mit der Gesetzessystematik auseinander, allerdings auch nicht umfassend. Störend ist vor allem, dass er die Rechte des Bestellers aus dem allgemeinen Leistungsstörungsrecht kurzerhand als ausreichend für den Schutz des Bestellers bezeichnet. Vorzugswürdig ist stattdessen die Lösung, die Mängelrechte aus §§ 634 ff. ab der Fälligkeit des Erfüllungsanspruch neben den allgemeinen Leistungsstörungsrechten zum Zuge kommen zu lassen.

Grammatische und historische Auslegung der § 634 ff. führen zu keinem klaren Ergebnis. Auch die systematische Auslegung lässt keine sicheren Schlüsse zu. Die teleologische Auslegung führt schließlich zu dem klaren Ergebnis, dass die werkvertraglichen Mängelrechte ihren Sinn auch schon vor einer Abnahme erfüllen können. Hierfür besteht auch ein berechtigtes Interesse auf der Seite des Bestellers, dem mit den allgemeinen Rechtsbehelfen nicht hinreichend gedient ist, während die Dispositionsfreiheit des Unternehmers schon hinreichend durch den Vorrang der Nacherfüllung geschützt ist.

Zweiter Abschnitt: Die werkvertragliche Selbstvornahme vor der Abnahme

A. Kostenfrage

Die Feststellung des zeitlichen Anwendungsbereichs der werkvertraglichen Selbstvornahme dient der Bestimmung, ob, wie und welche Kosten der Besteller im Falle einer Selbstvornahme ersetzt verlangen kann. Dabei kommt es zum einen darauf an, ob die Selbstvornahme berechtigt ist und zum anderen darauf, auf welche Grundlage sich der Besteller berufen kann. Im Folgenden ist deshalb zu untersuchen, wie sich die Mangelbeseitigung durch den Besteller auf seine übrigen Mängelrechte auswirkt, ob die Mängelrechte gegenüber anderen Ausgleichsmechanismen abschließend sind und auf welcher Grundlage der Besteller welche Kosten geltend machen kann.

I. Die Auswirkungen der Mangelbeseitigung des Bestellers auf seine weiteren Mängelrechte

1. Die berechtigte Selbstvornahme

Erfolgt die Mangelbeseitigung des Bestellers im Rahmen von § 637, geht zunächst einmal der Nacherfüllungsanspruch des Bestellers aus §§ 634 Nr. 1, 635 unter. Dies liegt an der Erfüllungsfiktion der berechtigten Selbstvornahme. Nicht ausgeschlossen sind hingegen Schadensersatzrechte aus §§ 634 Nr. 4, 280, 281. Möglich ist daher außer der Liquidation von Folgeschäden auch der Ersatz des Selbstvornahmeaufwandes jenseits von § 637 über das Schadensrecht, sofern der Unternehmer das Leistungsdefizit zu vertreten hat.[243] Hat der Unternehmer das Werk teilweise selbst ausgeführt, kann der Besteller aber nicht Schadensersatz statt der ganzen Leistung nach § 281 I 3 verlangen. Denn der Besteller darf nach seiner eigenen und erfolgreich abgeschlossenen Mangelbeseitigung das Werk nicht mehr ablehnen. Andernfalls setzte er sich mit seinem vorherigen Verhalten in Widerspruch. Aus demselben Grund muss ihm auch ein Rücktritt nach §§ 634 Nr. 3, 323 versagt bleiben.[244] Anders verhält es sich

---

243 BGH NJW 2018, 1463.

244 Zur Ähnlichkeit zwischen dem Schadensersatz statt der ganzen Leistung und dem Rücktritt HK-BGB/Schulze § 281 Rn. 18; vgl. auch Heinrichs, Liber Amicorum E. Schmidt, S. 159, 164.

mit der Minderung, die dem Besteller ebenfalls als alternativer Rechtsbehelf zur Liquidation seines Selbstvornahmeaufwands zur Verfügung steht.[245]

2. *Die unberechtigte Selbstvornahme*

Erfolgt die Mangelbeseitigung des Bestellers eigenmächtig, führt diese im Blick auf die Zweckerreichung zu Unmöglichkeitsfolgen. Vor diesem Hintergrund ist das Schicksal der übrigen Mängelrechte zu untersuchen. Es liegt auf der Hand, dass der Nacherfüllungsanspruch nach § 275 I erlischt und ein Rücktritt nach § 326 Abs. 5 gemäß der entsprechend anwendbaren Bestimmung in § 323 Abs. 6 gesperrt ist. Dies muss auch für eine Minderung nach § 638 gelten, zumal sich, wie schon erwähnt, wegen Umgehung des Vorrangs der Nacherfüllung, auch schon ein indirekter Ausgleich der Kosten einer Selbstvornahme im Rahmen von § 326 Abs. 2 verbietet.

Hierauf ist auch Rücksicht zu nehmen, wenn es um Schadensersatz statt der Leistung nach §§ 634 Nr. 4, 283 geht. Dies kann entweder durch eine Anwendung von §§ 326 V, 323 VI erreicht werden;[246] oder schließt das Schadensersatzrecht wegen überwiegenden Mitverschuldens des Bestellers aus.[247] Dieser zweite Weg entspricht den Vorstellungen des Gesetzgebers der Schuldrechtsreform, der die (Mit-)Verantwortung des Gläubigers für eine ausbleibende Leistung *„über eine Kürzung des Anspruchs gemäß § 254 angemessen berücksichtigt“* sah.[248]

II. Die Frage nach dem abschließenden Charakter der Mängelrechte

Es hat sich bei der bisherigen Untersuchung ergeben, dass dem Besteller bei eigenmächtiger Selbstvornahme kein vertragsrechtlicher Mechanismus zur Seite steht, mit dem er seine Aufwendungen vollständig oder teilweise ersetzt verlangen kann. Durchaus umstritten ist aber, ob diese Lösung abschließend ist oder dem eigenmächtigen Besteller eine anderweitige Abschöpfung seiner Aufwendungen ermöglicht werden soll.

---

245 Vgl. Fest, ZGS 2006, 173, 178 in Bezug auf die eigenmächtige Mangelbeseitigung im Kaufrecht.

246 BRHP/Faust § 437 Rn. 134; ähnlich so Lorenz, ZGS 2003, 398.

247 Vgl. zu einem Parallelfall im Kaufrecht BGH BeckRS 2015, 1272; im alten Recht OLG Frankfurt a. M. NJW-RR 1995, 435, 437; Anders nach Looschelders, JuS 1999, 949, 950.

248 BT-Drucks. 14/6040 S. 187.

Zur Abschöpfung der Aufwendungen könnten dem Besteller außer Mängelrechten noch das Bereicherungsrecht oder Ansprüche aus Geschäftsführung ohne Auftrag zur Verfügung stehen. Hierfür muss aber zunächst untersucht werden, ob die Mängelrechte aus §§ 634 ff. gegenüber diesen Ansprüchen einen abschließenden Charakter haben.

Der überwiegende Teil der Lehre stützt sich auf die ständige Rechtsprechung und billigt dem werkvertraglichen Gewährleistungsrecht einen abschließenden Charakter zu.[249] Schon 1965 hat der BGH in Bezug auf § 13 VOB/B entschieden, „*daß es sich dort um eine abschließende und erschöpfende Regelung handelt, neben der ein Bereicherungsanspruch nicht bestehen kann*“[250]. Damit ist der BGH von seiner alten Auffassung abgerückt, wonach die Aufwendungen zu einer eigenmächtigen Mangelbeseitigung im Wege des Bereicherungsrechts insoweit ersetzt verlangt werden konnte, als der Unternehmer durch eine Kostenersparnis bereichert ist.[251] Das in § 3 Abs. 5 Nr. 2 VOB/B bestimmte Fristsetzungserfordernis bezwecke, zwischen den Vertragsparteien klare Verhältnisse zu schaffen,[252] und dürfe nicht umgegangen, weil Umfang und Schwere der Mängel sowie die Angemessenheit der geltend gemachten Kosten zwischen den Vertragsparteien diskutiert werden müssten, was nach der Mangelbeseitigung nicht mehr möglich sei. 1967 machte der BGH dieselben Argumente in Bezug auf § 633 BGB a.F. geltend und verneinte die Geltendmachung der Ansprüche aus Bereicherungsrecht oder aus Geschäftsführung ohne Auftrag bei eigenmächtiger Mangelbeseitigung.[253] Zwar setzte § 633 BGB a.F. zur Geltendmachung der Gewährleistungsrechte anders als § 13 Abs. 5 Nr. 2 VOB/B keine Fristsetzung, sondern nur Verzug voraus. Dies spreche aber nicht dagegen, die für die VOB/B ausschlaggebenden Gesichtspunkte auch im BGB-Werkrecht zu berücksichtigen.[254]

Die Ansicht der Rechtsprechung hat in der Lehre größtenteils Akzeptanz gefunden und wird auch noch nach der Schuldrechtsmodernisierung vertreten.[255] Sie gelte insbesondere für das in § 637 vorgesehene Selbstvornahmerecht,

---

249 BeckOK/Voit § 637 BGB Rn. 18; MünchKommBGB/Busche § 637 Rn. 7, 16; Grüneberg/Retzlaff § 637 Rn. 4 f.; PWW/Leupertz/Halfmeier § 637 Rn. 3; AnwKommBGB/Rütten/Raab § 637 Rn. 22; Staudinger/Peters § 634 BGB Rn. 40; Jauernig/Mansel § 637 Rn. 11; Erman/Schwenker/Rodemann § 637 Rn. 19.

250 BGH NJW 1966, 39, 40.

251 BGH BeckRS 1961, 31185870.

252 BGH NJW 1966, 39, 40.

253 BGH NJW 1968, 43.

254 BGH NJW 1968, 43.

255 Statt aller BeckOK/Voit § 637 BGB Rn. 18.

das als „ein deutlich schärferes Schwert“ dem Besteller nur unter den hier aufgestellten Voraussetzungen zukommen dürfe.[256]

Ein abschließender Charakter der Gewährleistungsrechte gegenüber anderen Ausgleichssystemen lässt sich aber weder dem Gesetz noch den Erwägungen des Gesetzgebers entnehmen. Gegen die Exklusivität der werkvertraglichen Mängelrechte bestehen durchgreifende dogmatische Bedenken. Die Rechte aus §§ 634 ff. betreffen die Äquivalenzstörung bei einem Leistungsdefizit, wobei sie die Behebung solcher Störungen vorrangig durch die Herbeiführung des Erfolgseintritts oder nachrangig durch den Ausgleich der nachteiligen Folgen herbeiführen sollen. Anders verhält es sich mit Abschöpfungsansprüchen, die den Ausgleich ungerechtfertigt ersparter Aufwendungen bezwecken, ohne dass es auf die Leistungsbeziehung zwischen den Parteien ankommt.[257] Der im Vertragsrecht geltende Vorrang der Nacherfüllung leidet unter einer Überbewertung,[258] wenn ihm eine „Erziehungsfunktion“[259] beigemessen wird. Er schützt hauptsächlich das wirtschaftliche Interesse des Schuldners daran, dass dieser die Leistung selbst in natura erbringen und dadurch die Mangelbeseitigungskosten so gering wie möglich halten kann. Der Unternehmer hat nach § 635 II nur seine zum Zwecke der Nacherfüllung erforderlichen Aufwendungen zu tragen, nicht aber die daraus hinausgehenden Kosten wie insbesondere den Gewinnteil eines Drittunternehmers. Hier lassen sich die externen Kosten des Bestellers und die internen des Unternehmers bezüglich der Mangelbeseitigung voneinander unterscheiden.[260] Im Hinblick auf den Vorrang der Nacherfüllung reicht das Schutzbedürfnis des Unternehmers nicht weiter, als dass sich der vom Besteller geforderte Ausgleich auf die internen Kosten des Unternehmers beschränkt.[261] Der Eingriff in die Kompetenz des Unternehmers, die Art

---

256 Dauner-Lieb, Dötsch, NZBau 2004, 233, 234; Nach Markworth, AcP 219, 63, 80 ist das Selbstvornahmerecht ein einseitig am wirtschaftlichen Äquivalenzinteresse des Gläubigers orientierte Rechtsmittel.

257 Vgl. Paehler, Selbstvornahme, S. 120; Bydlinski, ZGS 2005, 129, 130 f.; Omlor, JA 2005, 563, 564; so auch Ebert, NJW 2004, 1761, 1763.

258 Hartmann, stellvertretende, S. 241.

259 Peters, JR 2004, 353, 355 Fn. 17.

260 Herresthal, Riehm, NJW 2005, 1457, 1458; a.A. Schönknecht, Selbstvornahme, S. 91 findet einen solchen Unterschied rein theoretisch.

261 So auch Harke, in: Schuldrechtsmodernisierung, S. 237, 244 f. in Bezug auf die voreilige Selbstvornahme im Kaufrecht; Siehe zum Problemfall, wenn die ersparten Aufwendungen des Unternehmers die vereinbarte Vergütung übersteigen, Magnussen, Mangelbeseitigung, S. 107 ff.

der Nacherfüllung selber zu bestimmen,[262] verliert also an Bedeutung, wenn dieser sich darauf beruht, dass er eine an sich günstigere Art der Mangelbeseitigung gewählt hätte und somit die hierfür erforderlichen Kosten gering gehalten wären. Fraglich ist, ob der Unternehmer weitere Interessen am Vorrang der Nacherfüllung haben könnte, die den abschließenden Charakter der Mängelrechte zu rechtfertigen vermögen.[263] Er könnte zwar an einer Leistung in natura interessiert sein, um das Vertrauen des Bestellers an der mangelfreien Leistung zurückzugewinnen und weitere geschäftliche Kontakte mit diesem zu pflegen. Seine Chance zur zweiten Andienung dient aber vor allem der Leistungsbefriedigung durch die Herbeiführung des Erfolges und nicht der Wiedergutmachung des Vertrauens. Deshalb sollte ein solches Interesse nicht anerkannt werden. Außerdem könnte die eigene Nacherfüllung den Unternehmer vor der Offenbarung seiner innerbetrieblichen Kalkulation schützen. Während der Unternehmer bei der eigenen Nacherfüllung die von ihm gemäß § 635 II zu tragenden Aufwendungen dem Besteller nicht offenzulegen braucht, ist dies doch erforderlich, wenn man dem Besteller die Abschöpfung seiner Kosten ermöglicht, denn die Höhe des Erstattungsanspruchs richtet sich nach den ersparten Aufwendungen des Unternehmers.[264] Es ist aber zweifelhaft, ob ein solcher Vorteil der Naturalerfüllung berücksichtigt werden darf. Da das Leistungsinteresse des Unternehmers beim Werkvertragsrecht grundsätzlich in der Erlangung der vereinbarten Vergütung besteht und wirtschaftlicher Natur ist, verdient sein Wunsch nach Geheimhaltung keinen Schutz. Schließlich ist ein immaterielles Interesse des Unternehmers, die Nacherfüllung persönlich vorzunehmen, aus dem gleichen Grund nicht zu berücksichtigen, dass er sich auch eine Drittleistung nach § 267 gefallen lassen müsste.[265]

Des Weiteren erheischt auch der andere Zweck des Fristsetzungserfordernisses, zwischen den Vertragsparteien klare Verhältnisse zu schaffen, keine Exklusivität der werkvertraglichen Mängelrechte. Zwar ist richtig, dass ein Ausgleich bei unberechtigter Selbstvornahme Diskussionen und Beweisprobleme auslösen kann. Dies bedeutet aber noch nicht, dass man dem Besteller

262 So Soergel/Teichmann (1998) § 633 Rn. 30.

263 S. Lamprecht, ZGS 2005, 266, 271, der kritisch zur Beschränkung auf den Umfang der Haftung des Schuldners ist. Nach ihm handelt es sich dabei vielmehr darum, dass der Unternehmer in natura leistet.

264 So Schroeter, AcP 207, 28, 61 im Blick auf die eigenmächtige Mangelbeseitigung des Käufers.

265 Herresthal, Riehm, NJW 2005, 1457; Katzenstein, ZGS 2004, 300, 303 f.; Paehler, Selbstvornahme, S. 124.

deshalb einen Anspruch versagen müsste. Ein pauschaler Anspruchsausschluss nützt vor allem den Gerichten, deren Prüfung sich auf das Gewährleistungsrecht beschränkt.[266] Die Bewältigung von Beweisproblemen ist aber Aufgabe des Prozessrechts und nicht des materiellen Rechts.[267] Die Verweigerung eines Abschöpfungsanspruchs kommt einer hier sonst nur ausnahmsweise verhängten Verfallssanktion gleich,[268] für die sich der Gesetzgeber nicht eigens ausdrücklich entschieden hat.[269]

Auch der Verweis auf ein unterschiedliches Verjährungsregime kann nicht überzeugen.[270] Während die werkrechtlichen Mängelansprüche nach § 634a innerhalb von zwei, drei oder fünf Jahren ab der Abnahme verjähren, gilt für Ansprüche wegen ungerechtfertigter Bereicherung die regelmäßige dreijährige Verjährungsfrist nach § 195 mit subjektivem Beginn der Frist gemäß § 199 Abs. 1. Dies kann dazu führen, dass der Besteller bei einer eigenmächtigen Selbstvornahme die ersparten Mangelbeseitigungskosten durch die Umgehung

---

266 Lorenz, NJW 2005, 1321, 1324; Paehler, Selbstvornahme, S. 134.

267 Vgl. Katzenstein, ZGS 2004, 300, 303; s.a. Herresthal, Riehm, NJW 2005, 1457, 1459.

268 Seidel, JZ 1991, 391, 394; Bydlinski, ZGS 2005, 129, 130; Lorenz, NJW 2005, 1321, 1323.

269 Außerdem ist darauf hinzuweisen, dass die Rechtsprechung zuweilen ihrer eigenen Linie selbst nicht treu geblieben ist und dem eigenmächtig tätigen Gläubiger einen Ausgleich seiner Aufwendungen ermöglicht hat. So sprach sich der BGH NJW-RR 2005, 357, 360 noch 2004 zur alten Rechtslage für die Anrechnung von Vorteilen gemäß § 324 I 2 BGB a.F. in einem Fall aus, in dem der Besteller die Mangelbeseitigung nicht mit der erforderlichen Fristsetzung und Ablehnungsandrohung gemäß § 634 I 1 BGB a.F. verlangt und schlicht die Abnahme verweigert hatte. Dies ließ sich auch nicht mit der Annahme eines Abrechnungsverhältnisses rechtfertigen, weil es sowohl an den Voraussetzungen des § 634 I 1 BGB a.F. als auch an dem Verzugserfordernis nach § 326 I 1 BGB a.F. fehlte. In dem Urteil findet sich kein Wort zum Streitstand über die Anwendbarkeit anderweitiger Ansprüche bei eigenmächtiger Selbstvornahme noch über die Diskussion jenes Exklusivitätsgrundes, klare Verhältnisse zwischen den Vertragsparteien zu gewährleisten. Ähnlich befürwortete das OLG Hamm NJW 2018, 2648, 2653 Rn. 88 die Anwendung von Bereicherungsansprüchen in einem Fall eigenmächtiger Mangelbeseitigung beim Werkvertragsrecht, wobei die Schadens- und Aufwendungsersatzansprüche nach § 634 Nr. 4 wegen der fehlenden Voraussetzungen nicht anwendbar waren. Im Urteil war von den denkbaren Beweisschwierigkeiten zwischen den Vertragsparteien infolge der Zulassung eines Abschöpfungsanspruchs wiederum keine Rede. Kritisch zum Urteil Grüneberg, NJW 2018, 2654.

270 BGH NJW 1968, 43.

der Verjährung seiner Mängelrechte erreichen kann.[271] Dies wäre aber nur dann relevant, wenn die Mängelansprüche aus § 634 schon zum Zeitpunkt der eigenmächtigen Selbstvornahme verjährt sind.

III. Ersatz der Kosten eigenmächtiger Selbstvornahme

Lassen sich die Mängelrechte nach §§ 634 ff. gegenüber anderweitigen Ausgleichansprüchen nicht als abschließend verstehen, stellt sich die Frage, wie die Ansprüche, mit denen der Besteller seine Aufwendungen aus der unberechtigten Selbstvornahme abschöpfen kann, beschaffen sind. In Betracht kommen nur die Geschäftsführung ohne Auftrag und das Bereicherungsrecht.

1. Geschäftsführung ohne Auftrag

Die eigenmächtige Selbstvornahme kann als Einmischung in eine fremde Angelegenheit angesehen werden.[272] Der Besteller wird im Pflichtenkreis des Schuldners tätig. Er besorgt daher das Geschäft für einen anderen, „*ohne von ihm beauftragt oder ihm gegenüber sonst dazu berechtigt zu sein*". Aufgrund dieser Parallele stellt sich die Frage, ob dem eigenmächtig tätigen Besteller über die Vorschriften der Geschäftsführung ohne Auftrag zum Ersatz seiner Kosten verholfen werden könnten. In Bezug auf die eigenmächtige Selbstvornahme in unterschiedlichen Vertragstypen wurde bereits ein Rückgriff auf die Ansprüche aus berechtigter oder unberechtigter Geschäftsführung ohne Auftrag erwogen.[273]

a. Die Tatbestandsvoraussetzungen

Geschäftsführung ohne Auftrag liegt nach § 677 vor, wenn jemand (der Geschäftsführer) das Geschäft eines anderen (des Geschäftsherrn) für diesen besorgt, ohne hierzu beauftragt oder aus anderem Grund befugt zu sein. Stimmt eine solche Geschäftsführung mit dem Willen und Interessen des Geschäftsherrn überein, ist sie berechtigt, ansonsten unberechtigt.

---

271 So in Bezug auf die kaufrechtliche eigenmächtige Selbstvornahme Schönknecht, Selbstvornahme, S. 115; vgl. auch Katzenstein, ZGS 2004, 300, 308.

272 Kuhn, JURA 2018, 541, 547; vgl. auch Ders., ZMR 2009, 175, 177.

273 Berechtigte GoA: Katzenstein, ZGS 2004, 144, 153; Ders., ZGS 2004, 300, 305; Unberechtige GoA: Oechsler, LMK 2005, 81; Ders., NJW 2004, 1825 ff.; s.a. LG Bielefeld ZGS 2005, 79 f.

i. Fremdes Geschäft

Der Begriff des Geschäftes gem. § 677 umfasst jede Art von Tätigkeit, nicht nur die Vornahme von Rechtsgeschäften, sondern auch tatsächliches Handeln. Es unterliegt daher keinem Zweifel, dass die Vornahme einer vertretbaren Handlung im Rahmen der eigenmächtigen Selbstvornahme ein Geschäft in diesem Sinne darstellt.[274]

Ob ein Geschäft auch „fremd" ist, lässt sich nicht einheitlich beantworten. Unterschieden wird zwischen einem objektiv fremden Geschäft, dessen Zuweisung an einen anderen sich aus seiner Eigenart ergibt, sowie einem subjektiv fremden Geschäft, dessen Zuordnung aus der Willensrichtung des Geschäftsführers folgt.[275] Die Zuweisung muss nicht eindeutig sein. Nach überwiegender Ansicht gibt es darüber hinaus „auch-fremde Geschäfte",[276] bei denen die Geschäftsbesorgung sowohl im Rechts- und Interessenkreis des Geschäftsführers als auch des Geschäftsherrn liegt. Dies trifft auf die eigenmächtige Selbstvornahme zu, mit der ein Besteller einerseits sein Interesse an der Leistung des Unternehmers befriedigen will, andererseits aber eine Handlung vornimmt, die Gegenstand der Leistungspflicht seines Vertragspartners ist.

ii. Fremdgeschäftsführungswille

Der Geschäftsbesorger hat nicht nur ein fremdes Geschäft zu führen, sondern muss dies auch erkennen und in einem fremden Rechtskreis tätig werden wollen. Das Vorliegen dieses Fremdgeschäftsführungswillens wird beim objektiv fremden Geschäft vermutet.[277] Ob dies bei einem auch-fremden Geschäft ebenfalls gilt, ist umstritten. Während die Rechtsprechung die für das objektiv fremden Geschäft geltende Vermutungswirkung zuweilen auf das „auch-fremde" Geschäft erstreckt,[278] ist man im Schrifttum restriktiver[279] und fordert die positive Feststellung des Fremdgeschäftsführungswillens, um die Geschäftsführung ohne Auftrag nicht zu einem universellen Regressmechanismus werden

---

274 So BGH NJW 1978, 1375, 1377 für die Mangelbeseitigung durch einen Dritten.

275 Vgl. Staudinger/Bergmann Vorb. zu §§ 677 ff. Rn. 128 ff.

276 BGH NJW 1955, 257, 258; NJW 2000, 72; NJW 2018, 2714, 2716; Soergel/Beuthien § 677 Rn. 9; MünchKommBGB/Schäfer § 677 Rn. 41; BeckOK/Gehrlein § 677 BGB Rn. 15.

277 MünchKommBGB/Schäfer § 677 Rn. 139; BeckOK/Gehrlein § 677 BGB Rn. 13; Grüneberg/Sprau § 677 Rn. 4.

278 BGH NJW 2012, 1648, 1650; NJW-RR 2008, 683, 685; NJW-RR 2004, 81, 82.

279 Staudinger/Bergmann Vorb. §§ 677 ff. Rn. 140; Schubert, NJW 1978, 687, 688; Thole, NJW 2010, 1243, 1244; Falk, JuS 2003, 833, 839.

zu lassen.[280] Auch ohne generelle Vermutung eines Fremdgeschäftsführungswillens kann man bei einer eigenmächtigen Selbstvornahme davon ausgehen, dass der Besteller bewusst und gewollt für den Unternehmer tätig wird, weil er sich über die Mangelverantwortung des Unternehmers wegen der Erfolgsbezogenheit der Werkherstellung im Klaren ist.[281] Eine Ausnahme gilt nur dann, wenn er einen Funktionsfehler beseitigen lässt, ohne hierin zunächst einen Mangel des Werks zu erkennen. Zwar verneint der BGH, der die Vermutungswirkung für das auch-fremde Geschäft gelten lässt, ein finales Element, wenn der Geschäftsführer vorrangig in seinem eigenen Interesse handelt.[282] Hierbei handelt es sich jedoch um eine Überspitzung. Nach dem Willen des historischen Gesetzgebers reicht für die Annahme eines Fremdgeschäftsührungswillens nämlich schon das Bewusstsein, in einem fremden Rechtskreis tätig zu werden: „*Dieser Wille wird in der Regel sich schon durch das bewußte Eingreifen in fremde Angelegenheiten manifestieren*“[283].

iii. Geschäftsführung ohne Auftrag oder Befugnis

Schließlich bedarf es zur Eröffnung des Anwendungsbereichs von §§ 677 ff. noch, dass die Geschäftsbesorgung ohne Auftrag oder ohne Befugnis erfolgt. Ist der Geschäftsführer zu seiner Tätigkeit vertraglich oder kraft Gesetzes berechtigt oder verpflichtet, scheiden die Ansprüche aus Geschäftsführung ohne Auftrag aus. Bei einer eigenmächtigen Selbstvornahme stellt sich die Frage, inwiefern dem Vertragsverhältnis zum Unternehmer eine Legitimationswirkung zukommt. Diejenigen, die sich für den abschließenden Charakter der Mängelrechte aussprechen, wollen hierin einen Auftrag im Sinne von § 677 erkennen.[284] Zwar sei der Besteller zur Selbstvornahme ohne vorherige Fristsetzung oder ohne ihre Entbehrlichkeit noch nicht berechtigt, seine Befugnisse seien durch das werkvertragliche Regime aber umfassend geregelt und daher dem Anwendungsbereich der Geschäftsführung ohne Auftrag entzogen.

---

280 Vor allem Thole, NJW 2010, 1243, 1244, 1248.

281 Vgl. aber zur eigenmächtigen Mangelbeseitigung im Kaufrecht Bydlinski, ZGS 2005, 129, 131 und Paehler, Selbstvornahme, S. 157.

282 So BGH NJW 2009, 2590 in einem Fall, in dem der Mieter „*auf Grund einer unerkannt unwirksamen Endrenovierungsklausel Schönheitsreparaturen in der Mietwohnung vornimmt*“ und seine Kosten über Geschäftsführung ohne Auftrag ersetzt verlangt hat.

283 Mot. Bd. II, S. 856.

284 Vgl. AnwKommBGB/Langen § 634 Rn. 38; Auer, in: Staudinger/Eckpfeiler (2020) S Rn. 123.

Hierin liegt jedoch lediglich eine Projektion der These von der Exklusivität des Gewährleistungsrechts. Sucht man nach einem regelrechten Auftrag oder einer Befugnis des Geschäftsbesorgers, kann man diese nur dann ausmachen, wenn das Vertragsverhältnis oder das Gesetz den Geschäftsführer zu einer bestimmten Tätigkeit berechtigt oder verpflichtet.[285] Nur dies entspricht auch der Auffassung des historischen Gesetzgebers, der eigens darauf hinwies, dass ein Unternehmer, der mehr oder ein Anderes als vereinbart leistet, *„für diese Leistungen nur insofern eine Vergütung in Anspruch nehmen kann, als die Rechtsnormen über die Geschäftsführung ohne Auftrag einen solchen Anspruch zu rechtfertigen vermögen"*.[286] Wie bei der eigenmächtigen Selbstvornahme, geht es auch bei der überschießenden Leistung eines Unternehmers darum, dass der Schuldner die Grenzen des Geschuldeten nicht beachtet und dann für den so bewirkten Vorteil des Gläubigers einen Ausgleich begehrt.

b. Die Rechtsfolgen der echten Geschäftsführung

Auf der Rechtsfolgenseite ist zwischen der berechtigten und unberechtigten Geschäftsführung ohne Auftrag zu unterscheiden. Entspricht die Geschäftsbesorgung dem wirklichen oder mutmaßlichen Willen des Geschäftsherrn, steht ihm nach § 683 S. 1 ein Anspruch auf Ersatz seiner Aufwendungen zu, wie ihn auch ein Beauftragter gemäß § 670 hat. Dasselbe gilt nach § 683 S. 2 ohne entsprechendes Interesse und entsprechenden Willen des Geschäftsherrn auch dann, *„wenn ohne die Geschäftsführung eine Pflicht des Geschäftsherrn, deren Erfüllung im öffentlichen Interesse liegt (...) nicht rechtzeitig erfüllt werden würde"*. Liegen diese Voraussetzungen von § 683 jedoch nicht vor, ist der Aufwendungsersatzanspruch mit § 684 auf die Herausgabe dessen beschränkt, was der Geschäftsherr durch die Geschäftsführung erlangt hat. Dabei wird auf die Vorschriften über die Herausgabe einer ungerechtfertigten Bereicherung verwiesen.

Dass eine eigenmächtige Selbstvornahme dem Willen des Unternehmers entspricht, kommt nur ausnahmsweise vor. Denkbar ist dies allenfalls dann, wenn der Besteller über ausreichende Fachkenntnisse verfügt, um die Mangelbeseitigung selbst oder durch sein Personal vorzunehmen und sein Aufwand denjenigen, den der Unternehmer betreiben muss, nicht überschreitet. Es ist auch überaus selten, dass der Besteller durch die Mangelbeseitigung einer im

---

285 Magnussen, Mangelbeseitigung, S. 34 ff.; zum Kaufrecht: Paehler, Selbstvornahme, S. 157 ff.

286 Mot. Bd. II, S. 493.

öffentlichen Interesse liegenden Pflicht des Unternehmers nachkommt. In diesem Fall dürfte aber auch regelmäßig eine Fristsetzung nach § 637 II entbehrlich sein,[287] sodass die Selbstvornahme gerechtfertigt wäre.

Im Regelfall der eigenmächtigen Selbstvornahme liegt also eine unberechtigte Geschäftsführung ohne Auftrag vor. Der Unternehmer ist mit ihr gewöhnlich nicht einverstanden, weil er sich im Fach besser auskennt als der Besteller und auch kein Interesse an der Einschaltung eines Drittunternehmers hat. Es kommt also § 684 zum Zuge, sodass der Unternehmer nicht zum Aufwendungsersatz verpflichtet ist, sondern zur bereicherungsrechtlichen Erstattung des durch die eigenmächtige Selbstvornahme Erlangten.

Äußerst umstritten ist, ob es sich bei § 684 um eine Rechtsfolgen- oder Rechtsgrundverweisung handelt. Im zuerst genannten Fall müssten die Tatbestandsvoraussetzungen der §§ 812 ff. nicht vorliegen.[288] Der Verweis auf das Bereicherungsrecht wäre dann nur eine Grenze für den Aufwendungsersatzanspruch des Geschäftsbesorgers.[289] Für diese Lösung wird angeführt, dass Vor- und Nachteile der Geschäftsführung ohne Auftrag im Fall ihrer Berechtigung dem Geschäftsherrn, ansonsten dem Geschäftsführer zugewiesen seien.[290] Nach der Gegenauffassung, die in § 684 eine Rechtsgrundverweisung sieht, stellt diese Vorschrift eine Klarstellungsfunktion dahingehend dar, dass die unberechtigte Geschäftsführung kein Rechtsgrund im Sinne von § 812 ist.[291] Die Herausgabepflicht tritt dann nur ein, wenn einer der Tatbestände dieser

287 Vgl. Lamprecht, ZGS 2005, 266, 272; Dauner-Lieb, Dötsch, NZBau 2004, 233, 235; s. auch Katzenstein, ZGS 2004, 300, 305 Fn. 33; im Kaufrecht vgl. auch Paehler, Selbstvornahme, S. 160, 223 ff.

288 In der Lehre: Staudinger/Bergmann § 684, Rn. 5; Martinek/Theobald JuS 1997, 612, 616; Hadding, FS Mühl, S. 225, 241 f.; Wolf, JZ 1966, 467, 470; BeckOK/Gehrlein § 684 BGB Rn. 1; Jauernig/Mansel § 684 Rn. 1; Grüneberg/Sprau § 684 Rn. 1; Soergel/Beuthien § 684 Rn. 4; vgl. auch MünchKommBGB/Schäfer § 684 Rn. 6; in der Rechtsprechung: BGH BeckRS 1976, 31114675; OLG München BeckRS 2017, 132148 Rn. 31; OLG Karlsruhe NJW-RR 1992, 713.

289 MünchKommBGB/Schäfer § 684 Rn. 7.

290 Coester-Waltjen, JURA 1990, 608, 610. S. aber zur Herausgabepflicht des Geschäftsführers in Bezug auf Vorteile, Soergel/Beuthien § 684 Rn. 2, der §§ 681, 667 auch bei unberechtigter Geschäftsführung heranzieht.

291 In der Lehre: Harke, Besonderes, Rn. 449; Gursky, AcP 185, 13, 40; Batsch, AcP 171, 218, 227; AnwKommBGB/Schwab § 684 Rn. 7; Wandt, Gesetzliche, § 5 Rn. 55; für eine partielle Rechtsgrundverweisung Loyal, JZ 2012, 1102, 1104 f.; in der Rechtsprechung: BGH NJW 2016, 1310, 1314; NJW 2001, 3184, 3185; Vgl. auch Mot. Bd. II, S. 866 f.

Norm erfüllt ist. Für diese Auffassung spricht zunächst der Wortlaut des § 684 S. 1, wo von keiner Ersatz-, sondern von einer Herausgabepflicht die Rede ist. Ginge es um Aufwendungsersatz, hätte der Gesetzgeber die Regelung so genau wie § 347 II 2 fassen müssen, wonach Aufwendungen insoweit zu ersetzen sind, als der Anspruchsgegner bereichert ist.[292] Außerdem gibt es keinen Grund, die Ausschlusstatbestände des Bereicherungsrechts außer Kraft zu setzen, was bei Annahme einer Rechtsfolgenverweisung immerhin denkbar wäre.[293] Schließlich verdient die Deutung als Rechtsgrundverweisung im Hinblick auf Dreieckbeziehungen den Vorzug.[294] Liegt in der Tätigkeit des Geschäftsführers zugleich eine Leistung an einen Dritten, wie dies etwa dann vorkommen kann, wenn der Besteller nicht der Eigentümer der zu bearbeitenden Sache ist, lässt sich nur bei vollständiger Anwendung des Bereicherungsrechts zuverlässig sicherstellen, dass der Ausgleich im richtigen Verhältnis erfolgt.[295]

Müssen auch die Tatbestandsvoraussetzungen des Bereicherungsausgleichs gegeben sein, kommt dem Regime der Geschäftsführung ohne Auftrag keine eigenständige Bedeutung zu.

2. Ansprüche nach Bereicherungsrecht

a. Die einschlägige Kondiktionsart

i. Die Leistungskondiktion

Nach einer Ansicht kommt im Fall von § 684 nur die Zweckverfehlungskondiktion gemäß § 812 I 2 Alt. 2 in Betracht,[296] die einen der besonderen Fälle der Leistungskondiktion darstellt. Ausgangspunkt ist der erste Entwurf des BGB, der in seinem § 758 für den Fall unberechtigter Geschäftsführung nur auf die hierfür einschlägigen Bestimmungen des Bereicherungsrechts verweist.[297] Diese Regelung wurde mit Bedacht gewählt, weil der ersten Kommission

292 Loyal, JZ 2012, 1102, 1108.

293 Harke, Besonderes, Rn. 449; so auch unter den Vertreter der Rechtsfolgeverweisung: Soergel/Beuthien § 684 Rn. 4 Fn. 13; BeckOK/Gehrlein § 684 BGB Rn. 2; Hadding, FS Mühl, S. 225, 242; Martinek, Theobald, JuS 1997, 612, 616.

294 AnwKommBGB/Schwab § 684 Rn. 7; Harke, Besonderes, Rn. 449.

295 Vgl. OLG Hamm NJW 1974, 951, 952 f.

296 Loyal, JZ 2012, 1102 ff.

297 § 758 1 E-I: „Entspricht die Geschäftsbesorgung nicht den Voraussetzungen des § 753, so hat der Geschäftsführer gegen den Geschäftsherrn nur einen Anspruch auf Herausgabe der Bereicherung nach Maßgabe der §§ 742—744."

zweifelhaft erschien, *„ob in* allen *Fällen die fragliche Voraussetzung von dem Geschäftsführer als genügend* erklärt *anzunehmen sei“.*[298] In der zweiten Kommission wurde die Frage der Würdigung der Redaktionskommission überlassen, *„ob nicht, ohne Hervorhebung einzelner Bestimmungen auf die Vorschriften über die Herausgabe einer Bereicherung schlechthin zu verweisen sei“.*[299]

Die Bedenken der ersten Kommission treffen aber nicht nur einzelne Erscheinungsformen der Leistungskondiktion, sondern diese schlechthin. Es fehlt gewöhnlich nicht nur an einer – wie auch immer gearteten – Zweckvereinbarung, sondern schon an einer Leistung. Dass es nicht zu einer Zweckvereinbarung zwischen Besteller und Unternehmer kommt,[300] liegt daran, dass sich beide im Fall der eigenmächtigen Selbstvornahme weder verständigen noch einen gemeinsamen Zweck verfolgen. Das Erfordernis einer Zweckvereinbarung lässt sich auch im Fall einer Geschäftsführung ohne Auftrag nicht auf die einseitige Zweckbestimmung des Geschäftsführers reduzieren.[301] Diese reicht noch nicht einmal aus, um überhaupt eine Leistung an den Unternehmer anzunehmen. Zwar mehrt der Besteller bewusst dessen Vermögen; bei der Zwecksetzung überwiegt aber doch sein eigenes Interesse an der Erlangung eines mangelfreien Werks.

ii. Die Nichtleistungskondiktion

Der regelmäßig passende Bereicherungsanspruch im Fall einer unberechtigten Geschäftsführung ohne Auftrag ist die Verwendungskondiktion,[302] die einen Fall der Bereicherung „in sonstiger Weise“ im Sinne von § 812 I 1 darstellt.[303]

Sie kommt nicht in der besonderen Gestalt der Rückgriffkondiktion zum Zuge, die nur dann einschlägig ist, wenn jemand einen anderen durch die Tilgung seiner Schuld im Wege der Drittleistung gemäß § 267 bereichert.[304] Dass

---

298 Die Beratung des BGB, Jakobs, S. 150.

299 Protokolle, S. 3055.

300 AnwKommBGB/Schwab § 684 Rn. 6.

301 So aber Loyal, JZ 2012, 1102, 1106.

302 Larenz/Canaris, Schuldrecht, Bd. II/2 § 69 III 1 a, S. 188; Harke, Besonderes, Rn. 510; Soergel/Beuthien § 684 Rn. 2.

303 MünchKommBGB/Schäfer § 684 Rn. 2; Auer, in: Staudinger/Eckpfeiler (2020) S Rn. 42; Die Eingriffskondiktion scheidet hierbei aus, weil dort der Bereicherungsschuldner über den Bereicherungsgegenstand verfügt, indem er auf eine Rechtsposition zugreift, welche nach der Rechtsordnung einem anderen zugewiesen ist. AnwKommBGB/von Sachsen Gessaphe, 812, Rn. 69.

304 MünchKommBGB/Schwab § 812 Rn. 389 ff.

sie nicht vorliegt, haben wir bereits bei der Untersuchung der Frage geklärt, wie die Schuld des Unternehmers im Fall der Selbstvornahme erlischt.[305]

Die Verwendungskondiktion ist aber auch dann gegeben, wenn jemand durch Aufwendungen auf eine eigene Sache einen anderen begünstigt.[306] Dasselbe gilt, wenn die Sache zwar nicht dem Bereicherungsgläubiger gehört, ihm aber herauszugeben ist.[307] Damit sind sowohl die Fälle abgedeckt, in denen das Werk an einer dem Besteller schon gehörenden Sache auszuführen ist, als auch die Konstellationen, in denen sie ihm erst noch übereignet werden muss.

b. Umfang des Bereicherungsanspruchs

Nach der Bestimmung der Kondiktionsart stellt sich die Frage nach dem Umfang des Bereicherungsanspruchs. Da die Bereicherung des Unternehmers in einer Befreiung von seiner Verpflichtung zur Nacherfüllung besteht, scheidet eine Herausgabe in Natur gemäß § 818 I gewöhnlich aus, so dass nur die Wertersatzpflicht nach § 818 II in Betracht kommt. In Ansatz kommt dabei nach richtiger Ansicht der objektive Wert des erlangten Vorteils in Betracht,[308] wobei der Schuldner aber vor einer aufgedrängten Bereicherung zu schützen ist. Dies ist gerade bei einer eigenmächtigen Selbstvornahme des Bestellers relevant, weil der objektive Wert der Leistung, die ihm erspart geblieben ist, häufig hinter dem Aufwand zurückbleibt, der er hierfür hätte betreiben müssen.

Zu der Frage, wie ein solcher Schutz vor aufgedrängter Bereicherung bewirkt werden soll, gibt es unterschiedliche Ansichten. Vereinzelt wird eine analoge Anwendung des § 814 vertreten,[309] der die Kondiktion einer Leistung ausschließt, wenn diese in Kenntnis der fehlenden Schuld erbracht worden ist. Der Rechtsgedanke dieser Vorschrift lässt sich vielleicht auch bei einer Verwendungskondiktion zur Anwendung bringen, wenn der Gläubiger bei Vornahme

---

305 S. 1. Abschnitt, C, II.

306 MünchKommBGB/Schwab § 812 Rn. 360.

307 MünchKommBGB/Schwab § 812 Rn. 369 ff.; i.E. BGH BeckRS 2012, 18858 Rn. 10.

308 In der Rechtsprechung: BGH NJW 1971, 609, 611; NJW-RR 2001, 1332; NJW 2006, 2847, 2852; in der Lehre: MünchKommBGB/Schwab § 818 Rn. 82; AnwKommBGB/Linke § 818 Rn. 29; BeckOK/Wendehorst § 818 BGB Rn. 27; Staudinger/Lorenz § 818 BGB Rn. 26; PWW/Prütting § 818 Rn. 13; Soergel/Hadding § 818 Rn. 22. Anders aber Erman/Buck-Heeb § 818 Rn. 17; Esser/Weyers, Besonderer, Bd. II TB. 2 § 51 I 4c; Hagen, FS Larenz, S. 867, 883 f.; Koppensteiner, NJW 1971, 1769 ff.

309 Staudinger/Lorenz Vorb. §§ 812 ff. Rn. 46; Klauser, NJW 1965, 513, 515; Dagegen MünchKommBGB/Schwab § 818 Rn. 227; Esser/Weyers, Besonderer, Bd. II TB. 2 § 51 I 4e.

der Verwendung weiß, dass er in einem fremden Rechtskreis tätig wird. In diesem Fall liefe jedoch der in § 684 angebrachte Verweis auf das Bereicherungsrecht leer, weil die unberechtigte Geschäftsführung stets mit der Kenntnis des Geschäftsbesorgers von dem Fremdbezug seiner Tätigkeit verbunden ist.[310] Einen wirksamen Schutz bietet jedoch § 818 III, der die Kondiktion auf die beim Schuldner noch vorhandene Bereicherung beschränkt.[311] Auch wenn der Wert der Nacherfüllung höher ist, verbleibt im Vermögen des Unternehmers doch nur die Ersparnis der Kosten, die er selbst gehabt hätte. Gelingt es dem Besteller ausnahmsweise, die Mangelbeseitigung günstiger als der Unternehmer auszuführen, muss er nach Bereicherungsrecht zwar ebenfalls seine Ersparnis erstatten. Er kann aber die Geschäftsführung nach § 684 S. 2 genehmigen, so dass der Besteller auf einen Aufwendungsersatzanspruch beschränkt ist.[312]

§ 818 III ist auch der richtige Ansatzpunkt für etwaige Einwände des Unternehmers gegen die Nacherfüllung selbst. Zwar kann sich der Unternehmer im Rahmen des Bereicherungsausgleichs nicht auf den Vorrang der Nacherfüllung berufen. Es bleiben aber die Einrede unverhältnismäßiger Kosten gemäß § 635 III oder der Verjährung seiner Nacherfüllungspflicht. Hätte der Unternehmer sie erheben können, hat die eigenmächtige Selbstvornahme keine Ersparnis bewirkt, die in seinem Vermögen verblieben ist. Es bedarf daher keiner analogen Anwendung von § 404, wie sie zuweilen aufgrund der Ähnlichkeit von gesetzlichem Forderungsübergang und bereicherungsrechtlichem Regress vertreten wird.[313]

IV. Exkurs: Die eigenmächtige Selbstvornahme in anderen Rechtsbereichen

Während ein Vergleich zum Kaufvertrag wenig ergiebig ist, weil er wegen seiner Ähnlichkeit zum Werkvertrag eine einheitliche Lösung erheischt, lohnt eher ein Blick auf den Mietvertrag mit seinem abweichenden Mängelregime und die Bewältigung der Selbstvornahme im Deliktsrecht.

310 Paehler, Selbstvornahme, S. 169; i.E. MünchKommBGB/Schwab § 814 Rn. 5.
311 MünchKommBGB/Schwab § 818 Rn. 228; HKK/Schäfer §§ 812–822 BGB Rn. 215.
312 Harke, Besonderes, Rn. 449.
313 Erman/Buck-Heeb § 812 Rn. 27; Reuter/Martinek, Bereicherung, Teilb. 2 § 3 III 4, S. 132 f., § 6 II 3c, S. 257 f.; Larenz/Canaris, Schuldrecht, Bd. II/2 § 69 III 2 b, S. 192; Canaris, FS Larenz, S. 799, 845; Wendehorst, JURA 2004, 505, 511.

1. Mietvertrag

Der Vermieter ist nach § 535 I nicht nur zur Überlassung der Mietsache in einem zum vertragsgemäßen Gebrauch geeigneten Zustand verpflichtet, sondern auch zu ihrer Erhaltung in diesem Zustand während der Mietzeit. Auch wenn im Mietvertragsrecht anders als im Kauf- und Werkvertragsrecht kein Nacherfüllungsanspruch vorgesehen ist, erstreckt sich die Erhaltungspflicht des Vermieters und somit der Erfüllungsanspruch des Mieters nach § 535 I 2 auf die Beseitigung auch solcher Mängel, die während der Mietzeit entstehen.

§ 536a II gewährt dem Mieter ein Recht auf die Selbstbeseitigung und einen Anspruch auf den Ersatz der hierfür erforderlichen Kosten. Voraussetzung ist, dass der Vermieter mit der Mangelbeseitigung „*in Verzug ist*" oder wenn die Mangelbeseitigung „*zur Erhaltung oder Wiederherstellung des Bestands der Mietsache notwendig ist*". Durch das Verzugserfordernis in § 536a II Nr. 1 ist das mietrechtliche Selbstvornahmerecht im Gegensatz zu § 637 an das Verschuldenserfordernis geknüpft.[314] Trotz dieses Unterschieds ist die Selbstvornahme bei Werk- und Mietvertrag vergleichbar.[315]

Einer Umgehung der Voraussetzungen des Rechts zur Selbstvornahme mit Hilfe des Schadensersatzanspruchs aus § 536a I ist der BGH entgegengetreten.[316] Der BGH beruft sich dabei auf „*Sinn und Zweck des § 536a II Nr. 1 BGB, wonach grundsätzlich dem Vermieter der Vorrang bei der Mängelbeseitigung zukommt*".[317] Das Verzugserfordernis diene dem Schutz des Vermieters, der dadurch eine Mietminderung und gerade auch Schadensersatzsprüche des Mieters verhindern können soll.[318] Im Schrifttum hat man sich dieser Ansicht überwiegend angeschlossen.[319]

Mit der Verneinung eines Anspruchs aus § 536a I oder II ist aber noch keine endgültige Entscheidung über den Rückgriff des Mieters im Fall einer

---

314 BeckOK/Wiederhold § 536a BGB Rn. 36.

315 So auch Paehler, Selbstvornahme, S. 180.

316 BGH NJW 2008, 1216, 1217 f.

317 BGH NJW 2008, 1216, 1218.

318 BGH NJW 2008, 1216, 1217.

319 MünchKommBGB/Häublein § 536a Rn. 18; AnwKommBGB/Klein-Blenkers, § 536a Rn. 51; PWW/Feldhahn § 536a Rn. 9; BRHP/Wiederhold § 536a Rn. 31; Erman/Lützenkirchen § 536a Rn. 20 sieht hierbei ein Wahlrecht vor.; Harke, Besonderes, Rn. 312; Herresthal, Riehm, NJW 2005, 1457, 1460; Emmerich, in: Staudinger/Eckpfeiler (2020) O Rn. 62; a.A. Gsell, NZM 2010, 71, 74; Emmerich/Sonnenschein/Emmerich § 536a Rn. 12, 22; Soergel/Heintzmann § 536a Rn. 25.

eigenmächtigen Selbstvornahme getroffen. Denn § 539 sieht gerade für den Fall, dass dieser Anspruch ausfällt, einen Aufwendungsersatz nach den Vorschriften über die Geschäftsführung ohne Auftrag vor.

Der Wortlaut dieser Bestimmung ist nicht eindeutig. Sie kann sowohl so verstanden werden, „*dass der Vermieter generell alle Aufwendungen zu ersetzen hat, die der Mieter nicht schon nach § 536a II BGB ersetzt verlangen kann*"[320] oder so, dass § 539 nur solche Aufwendungen erfasst, die selbst beim Vorliegen der Tatbestandsvoraussetzungen nicht nach § 536a II ersetzbar sind[321]. Die Rechtsprechung und der überwiegende Teil der Lehre deutet die Vorschrift in diesem zweiten Sinne und lehnt ihre Anwendung im Fall eigenmächtiger Selbstvornahme entschieden ab.[322] Dabei berufen sie sich auf die Gesetzesmaterialien,[323] wonach es hier nicht um Mangelbeseitigung, sondern um eine Verbesserung der Mietsache gehe, wie sie insbesondere durch Einbauten eines Mieters erfolge.[324] Der BGH verweist außerdem auf die ständige Rechtsprechung aus der Zeit vor der Mietrechtsreform von 2001. Hier war ebenfalls anerkannt, dass die Vorschrift des § 538 II a.F. im Hinblick auf den Aufwendungsersatz nach der Selbstvornahme abschließend ist, so dass es nicht zu einem Aufwendungsersatz gemäß § 547 I kam.[325] Angeführt wird zudem die systematische Stellung des § 539.[326] Diese Vorschrift folge auf die Mängelvorschriften der §§ 535–536d, weshalb auch der Ersatz der Aufwendungen wegen einer Mangelbeseitigung nur innerhalb dieser Vorschriften geregelt sein könne. Diese Argumente vermögen nicht zu überzeugen. Der Verweis auf die Judikatur zum alten Recht geht fehl, weil § 539 dem zweiten Absatz von § 547 a. F. entspricht und dessen Abs. 1 nur für notwendige Aufwendungen des Mieters galt.[327] Außerdem gebieten die Gesetzesmaterialien zu § 539 eine andere Auslegung als diejenige

---

320 BGH NJW 2008, 1216, 1217 Rn. 21.

321 Vgl. BeckOGK/Emmerich § 539 BGB Rn. 6.

322 In der Rechtsprechung: BGH NJW 2008, 1216; NJW 2019, 3780, 3782, In der Lehre: BeckOGK/Emmerich § 539 BGB Rn. 8; Grüneberg/Weidenkaff § 539 Rn. 2; Schmidt-Futterer/Eisenschmid § 536a Rn. 133; HK-BGB/Scheuch § 539 Rn. 2; BeckOK/Zehelein § 539 BGB Rn. 3; Grüneberg/Weidenkaff § 539 Rn. 2; BRHP/Wiederhold § 536a Rn. 43; Oechsler, Schuldverhältnisse, § 6 Rn. 882; Derleder, NZM 2002, 676, 681; Ders., WuM 2006, 175, 179 f.; Dauner-Lieb, Dötsch, NZM 2004, 641, 644, 646; Bergmann, JuS 2010, 234, 237; Harke, Besonderes, Rn. 312.

323 BT-Drucks. 14/4553, S. 42.

324 BGH NJW 2008, 1216, 1217; kritisch aber hierzu Faust, JuS 2008, 462, 464.

325 BGH NJW 2008, 1216, 1217 Rn. 19.

326 Bergmann, JuS 2010, 234, 237.

327 Hofmann, Selbstvornahme, S. 167.

der Rechtsprechung. Denn der Gesetzgeber entschied sich, entgegen dem Vorschlag der Bund-Länder-Arbeitsgruppe, auf das Merkmal des „Fremdgeschäftsführungswillens“ zu verzichten und auf die Rechtsfolgen der Geschäftsführung ohne Auftrag zu verweisen,[328] für den Rechtsgrundverweis in § 539.[329] Der maßgebliche Satz über die von einem Mieter vorgenommenen Einbauten ist auf Fälle bezogen, in denen er „in erster Linie im eigenen Interesse“ tätig wird.[330] Er gibt also nichts für die eigenmächtige Mangelbeseitigung aus, die – wie schon dargetan – regelmäßig den Tatbestand einer unberechtigten Geschäftsführung erfüllt. Ebenso wenig aussagekräftig ist die systematische Stellung der Vorschrift. Denn durch den ausdrücklichen Hinweis auf § 536a II wird ja gerade eine Brücke zu den Vorschriften über die Mangelbeseitigung in §§ 535–536d geschlagen.

Schließlich sprechen in teleologischer Sicht die besseren Argumente für die Anwendbarkeit des § 539 I auf die Fälle einer Selbstvornahme. Zwar wird die Anwendung von einem Teil des Schrifttums mit der Argumentation, es bestehe kein Unterschied zu § 536a II, wenn die Mangelbeseitigung dem Willen des Vermieters entspricht, nur für die berechtigte GoA bejaht.[331] Auch im Fall einer unberechtigten Geschäftsbesorgung ohne Auftrag besteht aber kein Wertungswiderspruch. Denn sie verpflichtet den Vermieter eben nicht zum Ersatz der erforderlichen Aufwendungen des Mieters, sondern über § 684 bloß zur Abschöpfung der Aufwandsersparnis beim Vermieter.[332] Nur im seltenen Ausnahmefall einer berechtigten Geschäftsführung ohne Auftrag kommt der Anspruchsinhalt dem von § 536a II gleich; hier muss die Selbstvornahme jedoch gerade im Interesse des Vermieters liegen.[333] Dass auch ohne dieses Erfordernis eine Abschöpfung möglich sein muss, zeigt ein Vergleich mit anderen Fällen, die von § 539 I gewöhnlich erfasst sind, namentlich Verschönerungsarbeiten. Falls der Vermieter durch sie bereichert ist, kann der Mieter auch für bloß nützliche Aufwendungen oder sogar für Luxusaufwendungen einen Ausgleich

---

328 Bericht zur Neugliederung und Vereinfachung des Mietrechts, S. 63.

329 Gsell, NZM 2010, 71, 73.

330 Faust, JuS 2008, 462, 464; Kuhn, ZMR 2009, 175, 176 f.; Hofmann, Selbstvornahme, S. 168; Brandt, Selbstvornahme, S. 164.

331 Kuhn, ZMR 2009, 175; Hofmann, Selbstvornahme, S. 169; vgl. Klöhn, EWiR 2008, 235, 236.

332 Faust, JuS 2008, 462, 464; Hofmann, Selbstvornahme, S. 183.

333 Dauner-Lieb, Dötsch, NZM 2004, 641, 646 und Dötsch, NZM 2007, 275, 277 sprechen für die Anwendung von §§ 683, 670 BGB bei der eigenmächtigen Selbstvornahme, denn es besteht in diesem Fall kein Schutzbedürfnis des Vermieters.

verlangen.[334] Macht der Mieter solche Aufwendungen, ohne vorher den Vermieter zu konsultieren, verhält er sich nicht wesentlich anders als ein Mieter, der einen Mangel beseitigt, ohne vorher den Vermieter in Verzug zu setzen.[335] Hier wie dort geht es allein um die Abschöpfung des für den Vermieter entstandenen Mehrwerts, der sich bei der weiteren Vermietung der Mietsache bemerkbar macht.[336] § 536a II entfaltet hierfür keine Sperrwirkung.[337]

Gelangt man über § 539 I und § 684 zum Bereicherungsausgleich, ist dieser schlechthin neben dem mietvertraglichen Regime anwendbar.[338] § 539 I entfaltet keine Sperrwirkung dergestalt, dass eine Kondiktion nur dann angestellt werden könnte, wenn die Voraussetzungen der berechtigten oder unberechtigten Geschäftsführung ohne Auftrag gegeben wären.[339] Dementsprechend kann ein Mieter, der im Vertrauen auf die Gültigkeit einer in Wahrheit unwirksamen Klausel im Mietvertrag Schönheitsreparaturen vorgenommen hat, die Bereicherung nach § 812 abschöpfen.[340] Dies entspricht sogar der Auffassung des BGH.[341] In der Praxis lassen sich Schönheitsreparaturen häufig nur schwer von einer Mängelbeseitigung abgrenzen.

Damit lässt sich festhalten: Auch bei einem Mietvertrag löst die eigenmächtige Selbstvornahme einen Bereicherungsausgleich aus. Die einschlägige Bestimmung in § 539 I wird nach richtiger Ansicht nicht durch Vorschriften über die Mängelgewährleistung verdrängt.

2. Selbsterfüllung bei außervertraglichen Verpflichtungen

Zu einer eigenmächtigen Selbstvornahme kommt es häufig auch im außervertraglichen Bereich, namentlich bei einer Störung des Eigentums. Hierfür hat sich in der Literatur der Begriff „Selbsterfüllung" etabliert.[342] Sie wird häufig anhand der Fälle diskutiert, in denen das Eigentum bzw. der Besitz durch ein unberechtigt parkendes Auto oder durch Bauten oder Bäume auf Nachbargrundstücken beeinträchtigt wird. Der Störer ist dann zur Beseitigung der

---

334 In Bezug auf § 547 II BGB a.F. Emmerich, NZM 1998, 49, 52 f.

335 Vgl. Hofmann, Selbstvornahme, S. 170 ff.; Klöhn, EWiR 2008, 235, 236; Paehler, Selbstvornahme, S. 189.

336 Hofmann, Selbstvornahme, S. 170.

337 Hofmann, Selbstvornahme, S. 183.

338 Anders Bergmann, JuS 2010, 234, 237.

339 Hofmann, Selbstvornahme, S. 197.

340 Hofmann, Selbstvornahme, S. 201 ff.

341 BGH NJW 2009, 2590.

342 Vgl. Huber, Leistungsstörungen, Bd. II, § 49 I S. 515 f.; Saenger, Selbsterfüllung, S. 12.

Störung verpflichtet. Schreitet der Eigentümer oder Besitzer zur Störungsbeseitigung eigenmächtig ein, ohne den Weg nach § 887 ZPO zu beschreiten, stellt sich die Frage, ob er hierfür Kostenersatz verlangen kann.

Das unerlaubte Abstellen des Fahrzeugs auf dem Grundstück oder die Blockade des Zugangs zu diesem verletzt sowohl das Eigentum als auch den Besitz am Grundstück. Es löst einerseits einen Beseitigungsanspruch nach § 1004 aus. Andererseits stellt es eine verbotene Eigenmacht gemäß § 858 I dar,[343] die zu einem possessorischen Abwehranspruch gemäß § 862 führt.[344] Fraglich ist, worin die Grundlage für einen Anspruch auf Ersatz der Kosten einer eigenmächtigen Beseitigung zu sehen ist.

Nach der Rechtsprechung[345] und nach einem Teil der Lehre[346] macht sich der Falschparkende gegenüber dem Eigentümer und dem (unmittelbaren) Besitzer gemäß § 823 I oder § 823 II iVm. § 858 I schadensersatzpflichtig.[347] Schwierig ist hier die Kausalität zwischen der Rechtsgutverletzung und dem Schaden in Gestalt der Beseitigungskosten zu begründen, weil diese unmittelbar auf der Entscheidung des Eigentümers oder Besitzers zum Abschleppen des Fahrzeugs beruhen. Bei einer bloß indirekt wirkenden Schadensursache ist sie grundsätzlich nur dann zu bejahen, wenn *„sich der Eingreifende zum Handeln herausgefordert fühlen durfte, und zwar überhaupt und gegebenenfalls in der von ihm gewählten Art und Weise"*[348.349] Dass sich der Besitzer eines Grundstücks zu Recht zu der Abschleppmaßnahme herausgefordert fühlen darf, lässt sich der Regelung über die Selbsthilfe in § 859 entnehmen. Sieht man im Falschparken

---

343 BGH NJW 2009, 2530; NJW 2012, 528; NJW 2014, 3727; Stöber, DAR 2006, 486; Ders., DAR 2008, 72; Ders., DAR 2009, 539; Baldringer, Jordans, NZV 2005, 75.

344 Die Rechtsprechung lässt es dahinstehen, ob es sich hierbei um eine Besitzstörung oder teilweise Besitzentziehung handelt, vgl. BGH NJW 2009, 2530.

345 BGH NJW 2014, 3727; NJW 2012, 528; NJW 2009, 2530; OLG Saarbrücken BeckRS 2019, 17092 Rn. 22; LG Frankfurt a.M. NJW-RR 2003, 311; AG Karlsruhe NJW 1977, 1926; anders aber nach AG Heidelberg NJW 1977, 1541.

346 Lorenz, NJW 2009, 1025 f.; Paehler, Selbstvornahme, S. 190 Fn. 726; Dörner, JuS 1978, 666, 670 f.; Baldringer, Jordans, NZV 2005, 75, 78 ff.; Janssen, NJW 1995, 624, 625 ff.; vgl. noch Koch, NJW 2014, 3696, 3698; Ders. NZV 2010, 336, 339 f.; Anders nach Stöber, DAR 2006, 486; Ders., DAR 2008, 72; Ders., DAR 2009, 539.

347 Es wurde sich in der Lehre neben dem Deliktsschutz noch für einen Anspruch aus §§ 683, 670 BGB ausgesprochen: ausführlich Koch, NZV 2010, 336, 339 f.; S.a. dazu BGH NJW 2016, 2407 in Bezug auf den Anspruch gegen den Fahrzeughalter.

348 BGH NJW 1975, 168, 169.

349 Koch, NZV 2010, 336.

eine Besitzstörung,[350] kommt hier das in Abs. 1 der Vorschrift gewährte Besitzwehrrecht zum Zuge, das nicht den zeitlichen Beschränkungen der Selbsthilfe im Fall der Besitzentziehung nach Abs. 2 und 3 der Bestimmung unterliegt.[351] Die Ausübung der Selbsthilfe unterliegt dem Verhältnismäßigkeitsgrundsatz sowie dem Grundsatz von Treu und Glauben nach § 242.[352] Das Abschleppen des Fahrzeugs erweist sich danach als verhältnismäßig und zulässig, sofern dem Eigentümer oder Besitzer kein milderes Mittel zur Verfügung steht und er nicht rechtsmissbräuchlich handelt.[353] Damit ist der Ersatz der Selbsterfüllungskosten nach § 823 I bzw. § 823 II iVm. § 858 I nur dann möglich, wenn der unmittelbare Besitzer zur Selbsterfüllung befugt ist.[354]

Als Anspruchsgrundlage zum Ersatz der Selbsterfüllungskosten werden außerdem die Vorschriften zur Geschäftsführung ohne Auftrag herangezogen.[355] Der Eigentümer oder Besitzer des betroffenen Grundstücks handelt bei der Versetzung eines falsch geparkten Fahrzeugs jedenfalls auch im fremden Rechtskreis, weil die Beseitigung der Störung ein Geschäft des Fahrers oder Halters des Fahrzeugs darstellt.[356] Der Fremdgeschäftsführungswille wird daher vermutet. Es kommt noch darauf an, ob die Selbsterfüllung mit Auftrag oder

350 So AG Berlin-Mitte NJW-RR 2011, 380; AG Berlin-Köpenick BeckRS 2009, 142738; AG München DAR 1981, 56.

351 Hierfür sind aber LG Berlin BeckRS 2010, 28184; LG Magdeburg BeckRS 2008, 15509; Lorenz, NJW 2009, 1025, 1026; Staudinger/Gutzeit § 858 BGB Rn. 49.

352 Stöber, DAR 2009, 539, 540; Ders., DAR 2006, 486, 487; Koch, NZV 2010, 336, 337; a.A. aber Lorenz, NJW 2009, 1025, 1026.

353 Koch, NZV 2010, 336, 337.

354 BeckOK/Fritzsche § 859 BGB Rn. 22 ff.; Eine Auffassung in der Lehre, Stöber, DAR 2006, 486, 489 sowie DAR 2009, 539, 541 f., bejaht zwar ebenso den Schadensersatzanspruch aus § 823 I oder II, lehnt aber dabei die Erstattungsfähigkeit der Abschleppkosten im Blick auf die Grundsätze des Schadensrechts ab. Der Umfang des Anspruchs bestimme sich nach §§ 249 ff., wonach der Geldersatz erst dann möglich ist, wenn die Naturalrestitution nach § 251 I nicht möglich ist. Dies sei beim unbefugten Parken im Hinblick auf solche Schäden möglich, die dann entstehen, wenn der Grundstücksbesitzer sein Auto irgendwo anders parkt und dafür eine Parkgebühr bezahlen musste oder die Miete des Grundstücks wegen der Unbenutzbarkeit des Parkplatzes gemindert wird. Diese Auffassung kann allerdings nur insoweit akzeptiert werden, als die Voraussetzungen einer Selbsthilfebefugnis nach § 859 oder nach §§ 227 ff. nicht erfüllt werden.

355 Lorenz, NJW 2009, 1025, 1026 f.; Stöber, DAR 2006, 486 ff.; Schwarz/Ernst, NJW 1997, 2550, 2551; Dörner, JuS 1978, 666, 668 f.; AG Frankfurt NJW 1990, 917; AG Tübingen BeckRS 1983, 04716; s. auch AG Essen BeckRS 2007, 5930.

356 Lorenz, NJW 2009, 1025, 1026.

Befugnis erfolgt. Liegen die Voraussetzungen der Selbsthilfe nach § 859 vor, ist der Besitzer zur Selbsterfüllung berechtigt, weshalb keine Geschäftsführung ohne Auftrag vorliegen kann. Ansonsten liegt mangels eines entsprechenden Willens des Fahrzeughalters oder -fahrers eine unberechtigte Geschäftsbesorgung ohne Auftrag vor.[357] Etwas anderes lässt sich nur dann annehmen, wenn der durch das Abschleppen verhinderte Schaden, den der Fahrer oder Halter auszugleichen hätte, die Abschleppkosten deutlich übersteigt.[358] Auch wenn das Falschparken mit einer Verletzung öffentlicher Interessen einhergeht, genügt dies gewöhnlich noch nicht für die Anwendung von § 679.[359] Es bleibt dann nur der Bereicherungsanspruch, auf den § 684 verweist, der aber praktisch leerläuft, weil die eingetretene Bereicherung so gut wie keinen Wert hat.[360] Der Fahrer oder Halter hätte das Fahrzeug im Regelfall nämlich beinahe ohne Kosten wegfahren können und hat sich höchstens einen unwesentlichen Kraftstoffverbrauch und die andernorts zu entrichtende Parkgebühr erspart.[361]

Trotzdem lässt sich festhalten: Auch bei der Beseitigung von Störungen des Eigentums oder Besitzes durch Falschparken kommt der Regressmechanismus der Geschäftsführung ohne Auftrag zum Zuge, wenn der betroffene Grundstückseigentümer oder -besitzer vorgeht, ohne hierzu nach § 859 berechtigt zu sein. Das Selbsthilferecht, das einen deliktischen Schadensersatz begründet, entfaltet keine Sperrwirkung für einen Bereicherungsausgleich, wie er über § 684 eröffnet ist. Die Parallele zum Werkvertrag liegt deshalb auf der Hand, weil im Fall weiterfressender Mängel auch hier ein deliktischer Schadensersatzanspruch entstehen kann.[362] Er konkurriert zwar nicht mit den Mängelrechten,[363] die exklusiv zur Befriedigung des Äquivalenz- und Integritätsinteresses zuständig sein sollen.[364] Für den Schaden, der nicht mit dem Mangelunwert

357 Lorenz, NJW 2009, 1025, 1027; Baldringer, Jordans, NZV 2005, 75, 77.

358 Martinek, in: Staudinger/Eckpfeiler (2014) S Rn. 111; Baldringer, Jordans, NZV 2005, 75, 77; vgl. auch AG Frankfurt NJW-RR 1990, 730, 731.

359 Dörner, JuS 1978, 666, 669.

360 Stöber, DAR 2006, 486, 489; Ders., DAR 2008, 72, 73; Woitkewitsch, MDR 2005, 1023, 1025; Dörner, JuS 1978, 666, 669 f.

361 Vgl. Stöber, DAR 2009, 539, 541 f.; Woitkewitsch, MDR 2005, 1023, 1025.

362 Zur kaufrechtlichen Produktionshaftung: BGH VersR 1988, 52; Rößing, Produktgefahren, S. 33, 165; zum Werkvertragsrecht: BGH NJW 1971, 1131, 1132; NJW 1977, 1819; NJW 1986, 922, 924; s.a. BGH NJW 2005, 1423, 1425; zum Mietvertragsrecht: vgl. Jagenburg, EWiR 1987, 677, 678.

363 BGH NJW 2005, 1423, 1425.

364 Vgl. aber Gsell, Substanzverletzung, S. 325 ff.; Dies, NJW 2004, 1913 f.; Spindler, NJW 2004, 3145, 3150; s.a. nach BGH VersR 1988, 52.

stoffgleich ist, bietet das Deliktsrecht aber ebenso einen vorrangigen Ausgleichmechanismus. Wenn er versagt, kommt es nichtsdestoweniger zu einem Bereicherungsanspruch.

Eine weitere Erscheinungsform der Selbsterfüllung ist die Beseitigung der vom Nachbargrundstück herüberwachsenden Pflanzen und herüberragenden Bauten. In einem solchen Fall besteht ein Beseitigungsanspruch nach § 1004 I 1, sofern der Eigentümer nicht ausnahmsweise zur Duldung verpflichtet ist, § 1004 II. Nimmt er die Beseitigung selbst in die Hand, ist allgemein anerkannt, dass er seine Aufwendungen ersetzt verlangen kann,[365] ohne den Weg des § 887 ZPO beschreiten zu müssen.[366] Umstritten ist aber, auf welche Anspruchsgrundlage er sich dabei stützen kann.[367]

§ 823 I und ein an den Beseitigungsanspruch anknüpfender Anspruch aus §§ 280 ff.[368] scheiden als Anspruchsgrundlage üblicherweise aus, weil das hierfür erforderliche Verschulden des Nachbarn fehlt. Dem betroffenen Eigentümer gewährt § 910 insoweit ein Selbsthilferecht, als Wurzeln oder Zweige eines Baumes aus dem Nachbargrundstück eindringen bzw. herüberhängen. In diesen Fällen kann der betroffene Grundstückseigentümer Wurzeln oder Zweige abschneiden und behalten, sofern diese die Benutzung des Grundstücks beinträchtigen, § 910 II. Dem Nachbarn muss aber vorher gemäß § 910 I 2 eine Frist zur Beseitigung gesetzt werden. Bei der Erstattung der Kosten greifen die Rechtsprechung und die herrschende Ansicht im Schrifttum auf Ansprüche aus berechtigter[369] oder unberechtigter[370] Geschäftsführung ohne Auftrag

---

365 Larenz/Canaris, Schuldrecht, Bd. II/2 § 86 VI 1 e, S. 701; Staudinger/Thole § 1004 BGB Rn. 397 ff.; Soergel/Münch § 1004 Rn. 321; Grüneberg/Herrler § 1004 Rn. 30.

366 So auch BGH NJW 2004, 603, 604; ganz ablehnend nach Stöber, DAR 2006, 486, 488.

367 Abgesehen von materiell-rechtlichen Ansprüchen beruft sich Klingbeil, Selbsthilferecht, S. 217 f. hierbei auf die Parallele zu §§ 91, 788 I ZPO.

368 Umstritten ist im Schrifttum die Anwendbarkeit der allgemeinen Vorschriften des Leistungsstörungsrechts auf Fälle der Selbsterfüllung in außervertraglichen Verhältnissen. Vgl. dazu Gsell, LMK 2008, 266937 und Faust, JuS 2010, 1016, 1018 ff. Bejaht wird dies vom BGH NJW 2016, 2104 und Gursky, NJW 1971, 782, 786. Kritisch aber Staudinger/Thole § 1004 BGB Rn. 418 f. Daraufhin setzen Lettl, JuS 2005, 871, 874, 877 und BeckOK/Fritzsche § 1004 BGB Rn. 82 ff. über analoge Anwendung des § 250 zusätzlich das Fristsetzungserfordernis voraus.

369 BGH NJW 1990, 2058; zust. Bezzenberger, JZ 2005, 373, 374 f.

370 In der Rechtsprechung: BGH NJW 2004, 603 m.w.N.; In der Lehre: MünchKommBGB/Brückner § 910 Rn. 20; BeckOK/Fritzsche § 910 BGB Rn. 13; Staudinger/Roth § 910 BGB Rn. 3; Jauernig/Berger § 910 Rn. 1; Saenger, Selbsterfüllung,

zurück.[371] Obwohl es ein vorrangiges Regime für die Durchsetzung der Beseitigungspflicht gibt, entfaltet dieses also auch hier keine Sperrwirkung für einen zumindest bereicherungsrechtlichen Ausgleich.

B. Ein strukturelles Problem des BGB-Werkvertragskonzepts

Die Probleme rund um die Selbstvornahme vor Abnahme sollten über die Kostenfrage hinaus auch noch rechtspolitisch behandelt werden. Sie betreffen insbesondere die Struktur des Werkvertragsrechts im BGB. Es ergibt sich die Frage, ob es überhaupt für einen angemessenen Interessenausgleich während der Herstellungsphase sorgt.

I. Allgemeines

Das geschuldete Werk ist häufig einmalig und auf die konkret-individuellen Interessen des Bestellers zugeschnitten.[372] Dieser hat einerseits Interesse an der Verwendung des Werkes, andererseits an dessen Beschaffung. Das Verwendungsinteresse besteht ab der Abnahme des Werkes. Der Besteller möchte, dass das Werk seinen Vorstellungen in einer Weise entspricht, dass sich die dafür geleistete Vergütung auszahlt. In diesem Punkt ähnelt das Verwendungsinteresse dem eines Käufers: In beiden Fällen trägt der Gläubiger das Risiko, dass das durch den Vertrag Erlangte sich aus seiner Sicht im Nachhinein als unnütz erweist und ob sich der hierfür gezahlte Preis amortisiert.

Das Beschaffungsinteresse des Bestellers besteht darin, dass dieser gegen die von ihm zu leistende Vergütung eine Gegenleistung erhält, mit deren Hilfe er später sein Verwendungsinteresse realisieren kann.[373] Es bezieht sich auf den Zeitraum vor sowie nach der Abnahme des Werkes, denn die Gegenleistung ist von den individuellen Vorstellungen des Bestellers abhängig und muss diesen entsprechend hergestellt werden. Vor der Abnahme weicht das Beschaffungsinteresse des Bestellers beim Werkvertrag von dem eines gewöhnlichen Käufers erheblich ab. Im Gegensatz zu diesem kann der Besteller den

S. 85; Herresthal, Riehm, NJW 2005, 1457, 1461; Paehler, Selbstvornahme, S. 196 f.; Lettl, JuS 2005, 871, 875; a.A. LG Bonn NJW-RR 1987, 1421.

371 BGH NJW 2005, 1366, 1367 und OLG Brandenburg BeckRS 2016, 1598 gehen von beiden Ansprüchen aus. Vgl. auch MünchKommBGB/Brückner § 910 Rn. 20.

372 Matz, Konkretisierung, S. 122 ff. und 130; Leitzke, BauR 2008, 914, 919; BGH NJW 2008, 511, 512 beschreibt die Funktionsvereinbarung als entscheidenden Punkt für die Errichtung eines Werkes.

373 Vgl. Tillmanns, Strukturfragen, S. 23; Matz, Konkretisierung, S. 122 f.

Leistungsgegenstand beim Vertragsabschluss noch nicht überprüfen. Das Werk ist noch nicht hergestellt und kann von dem Besteller nur mittels einer Prognose beurteilt werden.[374] Dies führt zu einem Spannungsverhältnis zwischen Plan und Realität.[375] Etwaige Prognoseschwierigkeiten lassen sich nur dadurch bewältigen, dass die Leistungspflichten des Unternehmers während der Ausführung konkretisiert oder sogar ergänzt werden.[376] Unverzichtbar ist dies bei Werkleistungen, die lang oder kompliziert sind.[377] Diese nachträgliche Konkretisierung ist gerechtfertigt, weil dem Werkvertrag wegen des Zeitelements, das der Herstellungstätigkeit innewohnt, eine gewisse Dynamik inhärent ist.[378] Steigert sich das Beschaffungsrisiko durch den dynamischen Charakter der Werkleistung oder durch die vertragswidrige Ausführung des Unternehmers, kann daraus das Bedürfnis des Bestellers hervorgehen, entweder in den Herstellungsvorgang einzugreifen oder sich von dem Vertrag zu lösen. Je früher der Mangel in der Werkherstellung erkannt werden würde, desto einfacher wäre seine Beseitigung, insbesondere wenn die Herstellung in mehreren aufeinanderfolgenden Arbeitsschritten erfolgt.

II. Der Erfolgsbezug im Werkvertragsrecht

Nach § 631 II BGB kann der Gegenstand eines Werkvertrags sowohl in der Herstellung oder Veränderung einer Sache als auch in einem durch Tätigkeit herbeizuführenden Erfolg bestehen. Damit werden zwei Hauptmerkmale des Werkvertrags festgelegt, nämlich die Tätigkeit und der Erfolg. Der Erfolgsbezug im Werkvertragsrecht schützt zwar das Interesse des Bestellers, ein mangelfreies Werk zu erhalten, er kann jedoch gleichzeitig dazu führen, dass gewisse Interessen des Bestellers im Herstellungsprozess übersehen werden. Das ist vor allem deswegen von Bedeutung, weil die Berechtigung zur Selbstvornahme dabei eine eventuelle Schutzlücke schließen könnte.[379] Es bedarf

---

374 Messerschmidt/Voit – v. Rintelen I. Teil H Rn. 2; Matz, Konkretisierung, S. 128.

375 Harke, Besonderes, Rn. 89, 108; Schmid, Bauvertrags, S. 14, 20 und S. 62; AnwKommBGB/Lederer/Raab Vor §§ 631 ff. Rn. 24.

376 Matz, Konkretisierung, S. 130; Peters, in: Zivilrechtswissenschaft, 277, 279 f.; In Bezug auf den Rahmencharakter so Schmid, Bauvertrags, S. 17.

377 Zum Entwicklungscharakter der Werkleistungen s. Matz, Konkretisierung, S. 130 f.

378 Hinsichtlich komplexer Langzeitverträgen Nicklisch, JZ 1984, 757, 762 f.; Jensen, Dilemma, S. 49; Busche, ZfPW 2018, 285, 289; Nach Zanner, Keller, NZBau 2004, 353, 355 kommt diese Dynamik als Flexibilität des Vertragswerkes zum Ausdruck.

379 So bereits im allgemeinen Markworth, AcP 219, 63, 72 ff.

einer Untersuchung, wie weit die Erfolgsbezogenheit reicht und das Tätigkeitsmerkmal verdrängt. Dazu stellt sich die Frage, was den Erfolgsbezug im Werkvertrag ausmacht.

1. Die Entwicklung des Werkvertragsrechts

Der Werkvertrag hat hauptsächlich mit Kauf- und Dienstvertrag Gemeinsamkeiten und schließt die Hauptmerkmale der dort geschuldeten Leistungen ein: die auch vom Kaufvertrag bekannte Herbeiführung eines bestimmten, meist punktuellen, Leistungserfolgs und das Tätigwerden gegen Entgelt wie beim Dienstvertrag. Der Erfolgscharakter des Werkvertrags erweist sich vor allem als Abgrenzungskriterium im Verhältnis zu einem Dienstvertrag. Dies lässt sich auf bestimmte historische Wurzeln zurückführen.

Der BGB-Gesetzgeber wollte einen Paradigmenwechsel herbeiführen, weshalb er das Werkvertragskonzept entgegen dem römischen Vorbild[380] unabhängig von Miete und Dienstvertrag konzipierte.[381] In den Motiven zum ersten BGB-Entwurf bekannten sich die Entwurfsverfasser zu der Einsicht, dass die Gegenstände der Dienst- und Werkverträge wesentlich verschieden sind.[382] Beim Dienstvertrag werde die Tätigkeit als solche geschuldet, während der Gegenstand des Werkvertrages über die Tätigkeit hinausgehend das Werk oder das Erzeugnis der Dienste oder der Arbeit sei. Die Autoren des BGB erkannten aber, dass allein der Erfolgsbezug der geschuldeten Leistung nicht in jedem Fall eine einfache Abgrenzung zwischen den Werk- und Dienstverträgen erlaubt. In manchen Fällen bestehe „*ein erheblicher, aber nicht zu beseitigender Uebelstand*" bei der Einordnung einer Vereinbarung.[383] Außerdem könnten die Merkmale Tätigkeit und Erfolg zusammenfallen, so wie bei einer Konzert- oder

---

380 Der Werkvertrag war den römischen Juristen unter Verdingung, welche einen Regelungsmechanismus für den Austausch von Sach- und Geldleistung darstellte, als *locatio conductio operis* geläufig: die erfolgsbezogene Überlassung von Arbeitskraft. Damit diente der Erfolgsbezug bereits dort als Abgrenzungsfunktion gegenüber dem Dienstvertrag. Vgl. Dankwardt, Jher Jb 13 (1874), 299, 303 ff; Harke, Römisches, § 4 Rn. 30, § 9 Rn. 1; Ders. Besonderes, Rn. 84. Die Zusammenfassung mit der Ursprungsform der heutigen Dienst-, Miet- und Pachtverträgen dürfte aber seinen Langzeitcharakter betont haben, so nach Peters/Jacoby, in: Staudinger/Eckpfeiler (2018) Q Rn. 1 ff., 4.

381 Peters/Jacoby, in: Staudinger/Eckpfeiler (2018) Q Rn. 4; Soergel/Teichmann (1998) vor § 631 Rn. 2; Wersin, Bereicherungsverbot, S. 300 f.

382 Mot. Bd. II, S. 470 f.

383 Mot. Bd. II, S. 472.

Theaterausführung.[384] Es kämen dann weitere Indizien ins Spiel, wie beispielsweise das Anweisungsrecht des Gläubigers, die Vergütung nach Zeitabschnitten, die schöpferische Leistung oder die Risikoverteilung.

Die durch die Betonung des Erfolgscharakters bewirkte Sonderung vom Dienstvertrag hat den Werkvertrag in die Nähe des Kaufvertrags gerückt.[385] Auch der Kaufvertrag zeichnet sich durch seinen Erfolgsbezug aus, während die Tätigkeit nicht zu seinem Gegenstand gehört.[386] Dementsprechend kommt an mehreren Stellen der Gesetzesmaterialien die Vorstellung einer Verwandtschaft von Werkvertrag zum Ausdruck.[387] So hielt die erste Kommission es für angemessen, die für die Kaufverträge vorgesehenen Vorschriften zur Verjährung der Mängelansprüche und zur Verzinsung der Gegenleistung auf den Werkvertrag zu übertragen. Durch die Verweisungen auf die kaufrechtlichen Vorschriften in §§ 634 IV, 639 I BGB a.F. und durch die nach kaufrechtlichem Vorbild geschaffenen Regelungen wie §§ 637, 638 BGB a.F. lässt die kaufrechtliche Sicht auf das Werkvertragsrecht eindeutig erkennen.[388]

Die Nähe zum Kaufrecht zeigte sich auch noch bei der Schuldrechtsmodernisierung. Bereits im Gutachten zur Überarbeitung des Schuldrechts sprach man sich dafür aus, das Kauf- und Werkvertragsrecht im Allgemeinen stärker aneinander anzunähern.[389] Demnach sollte die Funktion der Abnahme im Werkrecht ähnlich zur Übergabe der Sache im Kaufrecht mit einer Annahme durch den Besteller erfüllt werden.[390] Außerdem sei ein Gleichlauf im Hinblick auf die Rügepflicht des Käufers erwünscht, soweit der Gegenstand des Vertrages dies zulasse.[391] Die Schuldrechtskommission nahm diese Vorschläge aus den Gutachten nicht an. Sie stellte jedoch einen weitgehenden Gleichlauf des Regimes der beiden Verträge durch die Änderungen im Kaufrecht her. Diese folgten, wie es im Abschlussbericht ausdrücklich heißt,[392] dem Vorbild des Werkvertragsrechts. Und im Gesetzgebungsverfahren zur Schuldrechtsreform wurden die Probleme zum Kauf- und Werkvertragsrecht an mehreren Stellen zusammen behandelt. Nicht zuletzt fällt die kurze Aussage in der Gesetzesbegründung

384 Staudinger/Peters/Jakoby (2014) Vorb. zu § 631 ff. Rn. 11.
385 Staudinger/Peters Vorb. zu § 631 ff. Rn. 6.
386 Peters, in: Zivilrechtswissenschaft, 277, 278; Ders., in: Rechtsdogmatik, S. 235, 237 f.
387 Mot. Bd.II, S. 486, 493, 504, 508.
388 Vgl. Peters, in: Rechtsdogmatik, S. 235, 238.
389 Weyers, Gutachten, Bd. II, S. 1115, 1142.
390 Weyers, Gutachten, Bd. II, S. 1115, 1154 f.
391 Weyers, Gutachten, Bd. II, S. 1115, 1176.
392 Vgl. Abschlussbericht, 1992, S. 33.

auf, dass das Kauf- und Werkvertragsrecht *„beide nur einen einmaligen Leistungsaustausch zum Gegenstand haben"*.[393] Dadurch wurde der Erfolgsbezug des Werkvertragsrechts betont.

2. Der einmalige, punktuelle Leistungsaustausch

Bereits seit 1900 wird in der Lehre der Standpunkt vertreten, dass Werkvertragsrecht sei auf einen einmaligen punktuellen Leistungsaustausch ausgerichtet.[394] Obwohl der Gesetzgeber von 1900 dazu weder in den Motiven noch im Gesetzestext klar eine Stellung bezogen hat, deutete eine im Schrifttum dominante Auffassung die Verweisungen auf die kaufrechtlichen Regelungen und die dem Kaufrecht nachempfundenen Vorschriften im BGB-Werkvertragsrecht dahingehend, dass die rechtliche Konstruktion des Werkvertrags derjenigen des Kaufvertrags entspricht.[395] Dabei unterstellte man, dass der Gesetzgeber bei der Gestaltung des Werkrechts von kleineren Verträgen handwerklichen Zuschnitts ausgegangen sei.[396] Damit ließe sich der Fokus leicht auf das punktuelle Austauschverhältnis zwischen dem Werkerfolg und der Vergütung konzentrieren.

Die Nähe zum Kaufrecht im BGB a.F. ist zwar nicht zu leugnen. Hieraus lässt sich aber eine Schlussfolgerung, der Werkvertrag sei auf den punktuellen Leistungsaustausch ausgerichtet gewesen, nicht ziehen. Schon im Werkvertragsrecht des BGB von 1900 ließen sich auch andere Regelungen finden, bei denen der Gesetzgeber eine gewisse Nähe zum Dienstverhältnis gesucht hat. So gewährte § 643 BGB a.F. dem Unternehmer für den Fall, dass der Besteller seine zur Werkherstellung erforderliche Mitwirkungshandlung innerhalb einer Frist nicht vornimmt, ein Kündigungsrecht, was bei einem einmaligen Leistungsaustausch nicht üblich ist.[397] Zudem geht das Argument, Werkverträge seien im Auge des Gesetzgebers nur auf kleine Handwerkarbeiten zugeschnitten gewesen, fehl.[398] In den Gesetzesmaterialien ist nämlich eigens von

---

393 BT-Drucks. 14/6857, S. 66.

394 Nicklisch, JZ 1984, 757; Ders., in: Langzeitvertrag, S. 365.

395 Endemann, Lehrbuch, S. 786; von Gierke, JherJb Bd. 64 (1914), S. 355, 396.

396 Nicklisch, JZ 1984, 757, 759; Ders., NJW 1985, 2361, 2362; Ähnlich auch Locher, FS Gernhuber, S. 281, 282; Lederer, Werkerfolg, S. 30.

397 Auch in der Mitwirkungspflicht wohnen die Elemente des Dauerschuldverhältnisses inne. So Soergel/Teichmann (1998) § 649 BGB Rn. 3.

398 Bersch, Fälligkeit, S. 82; im Blick auf das BGB a.F. Voit, BauR 2011, 1063, 1065.

Bauarbeiten die Rede,[399] die insbesondere die Überlegungen zur Risikoverteilung bestimmten.[400]

Die Auffassung, Werkverträge seien so wie Kaufvertrag nur auf einen einmaligen Leistungsaustausch ausgerichtet, ist durch die Schuldrechtsmodernisierung 2002 erstarkt.[401] Sie stützt sich nicht nur auf die Annäherung der beiden Vertragsregime, sondern auch darauf, dass der Gesetzgeber der Schuldrechtsmodernisierung dem Besteller im Hinblick auf dessen Änderungs- und Ergänzungswünsche keine weiteren Anpassungsmechanismen zur Verfügung gestellt hat.[402]

Gegen die Annahme einer gemeinsamen Vertragsstruktur lassen sich aber gewichtige Argumente anbringen. Zunächst einmal muss die Annäherung des Kaufrechts an die Regelung des Werkvertragsrecht nicht zwingend darauf zurückgeführt werden, dass beide Verträge auf einen punktuellen Leistungsaustausch gerichtet sind. Denn das dem Werkvertrag zumeist inhärente Tätigkeitselement lässt sich nicht durch eine Parallelisierung in der Gesetzgebung beseitigen.[403] Außerdem wird bei der Deutung der Aussage zur Ähnlichkeit beider Verträge leicht übersehen, dass es dem Gesetzgeber allein darum ging, die Wesensunterschiede zum Mietrecht herauszustellen.[404] Schließlich folgt daraus, dass der Gesetzgeber bei der Schuldrechtsmodernisierung keine neuen Regelungen im Hinblick auf die Änderungs- und Ergänzungswünsche des Bestellers getroffen hat, nicht jedoch, dass beim Werkvertrag ein punktueller Leistungsaustausch stattfindet. Der Gesetzgeber hat auch später bei der Einführung der Vorschriften über den Bauvertrag umgeschwenkt, als er § 650b schuf.

3. *Die Bedeutung der Abnahme*

Der Erfolgsbezug im Werkvertrag hängt mit der Rolle der Abnahme zusammen. Ihre wichtigste Wirkung liegt in Fälligkeit oder Durchsetzbarkeit des Anspruchs auf Vergütung, § 641 I S. 1. Im Schrifttum haben sich unterschiedliche Auffassungen zu der Frage entwickelt, ob die Vorschrift eine besondere

399 Mot. Bd. II, S. 476, 485, 487 ff.

400 Siehe Protokolle, S. 2248 ff.

401 So Voit, BauR 2011, 1063, 1065; Ders., FS Koeble, S. 225, 226; MünchKommBGB/Busche § 648 Rn. 8; Peters/Jacoby, in: Staudinger/Eckpfeiler (2018) Q Rn. 120; Schwarze, BauR 2004, 895, 896; Schmid, Bauvertrags, S. 6; vgl. auch NWJS/Jansen, VOB/B Einführung Rn. 10.

402 Schmid, Bauvertrags, S. 6.

403 Matz, Konkretisierung, S. 51.

404 Vgl. BT-Drucks. 14/6857, S. 66.

Ausprägung von § 271[405] oder von § 320[406] darstellt. Die Überschrift der Norm spricht ausdrücklich von der Fälligkeit der Vergütung, während der Wortlaut der Vorschrift mit der Bemerkung „*bei der Abnahme*" eher an die Anordnung einer Leistung Zug-um-Zug denken lässt. Zudem ist die Vergütungsgefahr nach § 644 an die Abnahme geknüpft. Erst wenn sie erfolgt ist, wird der Unternehmer des Risikos ledig, für seine Bemühungen keinen Lohn zu bekommen. Unabhängig von der Frage, ab wann die Mängelrechte einschlägig sind, ist die Abnahme demnach auch auf die Vergütungsgefahr bzw. Fälligkeit von Einfluss. Nach dem sog. zweigliedriger Abnahmebegriff bedeutet die Abnahme zum einen die körperliche Entgegennahme, zum anderen die Billigung des Werkes.[407] Dieser zweite Aspekt manifestiert sich in § 640 III, wonach der Besteller bis auf den Schadensersatzanspruch seine Mängelrechte verliert, wenn er bei der Abnahme einen Mangel kennt und nicht zum Gegenstand eines Vorbehalts macht.

4. *Der funktionale Mangelbegriff*

Der Erfolgsbezug im Werkvertragsrecht tritt ein weiteres Mal im funktionalen Mangelbegriff hervor, den die Rechtsprechung entwickelt hat.[408] Danach gehört die Funktionstauglichkeit des Werkes zur vereinbarten Beschaffenheit des Werkes, sodass allein die Erbringung der vereinbarten Einzelleistungen für die Erfüllung der Verpflichtung des Unternehmers nicht unbedingt ausreicht. Aufgrund der von ihm zu erwartenden Fachkenntnisse ist er nicht nur für die vereinbarte Leistungsart oder für die Einhaltung der anerkannten Regeln der Technik verantwortlich.[409] Er soll vielmehr sein überlegenes Wissen auch fachgerecht einsetzen,[410] um den vertraglich verfolgten Zweck der Herstellung zu

405 Grüneberg/Retzlaff § 641 Rn. 2 f.; Jauernig/Mansel BGB § 641 Rn. 1; HK-BGB/Scheuch § 641 Rn. 1 ff.; s. a. MünchKommBGB/Busche § 641 Rn. 3, 5 f.

406 Staudinger/Peters § 641 Rn. 1; Ders., NZBau 2006, 559, 561; Ders., FS Korbion, S. 337, 340.

407 MünchKommBGB/Busche § 640 Rn. 2; dagegen aber für die eingliedrige Abnahme, bei der auf die körperliche Entgegennahme des Werkes verzichtet wird, BeckOK/Voit § 640 BGB Rn. 18 und Messerschmidt/Voit – Messerschmidt § 640 BGB Rn. 17.

408 BGH NJW 1984, 2457, 2458 f.; NJW 1998, 3707; NJW-RR 2000, 465; NJW 2003, 200, 201; NJW-RR 2007, 597, 598; NJW 2008, 511, 512; NJW 2011, 3780; NJW 2019, 2169, 2171; OLG Nürnberg BeckRS 2019, 55909.

409 BGH NJW 2008, 511, 512.

410 Voit, NJW 2011, 3782.

erreichen. Deshalb obliegen ihm auch Prüf- und Hinweispflichten bezüglich der vom Besteller gelieferten Stoffe und Bauteile[411] oder bezüglich des Werkes eines Vorunternehmers.[412] Kommt er diesen Pflichten nicht nach und hat das Gesamtwerk deshalb ein funktionelles Defizit, muss der Unternehmer dafür einstehen.[413] In dem Fall des Blockheizkraftwerk-Urteils[414] baute der Unternehmer die Heizungsanlage an dem Blockheizkraftwerk vertragsgemäß ein. Die Heizungsanlage beheizte das Haus aber nicht richtig, weil sich das Blockheizkraftwerk, das ein Drittunternehmer errichtet hat, als mangelhaft erwies. Es stellte sich heraus, dass der Unternehmer den Fehler bei einer fachgerechten Prüfung hätte entdecken können. Deshalb erklärte der BGH sein eigenes Werk für mangelhaft.

III. Die Kehrseite des Erfolgsbezugs: die fehlende Rücksicht auf den Herstellungsprozess

1. *Einzelne Regelungen zur Herstellungsphase*

Der Gesetzgeber trägt mithilfe von bestimmten Regelungen der Tatsache Rechnung, dass die Herstellung mancher Werke auf eine lange Zeit angelegt ist. Das Tätigkeitselement des Werkvertrages, welches eine Ähnlichkeit zu Dauerschuldverhältnissen herstellt, birgt spezifische Besonderheiten und Risiken für beide Vertragsparteien in sich.[415] Wie der Gesetzgeber mit der Herstellungsphase umgeht, ist nach den allgemeinen werkvertraglichen Regelungen und nach Vorschriften zum Bauvertrag getrennt darzustellen.

a. *Herstellungsprozess nach allgemeinen werkvertraglichen Vorschriften, § 631–650 BGB*

i. *Sicherung des Vergütungsanspruchs*

Der Unternehmer ist im Hinblick auf die die Herstellung des Werkes zur Vorleistung verpflichtet. Da die Vergütung nach § 641 I 1 erst bei der Abnahme zu entrichten ist und die Herstellung des Werkes eine gewisse Zeit beanspruchen

411 BGH NZBau 2010, 558; vgl. auch OLG München BeckRS 2018, 23495.

412 BGH NJW 2008, 511.

413 Dagegen weist Peters, NZBau 2008, 609, 610 auf den Schadensersatzanspruch aus §§ 241 II, 280 I BGB hin, wenn der Unternehmer die Planung des Werkes nicht übernommen hat und seiner Mitteilungspflicht nicht nachkommt.

414 BGH NJW 2008, 511.

415 Vgl. OLG München, BeckRS 2020, 5624.

kann, wollte der Gesetzgeber den Unternehmer durch die Abschlagszahlungen wirtschaftlich entlasten: „*Die uneingeschränkte Vorleistungspflicht des Unternehmers ist unter den heutigen finanziellen Rahmenbedingungen nicht mehr zumutbar*".[416] Der Unternehmer hat nach § 632a I 1 Anspruch auf die Abschlagszahlungen, um seine Leistungen und die hierfür erforderlichen Materialien nicht über längere Zeit hinweg vorfinanzieren zu müssen. Er kann die Zahlung des Abschlags für die erbrachten Leistungen verlangen. Sind diese nicht vertragsgemäß, kann der Besteller nach § 632a I 2 die Zahlung eines angemessenen Teils des Abschlags verweigern. Außer durch Klage kann der Unternehmer den Besteller durch Ausübung seines Zurückbehaltungsrechts nach § 320 zur Zahlung der Abschlagszahlung veranlassen.[417] Obwohl der Anspruch auf die Abschlagszahlungen Teil des Vergütungsanspruchs ist, hat er nur einen vorläufigen Charakter.[418]

Wegen der Vorleistungspflicht des Unternehmers hat ferner schon der Gesetzgeber mit § 647 das Unternehmerpfandrecht geschaffen.[419] Dadurch soll dem Unternehmer im Konkursfall zu einem Recht auf abgesonderte Befriedigung i.S.v. § 50 InsO verholfen werden.[420] Wird über das Vermögen des Bestellers ein Insolvenzverfahren eröffnet, kann der Unternehmer nach dem Eintritt der Pfandreife die ihm überlassene Sache verwerten und sich so Befriedigung wegen seines Lohnanspruchs verschaffen. Der Gesetzgeber schuf das Pfandrecht als Parallele zum Vermieter- und Verpächterpfandrecht.[421]

ii. Einfluss auf den Herstellungsprozess

Aus § 645 ergibt sich, dass der Besteller ein Weisungsrecht hat. Damit kann er den vertraglich vereinbarten Leistungsinhalt durch seine Anweisungen konkretisieren.[422] Haben der Besteller und der Unternehmer beim Vertragsabschluss den Vertragszweck vereinbart, ohne den Leistungsinhalt im Einzelnen

---

416 BT-Drucks. 14/1246, S. 5.

417 Grüneberg/Retzlaff § 632a Rn. 10; MünchKommBGB/Busche § 632a Rn. 16; Vgl. auch AnwKommBGB/Brunstamp/Raab § 632a Rn. 26; OLG Celle NJW-RR 2008, 180, 183.

418 MünchKommBGB/Busche § 632a Rn. 2, 19; AnwKommBGB/Brunstamp/Raab § 632a Rn. 10 ff.

419 MünchKommBGB/Busche § 647 Rn. 1; BeckOK/Voit § 647 BGB Rn. 1; AnwKommBGB/Herdy/Raab § 647 Rn. 1.

420 Mot. Bd. II, S. 494.

421 Mot. Bd. II, S. 494.

422 MünchKommBGB/Busche § 645 Rn. 9; Soergel/Teichmann (1998) § 645 Rn. 10.

festzulegen, ist eine solche Konkretisierung durch den Besteller unabdingbar und sogar Gegenstand einer Mitwirkungspflicht des Bestellers i.S.v. § 642.[423] Der Unternehmer kann daher eine Frist nach § 643 1 setzen, mit der Erklärung, dass er den Vertrag kündigen werde, wenn der Besteller die Konkretisierung nicht fristgemäß vornimmt. Macht der Besteller hingegen von seiner Befugnis Gebrauch, muss sich der Unternehmer dem Willen des Bestellers fügen, obwohl dieser Wille erst nach dem Vertragsabschluss zum Ausdruck gebracht wird. Ohne eine Pflicht des Unternehmers, den Anweisungen des Bestellers zu folgen, wäre die von § 645 vorgesehene Gefahrenverlagerung nicht denkbar.[424]

Es gibt Bestimmungen, mit denen ein Ausgleich für die Einschränkung der Dispositionsfreiheit des Unternehmers während der Herstellung geschaffen werden soll. Der Unternehmer trägt zwar das Leistungsrisiko nach § 644 I 1 bis zur Abnahme des Werkes, ist aber bei der Herstellung auf die Mitwirkung des Bestellers oder die Lieferung des Stoffs angewiesen und seinen Weisungen ausgesetzt. § 642 gewährt ihm einen Entschädigungsanspruch, wenn der Besteller eine zur Herstellung erforderliche Mitwirkungshandlung nicht vornimmt. Der Gesetzgeber hielt die allgemeine Regelung zum Annahmeverzug in § 304 für nicht ausreichend,[425] da diese den Gläubiger nur zum Ersatz der Mehraufwendungen für die Aufbewahrung und Erhaltung des geschuldeten Gegenstandes verpflichtet. Der Anspruch aus § 642 deckt hingegen auch die nutzlose Wartezeit und die Bereithaltung von Personal, Geräten und Kapital ab.[426] Da dem Unternehmer nicht zuzumuten ist, „*sich auf eine unbestimmbare Zeit zur Ausführung des Werkes bereit zu halten*“[427] und die hieraus resultierende Belastung nicht in vollem Umfang über § 642 entschädigt werden kann,[428] statuiert § 643 zudem ein Kündigungsrecht des Unternehmers. Voraussetzung ist, dass der Unternehmer eine angemessene Frist zur Vornahme der Handlung bestimmt, verbunden mit der Erklärung, dass er den Vertrag kündige, wenn die Frist erfolgslos abläuft.

Weiterhin erhält der Unternehmer durch die Gefahrenverlagerung in § 645 einen Ausgleich dafür, dass „*das Werk vor der Abnahme infolge eines Mangels des von dem Besteller gelieferten Stoffes oder infolge einer von dem Besteller für*

423 Matz, Konkretisierung, S. 103 f., 107.

424 Matz, Konkretisierung, S. 107.

425 Mot. Bd. II, S. 495.

426 Staudinger/Peters § 642 BGB Rn. 24 f.; MünchKommBGB/Busche § 642 Rn. 5; BGH NJW 2018, 544, 546.

427 Protokolle, S. 2242.

428 MünchKommBGB/Busche § 643 Rn. 2.

die Ausführung erteilten Anweisung untergegangen, verschlechtert oder unausführbar geworden" ist. Der Unternehmer kann in diesem Fall einen Teil der Vergütung, welcher der geleisteten Arbeit entspricht, und die Auslagen, die in der Vergütung nicht inbegriffen sind, ersetzt verlangen. § 645 stellt damit eine Sonderbestimmung zu § 326 dar,[429] und belastet den Besteller im Fall der Verantwortlichkeit nur mit Teilen der Vergütung. Dadurch soll das Risiko zwischen den Vertragsparteien verteilt sein,[430] um einen billigen Interessenausgleich zu erreichen.[431]

iii. Werkvertragsspezifische Kündigungsrechte

Gemäß § 648 steht dem Besteller ein jederzeit ausübbares Kündigungsrecht zu. Bis zur Vollherstellung des Werkes kann er von dem Vertrag jederzeit Abstand nehmen, ohne hierfür einen Grund nennen zu müssen. Der Gesetzgeber sah eine Eigentümlichkeit des Werkvertrages darin, dass der Besteller „*wenn nicht allein, so doch vorzugsweise ein Interesse an der Ausführung des Werkes hat*". Um „*den Interessen des Bestellers, insbesondere den Veränderungen in den persönlichen Verhältnissen des Bestellers*" Rechnung zu tragen, soll der Besteller den Vertrag jederzeit grundlos auflösen können. Der Unternehmer kann in diesem Fall nach § 648 I 2 die vereinbarte Vergütung verlangen, muss dabei aber mit der Anrechnung von Ersparnissen und anderweitigem Erwerb rechnen.

Dem Besteller steht vor der Vollendung des Werkes ein weiteres Kündigungsrecht nach § 649 I zu,[432] wenn sich herausstellt, dass die Werkausführung nicht ohne eine wesentliche Überschreitung des Kostenanschlags, der dem Vertrag zugrunde liegt, möglich ist. Der Gesetzgeber wollte damit verhindern, dass die Preisvorstellungen, die sich der Besteller aufgrund eines unverbindlichen Kostenanschlags des Unternehmers gemacht hat, ein unbeachtlicher Motivirrtum bleiben.[433] Anders als nach § 648 kann der Unternehmer hier nach der Kündigung nicht die gesamte Vergütung, sondern ebenso wie im Fall von § 645 I nur den Lohn für erbrachte Leistungen verlangen.

Ferner können beide Vertragsparteien den Vertrag nach § 648a I 1 aus einem wichtigen Grund kündigen. Ein wichtiger Grund besteht dann, wenn

429 BGH NJW 1973, 318, 319; NJW 1997, 3018, 3019; NJW 1998, 456, 457; OLG Rostock NJW-RR 2008, 403, 404.

430 BGH NJW 1973, 318, 319.

431 BGH NJW 1981, 391, 392; auch der Gesetzgeber beruft sich in Mot. Bd. II, S. 500 f. auf den Billigkeitserwägungen.

432 MünchKommBGB/Busche § 649 Rn. 11.

433 Mot. Bd. II, S. 504.

die Fortsetzung des Vertrags bis zur Fertigstellung des Werks mit Blick auf alle Umstände des Einzelfalles und den beiderseitigen Interessen unzumutbar wird. Diese Vorschrift wurde im BGB erst durch das Reformgesetz zum Bauvertragsrecht hinzugefügt, kodifiziert aber nur ein vorher schon richterrechtlich anerkanntes Kündigungsrecht.[434] Die Rechtsprechung hat es vorher durch einen Analogieschluss aus § 314 hergeleitet.[435] Auch wenn es nur bei Verträgen zum Zuge kommen sollte, die auf längerfristige Zusammenarbeit angelegt sind, hat der Gesetzgeber zur Gewährleistung von Rechtssicherheit von dieser Einschränkung abgesehen.[436] Nach § 648a II ist auch eine Teilkündigung möglich, die sich auf einen abgrenzbaren Teil des Werkes bezieht. Von der Rechtsprechung wurde sie nur bei in sich abgeschlossenen Teilen zugelassen.[437] Der Gesetzgeber hat hierin *„eine unnötig hohe Hürde für die Vertragsparteien“*[438] erblickt und wiederum davon abgesehen.

b. Herstellungsprozess nach baurechtlichen Vorschriften, § 650a- § 650h BGB

i. Das Anordnungsrecht des Bestellers

§ 650b gestattet dem Besteller Anordnungen für den Fall, dass er eine Änderung des vereinbarten Werkerfolgs oder eine zur Erreichung des vereinbarten Werkerfolgs notwendige Änderung begehrt. Grund für die Regelung ist, dass sich gerade bei langfristigen und komplexen Bauverträgen nachträgliche Änderungen kaum vermeiden lassen.[439] Hieraus wurde aber mit Blick auf die Rechtssicherheit keine Tatbestandsvoraussetzung gemacht, so dass das Anordnungsrecht auch bei einfachen Bauverträgen zum Zuge kommt.[440] Im Interesse beider Vertragsparteien sieht § 650b I 1 vor, dass sie zunächst ein Einvernehmen über die Vertragsänderung und über die Folgen der Änderungen auf die Vergütung anzustreben haben. § 650b I 2 verpflichtet den Unternehmer zur Abgabe eines Angebots zur Mehrvergütung. Zur Einigung räumt § 650b II 1

434 BT-Drucks 18/8486, S. 33.

435 BGH NJW 2020, 605, 606 f.; NJW 2016, 1945, 1949 Rn. 40 m.w.N.; NJW 2003, 1600, 1601; OLG Stuttgart NZBau 2018, 528, 531; OLG Brandenburg, BeckRS 2017, 107814; Kritisch dazu aber Harke, Besonderes, Rn. 97.

436 BT-Drucks 18/8486, S. 51.

437 BGH NZBau 2010, 47, 48; OLG Celle, BeckRS 2019, 45475; Voit, NZBau 2017, 521, 523.

438 BT-Drucks 18/8486, S. 51.

439 BT-Drucks 18/8486, S. 53.

440 Busche, ZfPW 2018, 285, 293.

den Vertragsparteien 30 Tage ein. Kommt in dieser Zeit keine Vereinbarung zustande, hat der Unternehmer den Anordnungen des Bestellers grundsätzlich nachzukommen. Er darf sie nach Abs. 1, S. 3 nur dann verweigern, wenn es sich um die Änderung des Werkerfolgs handelt und diese dem Unternehmer unzumutbar ist. Da aus dem Anordnungsrecht die Verpflichtung zu einer neuen Leistung hervorgeht, soll die Schwelle für die Unzumutbarkeit jedenfalls unter der Schwelle liegen, die für die allgemeinen Leistungsverweigerungsrechte gilt.[441] § 650b I 1 gewährt dem Unternehmer einen Anspruch auf „*die infolge der Änderung zu leistende Mehr- oder Mindervergütung*". § 650c gibt die Berechnung vor und schließt eine Mehrvergütung aus,[442] wenn der Unternehmer auch die Verantwortung für die Planung übernommen hat.[443] Der Anspruch des Unternehmers auf die Mehrvergütung ist nach § 650c III 2 erst nach der Abnahme fällig.

ii. Rechte des Unternehmers wegen seiner Vorleistungspflicht

§ 650c und § 650e nehmen Rücksicht auf die wirtschaftlichen Interessen des Unternehmers während des Herstellungsvorgangs. Steht dem Unternehmer ein Anspruch auf Mehrvergütung wegen einer Anordnung des Bestellers zu, können auch Abschlagszahlungen nach § 632a I 1 verlangt werden. Falls die Vertragsparteien keine Einigung über die Höhe der Mehrvergütung erzielen, sieht § 650c III 1 zugunsten des Unternehmers vor, dass dieser 80 Prozent der Mehrvergütung, die er im Angebot vorgeschlagen hat, als Abschlagszahlungen verlangen kann. Damit weicht § 650c III von § 632a I 1 ab, indem sich die Höhe hier nicht nach dem Wert der erbrachten und nach dem Vertrag geschuldeten Leistungen, sondern nach dem Angebot bestimmt. So „*soll dem vorleistungspflichtigen Unternehmer schnell Liquidität verschaffen*" werden.[444] Darüber hinausgehend nimmt § 650e 2 einen Bezug auf die Herstellungsphase, indem der Unternehmer schon vor der Vollendung des Werkes die Einräumung einer Sicherungshypothek am Baugrundstück des Bestellers für einen der geleisteten Arbeit entsprechenden Teil der Vergütung und für die in der Vergütung nicht inbegriffenen Auslagen verlangen kann. Die Effektivität dieser Sicherheit

---

441 BT-Drucks 18/8486, S. 53 f.

442 Dafür spricht auch das Funktionstauglichkeitsdogma, mit dem sich das Anordnungsrecht nach § 650b I 1 Nr. 2 relativiert, s. Busche, ZfPW 2018, 285, 293; vgl. auch AnwKommBGB/Lederer/Raab Vor §§ 631 ff. Rn. 27.

443 MünchKommBGB/Busche § 650c Rn. 10; AnwKommBGB/Brunstamp § 650c Rn. 14.

444 BT-Drucks 18/11437, S. 42.

wurde im Schrifttum in Frage gestellt, weil sie typischerweise erst nach anderen Grundpfandrechten eingetragen wird, die der Besteller zur Finanzierung des Vorhabens vergeben hat und gegenüber der Hypothek des Unternehmers Vorrang genießen.[445] Außerdem kommt es bei Bauvorhaben häufig vor, dass der Besteller nicht Eigentümer des Baugrundstücks ist. BGH hat sich gleichwohl für eine enge Auslegung ausgesprochen: Eine wirtschaftliche Identität von Besteller und Eigentümer[446] ist nicht ausreichend.[447] Schaltet der Grundstückeigentümer zur Durchführung des Vorhabens einen Generalunternehmer oder vielleicht seinen Ehepartner als Besteller ein, ist § 650e schon nicht mehr anwendbar.[448]

iii. Erleichterung der Rechtsdurchsetzung

Schließlich bezieht sich auch § 650d auf den Herstellungsprozess und weicht im Interesse der beiden Vertragsparteien von den allgemeinen Regeln des Verfahrens zum Erlass einer einstweiligen Verfügung nach §§ 935 ff. ZPO ab. Danach muss der Kläger in seiner Klageschrift sowohl den Verfügungsgrund als auch den Verfügungsanspruch glaubhaft machen. Handelt es sich um die Streitigkeiten über das Anordnungsrecht gemäß § 650b oder die Vergütungsanpassung nach § 650c, ist es gemäß § 650d nicht mehr erforderlich, den Verfügungsgrund glaubhaft zu machen. Damit werden das Vorliegen eines Verfügungsgrunds i.S.v. §§ 935, 940 ZPO und die Notwendigkeit einer Entscheidung zur Abwendung wesentlicher Nachteile unwiderleglich vermutet.[449] In zeitlicher Hinsicht ist der Norm zu entnehmen, dass der Antrag zur einstweiligen Verfügung nach Beginn der Bauausführung gestellt werden muss. Umstritten ist allerdings, ob § 650d auch nach der Fertigstellung des Bauwerkes noch anwendbar ist. Die Ansicht, die dies bejaht, verweist auf die Gesetzesbegründung. § 650d soll einen Rechtsschutz vor Liquiditätsengpässe leisten,[450] denn der Unternehmer

---

445 MünchKommBGB/Busche § 650e Rn. 3; BeckOK/Voit § 650e BGB Rn. 2; Staudinger/Peters § 650e BGB Rn. 2 ff.; Darauf wird noch in Protokolle, S. 2235 aufmerksam gemacht.

446 OLG München NJW 1975, 220; KG NJW 1978, 325; Grüneberg/Retzlaff § 650e Rn. 5.

447 BGH NJW 1988, 255; s. auch Soergel/Teichmann (1998) § 648 Rn. 7; Kritisch dazu vgl. Staudinger/Peters § 650e BGB Rn. 22.

448 BGH NJW 1988, 255, 257 hält die Anwendung von § 242 BGB auch zwischen dem Unternehmer und Eigentümer, der kein Besteller ist, für anwendbar. Dasselbe gilt auch für die Eheleute nach OLG Celle NJW-RR 2005, 460.

449 BT-Drucks 18/8486, S. 57 f.

450 BeckOK/Voit § 650d BGB Rn. 6.

ist im Hinblick auf die infolge des Anordnungsrechts geänderten Abschlagszahlungen in besonderem Maße auf Liquidität angewiesen.[451] Es ist jedoch zu berücksichtigen, dass der Unternehmer nach der Fertigstellung nicht mehr vorleistungspflichtig ist.[452] Außerdem besteht nach der Bauausführung kein Raum mehr für das Anordnungsrecht sowie die Vergütungsanpassung.[453]

2. *Gegenüberstellung der VOB/B-Regelungen in Bezug auf die Herstellungsphase*

Die Vorschriften des BGB-Werkvertragsrechts erweisen sich in Bezug auf den Herstellungsprozess als lückenhaft,[454] weshalb die Praxis dazu übergegangen ist, durch Sonderregelungen für Abhilfe zu sorgen.[455] Dies geschieht insbesondere durch Vereinbarung der Geltung der VOB/B,[456] die einer von drei Teilen eines Klauselwerks der Vergabe- und Vertragsordnung für Bauleistungen (VOB) ist und Vorgaben für die Ausführung von Bauleistungen macht. Sie hat zwar den Charakter von Allgemeinen Geschäftsbedingungen,[457] ist aber, wenn sie insgesamt zum Gegenstand eines Vertrags gemacht wird, bei Verwendung gegenüber einem Unternehmer von einer Klauselkontrolle ausgenommen, § 310 Abs. 1 S. 3 BGB.

a. *Mitwirkungspflichten des Auftraggebers*

Die VOB/B konkretisiert in §§ 3 und 4 einige Mitwirkungspflichten des Auftraggebers. § 3 betrifft die Planung eines Bauvorhabens und hat die Ausführungsunterlagen zum Gegenstand. Abs. 1 verpflichtet den Auftraggeber dazu,

---

451 BT-Drucks 18/8486, S. 58.

452 BeckOGK BGB/Mundt § 650d Rn. 11.

453 MünchKommBGB/Busche § 650d Rn. 2; BeckOGK BGB/Mundt § 650d Rn. 11; Vgl. auch Sacher, Jansen, NZBau 2019, 20.

454 Bauvertragsrecht/Kniffka Einf. v. § 631 Rn. 31 ff.; Ders., BauR 2017, 1747, 1748 ff.; Auch zu dem alten BGB-Werkvertragsrecht vor 01.01.2018 Schmid, Bauvertrags, S. 21 ff. und S. 27; zu der alten Fassung des BGBs vor 01.01.2002 Weyers, AcP 182, 60, 66 ff.

455 Vgl. Peters/Jacoby, in: Staudinger/Eckpfeiler (2018) Q Rn. 121; AnwKommBGB/Lederer/Raab §§ 631 ff. Rn. 17 f.

456 Staudinger/Peters/Jakoby (2014) Vorb. zu § 631 ff. Rn. 88; Beck'scher VOB-Komm./Sacher B (2013) Einleitung Rn. 109 f.; NWJS/Jansen, VOB/B Einführung Rn. 10; Schmid, Bauvertrags, S. 61.

457 Beck'scher VOB-Komm./Sacher B (2013) Einleitung Rn. 38 ff.; a.A. Siegburg, BauR 1993, 9.

die für die Ausführung erforderlichen Unterlagen dem Auftragnehmer unentgeltlich und rechtzeitig zu übergeben. Abs. 2 geht ins Detail und regelt die Einzelpflichten des Auftraggebers in diesem Rahmen. Dementsprechend ist für *„das Abstecken der Hauptachsen der baulichen Anlage, ebenso der Grenzen des Geländes“* und für *„das Schaffen der Höhenfestpunkte in unmittelbarer Nähe der baulichen Anlagen“* der Auftraggeber verantwortlich. Vor Beginn der Arbeiten sieht Abs. 4 die Zustandsfeststellungen in Bezug auf die baulichen Anlagen vor, soweit es notwendig ist.

§ 4 betrifft die Bauausführung und sieht für den Auftraggeber präzise Mitwirkungspflichten vor. Nach Abs. 1 Nr. 1 hat er für die allgemeine Ordnung auf der Baustelle zu sorgen und das Zusammenwirken der verschiedenen Unternehmer zu regeln. Darüber hinaus hat er die erforderlichen öffentlich-rechtlichen Genehmigungen und Erlaubnisse einzuholen. Beispielhaft aufgezählt sind die Genehmigungen nach Bau-, Straßenverkehrs-, Wasser- und Gewerberecht. Der Auftraggeber ist außerdem nach § 4 Abs. 4 verpflichtet, dem Auftragnehmer die Benutzung der notwendigen Lagerräume und Arbeitsplatze auf der Baustelle, vorhandene Zufahrtswege und Anschlussgleise sowie vorhandene Anschlüsse für Wasser und Energie unentgeltlich zur Verfügung zu stellen. Schließlich wird eine Mitwirkungspflicht zur Zustandsfeststellung durch § 4 Abs. 10 auch in der Ausführungsphase vorgesehen. Eine solche Leistungsfeststellung ist aber erst dann erforderlich, wenn Teile der Leistung durch die weitere Ausführung überdeckt und somit einer späteren Überprüfung entzogen werden.

Die dargestellten Vorschriften der VOB/B regeln nur wesentliche Mitwirkungspflichten des Auftraggebers und sind nicht abschließend.[458] Die Konkretisierung der Bestellerpflichten soll eine gewisse Sicherheit bei der Rechtsanwendung schaffen und diese nicht wie im BGB-Werkvertragsrecht der Ableitung aus dem Gebot von Treu und Glauben überlassen.[459]

b. Kontrollmechanismen während der Ausführung

Die VOB/B enthält auch Regelungen, um die Kontrolle der Bauausführung zu fördern. Dazu zählen einerseits die Überwachungs- und Anordnungsrechte des Auftraggebers nach § 4 Abs. 1, andererseits die Prüf- und Hinweispflichten des Auftragnehmers nach § 3 Abs. 3 und § 4 Abs. 1, 3.

---

458 Kapellmann/Messerschmidt/Merkens § 4 VOB/B Rn. 2.
459 BGH NJW 2017, 2025, 2026 f.

§ 4 Abs. 1 Nr. 2 S. 1 gewährt dem Auftraggeber das Recht, die vertragsgemäße Ausführung zu überwachen. Sein Überwachungsrecht bietet ihm die Möglichkeit, die Bauleistung und die dort verwendeten Materialien vor der Fertigstellung im Einzelnen zu kontrollieren.[460] Es umfasst nach S. 2 auch ein Zutritts- sowie nach S. 3 ein Einsichts- und Auskunftsrecht. Dem Auftraggeber ist der *„Zutritt zu den Arbeitsplätzen, Werkstätten und Lagerräumen, wo die vertragliche Leistung oder Teile von ihr hergestellt oder die hierfür bestimmten Stoffe und Bauteile gelagert werden"*, zu gewähren. Ihm müssen *„die Werkzeichnungen oder andere Ausführungsunterlagen sowie die Ergebnisse von Güteprüfungen"* auf Verlangen zur Einsicht vorgelegt werden. Der Auftragnehmer hat auf Aufforderung die Auskunft zu geben, sofern hierdurch *„keine Geschäftsgeheimnisse preisgegeben werden"*. Durch die Regelung in Abs. 1 Nr. 3 ist der Auftraggeber noch dazu befugt, die zur vertragsgemäßen Ausführung notwendigen Anordnungen zu treffen. Diese lösen anders als die Anordnungen nach § 1 Abs. 3 und Abs. 4 keine vergütungsrechtlichen Folgen aus, weil damit keine Änderung des Bauentwurfs oder der Leistung verlangt wird. Es handelt sich dabei vielmehr um die Konkretisierung des Vertragsinhalts.[461]

Prüf- und Hinweispflichten des Auftragnehmers werden in der Planungs- und Ausführungsphase getrennt geregelt. § 3 Abs. 3 S. 2 verpflichtet ihn, die zur Ausführung nötigen Unterlagen nach der Übernahme auf etwaige Unstimmigkeiten zu prüfen. Werden dabei manche Mängel entdeckt oder zumindest vermutet, hat der Auftragnehmer diese beim Auftraggeber zu melden. In der Ausführungsphase betreffen die Prüf- und Hinweispflichten des Auftragnehmers nach § 4 einerseits die Anordnungen des Auftraggebers (Abs. 1 Nr. 3), andererseits die vereinbarte Art der Ausführung, die Güte der vom Auftraggeber gelieferten Stoffe oder Bauteile und die Leistungen anderer Unternehmer. Trifft der Auftraggeber die zur vertragsgemäßen Ausführung nötigen Anordnungen, hat der Auftragnehmer diese zu prüfen. Hält er die Anordnungen für unberechtigt oder unzweckmäßig, hat er dann seine Bedenken nach Abs. 1 Nr. 4 geltend zu machen. Sofern keine gesetzlichen oder behördlichen Bestimmungen entgegenstehen, hat er die Anordnungen auf Verlangen auszuführen. § 4 Abs. 3 sieht bei der Bedenkenmeldung in Bezug auf die Art der Ausführung, die Qualität der vom Auftraggeber gelieferten Stoffe oder Bauteile

---

460 Kapellmann/Messerschmidt/Merkens § 4 VOB/B Rn. 15; NWJS/Gartz, VOB/B § 4 Rn. 17.

461 Kapellmann/Messerschmidt/Merkens § 4 VOB/B Rn. 25; NWJS/Gartz, VOB/B § 4 Rn. 26; Messerschmidt/Voit/Voit VOB/B § 4 Rn. 7.

oder die Leistungen der Vorunternehmer besondere Voraussetzungen vor. So hat der Auftragnehmer seine Bedenken dem Auftraggeber unverzüglich und schriftlich mitzuteilen. Erbringt der Auftragnehmer seine Prüf- und Mitteilungspflichten aus § 4 nicht, kann es nach § 13 Abs. 3 zur Mangelgewährleistung führen, auch wenn ein Mangel aus der Sphäre des Auftraggebers oder aus Vorleistungen anderer Unternehmer stammt.

Zur beiderseitigen Kontrolle dient schließlich § 15 Abs. 3. Danach hat der Auftragnehmer die Ausführung von Stundenlohnarbeiten dem Auftraggeber vorzulegen. Dadurch wird dem Interesse des Auftraggebers, den Umfang von Leistungen des Auftragnehmers durch die Abrechnung im Stundenlohn zeitnah zu überprüfen, Rechnung getragen.[462]

Die VOB/B fördert die gegenseitige Kontrolle bei der Bauausführung. Dies soll vor allem die frühzeitige Feststellung sowie Beseitigung der baulichen Mängel und Fehlerquellen erleichtern.[463] Durch die konkreten Rechte und Pflichten wird die Bauausführung einer Qualitätsprüfung unterzogen. Selbstverständlich ist der Auftragnehmer auch nach dem BGB-Werkvertragsrecht mit der Prüf- und Hinweispflicht verpflichtet zu sehen. Eine solche Pflicht rechtfertigt sich vor allem wegen der überlegenen Fachkenntnisse und besonderen Erfahrungen des Unternehmers.[464] Es fehlt aber an einer konkreten Regelung, so dass diese Pflicht aus dem Gebot Treu und Glauben herzuleiten ist.[465] Dies sorgt für Rechtsunsicherheit.

c. Die Änderungsanordnungen mit vergütungsrechtlichen Folgen

Die VOB/B gestattet dem Auftraggeber, leistungsändernde oder leistungserweiternde Anordnungen zu treffen. § 1 Abs. 3 bezieht sich auf Leistungsänderungen und betrifft den Bauentwurf. Er soll nicht lediglich konkretisiert, sondern auch nachträglich den Vorstellungen des Auftraggebers angepasst werden dürfen. Abs. 3 bringt die werkvertragliche Grundidee zum Ausdruck, dass die Werkherstellung hauptsächlich im Interesse des Auftraggebers liegt.[466] Dementsprechend wird diesem ermöglicht, die planerische und gestalterische Freiheit im Blick auf die Durchführung des Bauvorhabens zu behalten.[467] Um

462 OLG Düsseldorf NJW-RR 1997, 784.

463 Vgl. NWJS/Gartz, VOB/B § 4 Rn. 2.

464 Kapellmann/Messerschmidt/Havers § 3 VOB/B Rn. 35; BGH NJW-RR 1996, 789, 791.

465 BGH NJW 2008, 511, 514.

466 Kapellmann/Messerschmidt/von Rintelen VOB/B § 1 Rn. 54.

467 OLG Düsseldorf NJW-RR 1988, 278.

das Interesse des Auftragnehmers an der Vergütung zu wahren, gibt § 2 Abs. 5 deren Anpassung bei einer Anordnung vor, die *„die Grundlagen des Preises für eine im Vertrag vorgesehene Leistung“* ändert. Unter den Begriff des Bauentwurfs i.S. von § 1 Abs. 3 fallen alle bautechnischen Vorgaben des Auftragnehmers, die sich auf den Bauinhalt beziehen.[468] Sehr umstritten ist, ob hiervon auch die Bauumstände und besonders die Bauzeit erfasst sind. Dies lässt sich mit der überwiegenden Ansicht verneinen.[469] Es besteht kein zwingender Zusammenhang zwischen Werkerfolg und Bauzeit. Das herzustellende Werk bleibt dasselbe, auch wenn es zu einem anderen Zeitpunkt als vereinbart hergestellt wird.[470] Eine Anordnung im Hinblick auf die Bauzeit wäre ein zu weitgehender Eingriff in die Dispositionsfreiheit des Unternehmers, weshalb sich auch der Gesetzgeber bei der Baurechtsreform 2018 bewusst gegen ein derartiges Anordnungsrecht im BGB-Bauvertragsrecht entschieden hat.[471]

§ 1 Abs. 4 regelt leistungserweiternde Änderungen und räumt dem Auftraggeber auch insoweit ein einseitiges Anordnungsrecht ein.[472] Nach S. 1 sind *„nicht vereinbarte Leistungen, die zur Ausführung der vertraglichen Leistung erforderlich werden“*, auf Begehren des Auftraggebers von dem Auftragnehmer zu erbringen. Die Begründung einer Pflicht zu anderweitigen Leistungen, die zur Ausführung der vertragsgemäßen Leistung nicht nötig sind, erfordert nach § 1 Abs. 4 S. 2 hingegen die Zustimmung des Auftragnehmers. Außerdem hat der Betrieb des Auftragnehmers nach § 1 Abs. 4 S. 1 HS. 2 auf die angeordneten Leistungen eingerichtet zu sein. Dem Unternehmer steht nach § 2 Abs. 6 ein Anspruch auf besondere Vergütung zu. Dies erscheint problematisch, wenn erforderliche Zusatzleistungen mit Blick auf die funktionale Herstellung

---

468 Messerschmidt/Voit – Leupertz Syst. Teil K. Rn. 63; Kapellmann/Messerschmidt/von Rintelen VOB/B § 1 Rn. 62.

469 Armbrüster, Bickert, NZBau 2006, 153, 159; Markus, NZBau 2006, 537 f; Peters, NZBau 2012, 615, 617; Kompendium/Kniffka, Teil 4 Rn. 167 f.; Messerschmidt/Voit/Voit VOB/B § 1 Rn. 5 f.; Kapellmann/Messerschmidt/v. Rintelen § 1 VOB/B Rn. 68 ff.; BeckOK VOB/B/Kandel § 2 Abs. 5 Rn. 32; Beck'scher VOB-Komm./W. Jagenburg/I. Jagenburg B (2008) § 1 Nr. 3 Rn. 10 f.; Lederer, Werkerfolg, S. 173 Fn. 568; v. Rintelen, FS Messerschmidt, S. 279 f.; Dagegen: Zanner, Keller, NZBau 2004, 353, 354 f.; Piel, FS Korbion, S. 349, 351 f.; Beck'scher VOB-Komm./Jansen B (2013) § 1 Abs. 3 Rn. 32 ff., 35; NWJS/Funke, VOB/B § 1 Rn. 113; So auch Bauverzögerung/Vygen Rn. 158.

470 Peters, NZBau 2012, 615, 617.

471 Bauvertragsrecht/von Rintelen § 650b Rn. 62 ff., 68.

472 BGH NJW-RR 2004, 449.

bewertet werden.[473] Denn der Auftragnehmer müsste solche Leistungen, die nicht vereinbart wurden und zum Werkerfolg erforderlich sind, auch schon im Rahmen seiner Verantwortung für den Erfolg erbringen. Strenggenommen, ändert sich also der Umfang der vertraglichen Leistung gar nicht,[474] und es bedarf, genau besehen, auch gar keiner Anordnung.[475] Zu verstehen ist die Regelung nur vor dem Hintergrund des Vergütungssolls in der VOB/B. Nach § 2 Abs. 1 werden alle Leistungen, die nach der Leistungsbeschreibung zur vertraglichen Leistung gehören, durch die vereinbarten Vertragspreise abgegolten. Damit steht das Vergütungssoll der VOB/B mit dem ursprünglich vereinbarten Bausoll in einem Äquivalenzverhältnis, und dieses Bausoll wird dadurch von dem Erfolgssoll unterschieden.[476] Ist die Leistungsbeschreibung funktional, stimmt das Bausoll mit dem Erfolgssoll überein. Der Auftragnehmer schuldet die hierfür erforderliche Zusatzleistung dann nur nach § 4 Abs. 1 Nr. 3,[477] wonach der Auftraggeber die zur vertragsgemäßen Ausführung der Leistung notwendigen Anordnungen treffen kann. Da der Umfang des Leistungsgegenstandes von der Anordnung nicht berührt wird, hat die Anordnung dabei keine vergütungsrechtliche Folge.[478] Die Rechtslage lässt sich anders bewerten, wenn die Leistungsbeschreibung detailliert gestaltet ist. In diesem Fall fallen Bau- und Erfolgssoll auseinander. Dann handelt es sich bei der Anordnung einer Leistung, die zur Ausführung des Werks erforderlich wird, um eine nicht vereinbarte Leistung i.S. von § 1 Abs. 4. Damit einhergehend kommt vergütungsrechtlich § 2 Abs. 6 S. 1 zur Anwendung, wonach der Auftragnehmer für eine im Vertrag nicht vorgesehene Leistung einen Anspruch auf besondere Vergütung hat.

Die Ausgestaltung der Anordnungsrechte nach den VOB/B-Vorschriften und im BGB-Bauvertragsrecht deckt sich nur teilweise. Dort ist zur Änderung des Bauentwurfs eine vorherige Einigung nach § 650b II 1 vorausgesetzt. Zwar

---

473 Kapellmann/Messerschmidt/Kapellmann § 2 VOB/B Rn. 36.

474 Leupertz, BauR 2010, 272, 282 weist auf die Preisanpassung nach Maßgabe des § 313 Abs. 1, 2 BGB hin. Ähnlich auch Harke, Besonderes, Rn. 100 im Bezug auf den Globalpauschalpreis; Wegen der höhen Anforderungen des § 313 BGB für die ergänzende Vertragsauslegung Glöckner, JZ 2020, 63, 68; Ders., BauR 2009, 302, 316 ff.

475 Beck'scher VOB-Komm./Jansen B (2013) § 1 Abs. 4 Rn. 13.

476 Motzke, NZBau 2002, 641, 646; Messerschmidt/Voit – Leupertz Syst. Teil K Rn. 8.

477 Kapellmann/Messerschmidt/v. Rintelen § 1 VOB/B Rn. 143; ähnlich auch Beck'-scher VOB-Komm./Jansen B (2013) § 1 Abs. 4 Rn. 13.

478 Kapellmann/Messerschmidt/Merkens § 4 VOB/B Rn. 25.

kann der Besteller auch ohne sie die Änderung nach Ablauf von 30 Tagen ab Zugang des Änderungsbegehrens anordnen. Diese Frist lässt sich bei eilbedürftigen Änderungen oder kurzzeitigen Bauarbeiten aber kaum einhalten.[479] Die Lösung der VOB/B ist daher vorzugswürdig. Strittig ist, ob ein weiterer Unterschied bei der Preisermittlung besteht, wenn die Mengenüberschreitung die Opfergrenze von 10 % des Vordersatzes überschreitet. § 650c I stellt bei der Vergütungsanpassung auf die tatsächlich erforderlichen Kosten ab, während bei der VOB/B-Vereinbarung nicht deutlich ist, ob die Vertragspreise fortgesetzt werden.[480] Geht man hiervon aus, verliert der Unterschied an Bedeutung, wenn der Auftragnehmer bei der Kalkulation seiner Nachtragvergütung nach § 650c II 1 *„auf die Ansätze in einer vereinbarungsgemäß hinterlegten Urkalkulation zurückgreifen“* kann.[481]

d. Die Selbsthilferechte

Die VOB/B sieht als weitere Möglichkeit für den Eingriff in die Herstellung des Werkes ein Selbsthilferecht des Auftraggebers vor. Es ist in unterschiedlichen Vorschriften geregelt und variiert danach, ob es sich um geschuldete oder nicht geschuldete Leistungen handelt. Im Allgemeinen besteht ein Fristsetzungserfordernis. Zuweilen ist sogar die Kündigung des Vertrages nötig.

i. Selbsthilferechte bei der Kündigung

§ 8 Abs. 3 eröffnet dem Auftraggeber Selbsthilferechte für die unterschiedlichen Fallkonstellationen, in denen es zu einer Kündigung kommt. Abs. 3 Nr. 1 sieht drei Fälle vor, in denen der Auftraggeber nach einem erfolgslosen Fristablauf den Vertrag kündigen kann. Der erste Fall der Nr. 1 betrifft durch einen Verweis auf § 4 Abs. 7 die Leistungen, die während der Ausführung als mangelhaft erkannt werden. Dann entsteht nach § 4 Abs. 7 S. 1 die Verpflichtung des Auftragnehmers, die betroffenen Leistungen durch mangelfreie zu ersetzen und vertragsgemäß zu leisten. Gem. S. 3 kann der Auftraggeber dem Auftragnehmer eine angemessene Frist zur Mangelbeseitigung setzen mit der Androhung, *„dass er nach fruchtlosem Ablauf der Frist den Vertrag kündigen werde“*. Der zweite Fall, auf den § 8 Abs. 3 zur Kündigungsmöglichkeit verweist,

479 Vgl. auch Kompendium/Kniffka, Teil 4 Rn. 249, 263.

480 BGH NJW 2013, 2423, 2424 Rn. 14; Dagegen aber BGH ZfBR 2019, 777 für eine Vergütungsermittlung anhand der tatsächlichen Kosten.

481 Kapellmann, NZBau 2017, 635, 637; Dammert/Lenkeit/Oberhauser/Pause/Stretz/Oberhauser Bauvertragsrecht § 2 Rn. 118.

bezieht sich auf § 4 Abs. 8 Nr. 1, wonach die Leistungen in der Regel im Betrieb des Auftragnehmers auszuführen sind. Werden Leistungen ohne schriftliche Zustimmung des Auftraggebers in einem fremden Betrieb erbracht, kann der Auftraggeber durch eine Fristsetzung die Aufnahme der Leistungen im eigenen Betrieb fordern und die Kündigung androhen. Der dritte Kündigungsgrund besteht in der verzögerten Leistungserbringung des Auftragnehmers. Nach § 5 Abs. 4 kann der Auftraggeber mit einer Fristsetzung und Kündigungsandrohung die Vertragserfüllung verlangen, wenn der Auftragnehmer mit der Ausführung nicht rechtszeitig anfängt, die Vollendung verzögert oder trotz Verlangens nach der Einhaltung der Ausführungsfristen keine Abhilfe schafft. Nach der Kündigung hat der Auftraggeber gem. Nr. 2 das Recht, „*den noch nicht vollendeten Teil der Leistung zu Lasten des Auftragnehmers durch einen Dritten ausführen zu lassen*".[482] Die Ausführung durch den Dritten umfasst nicht nur die Fortführung der Arbeiten, sondern auch die Beseitigung des vertragswidrig geleisteten Werkteils. Außerdem kann der Auftraggeber auf die weitere Ausführung verzichten und vom Auftragnehmer Schadensersatz wegen Nichterfüllung verlangen, § 8 Abs. 3 Nr. 2 S. 2.

Hinter diesen Kündigungstatbeständen steht die in § 4 Abs. 7 S. 1 festgeschriebene Pflicht, das Werk vertragsgemäß auszuführen. Das korrespondierende Abhilferecht des Auftraggebers wird im Schrifttum als ein modifizierter Erfüllungsanspruch interpretiert.[483] Indem es sowohl bei mangelhaften als auch bei vertragswidrigen Ausführungen zum Zuge kommt, ist die Reichweite der Vorschrift größer als die des Gewährleistungsrechts des BGB.[484] Außerdem ist der modifizierte Erfüllungsanspruch nach VOB/B nicht auf den Fälligkeitszeitpunkt bzw. Fertigstellungstermin fixiert, sodass die vertragsgemäße

482 Vgl. aber BGH NJW 2000, 2997, 2998. Diesem zufolge darf der Auftraggeber ohne Fristsetzung und ohne vorherige Kündigung des Vertrages die Ersatzvornahme durchführen, wenn der Unternehmer die vertragsgemäße Fertigstellung im Voraus endgültig verweigert. Die Kündigung schirmt nur die Gefahr ab, dass Nebeneinanderarbeiten des Auftragsnehmers und Drittunternehmers zu Streitigkeiten führt.

483 Beck'scher VOB-Komm./Kohler B (2013) § 4 Abs. 7 Rn. 6 f; Kapellmann/Messerschmidt/Merkens VOB/B § 4 Rn. 166; NWJS/Gartz VOB/B § 4 Rn. 143 ff.; Ingenstau/Korbion/Oppler VOB/B § 4 Abs. 7 Rn. 2; Voit, BauR 2011, 1063, 1076, anders aber in BauR 2022, 339, 347.

484 Vgl. Beck'scher VOB-Komm./Motzke B (2008) Einleitung Rn. 219 ff.; Anders aber noch h.L, die sich auf die terminologische Einheit im Blick auf § 13 Abs. 1 stützt: Beck'scher VOB-Komm./Kohler B (2013) § 4 Abs. 7 Rn. 31 ff.; NWJS/Gartz, VOB/B § 4 Rn. 144; Siegburg, FS Jagenburg, S. 839, 851 f.

Ausführung bereits während der Ausführung verlangt werden kann. So wird dem gerade bei komplexen Langzeitverträgen wichtigen Bedürfnis Rechnung getragen, einen Werkmangel rechtzeitig und möglichst kostengünstig zu korrigieren.[485]

ii. Selbsthilferecht vor der Ausführung

§ 4 Abs. 6 gewährt dem Auftraggeber ein Recht auf Selbstvornahme, wenn die Stoffe und Bauteile auf der Baustelle nicht dem Vertrag oder den Proben entsprechen.[486] Sind sie auf der Baustelle gelagert und noch nicht in die Bauten eingebaut worden, kann der Auftraggeber mithilfe einer Fristsetzung ihre Entfernung verlangen. Kommt der Auftragnehmer seiner Abhilfepflicht aus § 4 Abs. 6 nicht fristgemäß nach, ist der Auftraggeber berechtigt, die vertragswidrigen Stoffe und Bauteile auf Kosten des Auftragnehmers zu entfernen oder für seine Rechnung zu veräußern, § 4 Abs. 6 S. 2.

In § 4 Abs. 6 kann ein vorweggenommener Mangelbeseitigungsanspruch[487] mit vorbeugendem Charakter gesehen werden.[488] Das BGB kennt keinen vergleichbaren Anspruch. Noch nicht einmal § 637 BGB, angewandt vor der Abnahme, kann helfen, weil er auf eine Mangelbeseitigung zielt und damit den Einbau von nicht qualitätsgerechten Materialien voraussetzt.[489]

iii. Selbsthilferecht wegen nicht-geschuldeter Leistungen

Ein Recht zur Selbsthilfe ist dem Auftraggeber außerdem durch § 2 Abs. 8 Nr. 1 eröffnet, wonach er die Beseitigung solcher Leistungen verlangen kann, *die der Auftragnehmer ohne Auftrag oder unter eigenmächtiger Abweichung vom Auftrag ausführt.* Gemeint sind die Leistungen, die nicht Gegenstand des Vertrags sind und jenseits davon erbracht werden.[490] Sie sind von den geschuldeten, aber schlecht ausgeführten Leistungen verschieden, deren Beseitigung nur nach § 4

485 Ingenstau/Korbion/Oppler VOB/B § 4 Abs. 7 Rn. 4.

486 Die Selbsthilfe nach § 4 Abs. 6 wurde von Peters, in: Zivilrechtswissenschaft, 277, 285 Fn. 63 als „rabiat" gewertet.

487 Beck'scher VOB-Komm./Junghenn B (2013) § 4 Abs. 6 Rn. 6; Ingenstau/Korbion/Oppler VOB/B § 4 Abs. 6 Rn. 2.

488 Beck'scher VOB-Komm./Kohler B (2013) § 4 Abs. 7 Rn. 3; Ders./Junghenn B, § 4 Abs. 6 Rn. 2; NWJS/Gartz, VOB/B § 4 Rn. 127.

489 Für die Beseitigung der nachteiligen Auswirkungen durch bauliche Maßnahmen findet § 637 BGB keine Anwendung. BGH NJW-RR 2009, 1175.

490 Kapellmann/Messerschmidt/Kapellmann § 2 VOB/B Rn. 540; NWJS/Kues VOB/B § 2 Rn. 485.

Abs. 7 i.V.m. § 8 Abs. 3 begehrt werden kann.[491] Kommt der Auftragnehmer der Beseitigungsaufforderung des Auftraggebers innerhalb einer angemessenen Frist nicht nach, kann die Beseitigung auf seine Kosten geschehen. Dies setzt weder Kündigung des Vertrags noch ihre Androhung voraus.

Das BGB bemerkt in § 633 II, dass die Herstellung eines anderen als des bestellten Werks einem Sachmangel gleichsteht. Damit wird beim BGB-Werkvertrag die Erbringung ungeschuldeter Leistung dem Sachmängelregime unterworfen. Die Besonderheit der VOB/B-Regelung in § 2 Abs. 8 Nr. 1 besteht in der frühzeitigen Durchsetzbarkeit des Erfüllungsanspruchs. Mit Rücksicht darauf, dass Rückbau bei Bauerrichtungen häufig problematisch ist, spielt der zeitliche Anwendungsbereich des Erfüllungsanspruchs bei Bauverträgen eine wichtige Rolle.

e. Behinderung und Unterbrechung der Ausführung

§ 6 VOB/B führt die Rechte und Pflichten bei einer vorübergehenden Behinderung oder Unterbrechung der Ausführung auf. Abs. 1 bestimmt eine Anzeigepflicht des Auftragnehmers. Ist er bei der Ausführung des Vorhabens durch Umstände gehindert, „*hat er es dem Auftraggeber unverzüglich schriftlich anzuzeigen,*“ sodass dieser auf die Behinderung reagieren kann. Unterlässt der Auftragnehmer die Anzeige, bleibt der hindernde Umstand unberücksichtigt, es sei denn, er wäre dem Auftraggeber auf andere Weise offenkundig bekannt. Zudem hat der Auftragnehmer bei einer Behinderung nach § 6 Abs. 3 S. 1 VOB/B die Pflicht, alles zu tun, „*was ihm billigerweise zugemutet werden kann, um die Weiterführung der Arbeiten zu ermöglichen*“. Dies ist eine Konkretisierung der allgemeinen Förderungspflicht aus § 5 Abs. 1 S. 1 VOB/B,[492] wonach die Einhaltung der vertraglichen Ausführungsfristen angemessen zu fördern ist. Man kann darin auch eine Schadensminderungspflicht nach dem Vorbild von § 254 II 1 BGB erkennen:[493] Der Auftragnehmer hat alle möglichen Maßnahmen zu treffen, um die Auswirkung einer Behinderung seiner Arbeiten so niedrig wie möglich zu halten. Dies spielt in der Praxis besonders in Bezug auf die Stillstandkosten eine Rolle. Den Auftragnehmer trifft ein Verschulden, wenn er die hohen Einlagerungskosten wegen der Behinderung durch die

---

491 Vgl. NWJS/Kues VOB/B § 2 Rn. 480; Kapellmann/Messerschmidt/Kapellmann § 2 VOB/B Rn. 540.

492 Ingenstau/Korbion/Döring VOB/B § 6 Abs. 3 Rn. 2.

493 BeckOK VOB/B/Oberhauser § 6 Abs. 3 Rn. 1; Kapellmann/Messerschmidt/Markus § 6 VOB/B Rn. 30; NWJS/Sonntag, VOB/B § 6 Rn. 165.

anderweitige Benutzung der Baumaterialien oder Geräte[494] oder die aus der Vorhaltung von Schalungsmaterial verursachten erheblichen Kosten durch einen Abtransport[495] hätte geringer halten können.

Die anderen Absätze von § 6 regeln die Rechtsfolgen angezeigter Baubehinderung. Abs. 2 und 4 beziehen sich auf die Verlängerung der Ausführungsfristen. Es gibt drei Kategorien der Behinderung, bei denen die Ausführungsfristen automatisch zu verlängern sind:[496] Umstände aus dem Risikobereich des Auftraggebers, Streik oder Aussperrung, die zwar dem Risikobereich des Auftragnehmers angehören, aber seiner Kontrolle entzogen sind, und schließlich Gründe, die sich nicht der Risikosphäre einer der beiden Vertragsparteien zuordnen lassen, wie *„höhere Gewalt oder andere für den Auftragnehmer unabwendbare Umstände."* Die Verlängerung der Fristen richtet sich gemäß § 6 Abs. 4 nach der Dauer der Behinderung. Sind mehrere Störungen gegeben, wird für jede einzelne Störung als Grundlage genommen und die Berechnung der Frist wird dann neu ermittelt. § 6 Abs. 4 sieht weiterhin zugunsten des Auftragnehmers einen Anspruch auf Zuschlag wegen der *„Wiederaufnahme der Arbeiten und* der *Verschiebung in eine ungünstigere Jahreszeit"* vor. § 6 Abs. 5 und Abs. 7 sehen besondere Rechtsfolgen für die länger dauernden Unterbrechungen der Ausführung vor. Wird die Ausführung ohne dauernde Unmöglichkeit der Leistung für voraussichtlich längere Dauer unterbrochen, so haben die Parteien ein Recht auf Abrechnung der ausgeführten Leistungen, § 6 Abs. 5 VOB/B. Dabei sind die Kosten, *„die dem Auftragnehmer bereits entstanden und in den Vertragspreisen des nicht ausgeführten Teils der Leistung enthalten sind"*, zu vergüten. Zudem räumt Abs. 7 S. 1 beiden Vertragsparteien ein Kündigungsrecht ein, wenn die Unterbrechung länger als 3 Monate[497] dauert. Umstritten ist die Frage, ob die Vertragspartei, die für die Behinderung oder Unterbrechung der Ausführung verantwortlich ist, den Vertrag nach § 6 Abs. 7 kündigen kann. Dies wird im Schrifttum unter Berufung auf § 242 verneint.[498] Die Rechtsprechung lässt dagegen die Kündigung auch für denjenigen, der die Unterbrechung der Bauausführung zu vertreten hat, zu, wenn das Festhalten am Vertrag für ihn

494 BGH NJW 1998, 456.

495 OLG Frankfurt a. M. BeckRS 2015, 125114.

496 NWJS/Sonntag, VOB/B § 6 Rn. 60.

497 Nach BGH NZBau 2004, 432 ist eine solche Kündigung ausnahmsweise auch vor dem Ablauf von 3 Monaten zulässig, wenn bereits vorher feststeht, dass die Unterbrechung länger dauern wird.

498 NWJS/Sonntag, VOB/B § 6 Rn. 281; Kapellmann/Messerschmidt/Markus § 6 VOB/B Rn. 110; Beck'scher VOB-Komm./Berger B (2013) § 6 Abs. 7 Rn. 5.

nicht zumutbar ist.[499] Schließlich regelt § 6 Abs. 6 den Schadensersatzanspruch, wenn die hindernden Umstände von einem Vertragsteil zu vertreten sind. Ein Ersatzanspruch auf den entgangenen Gewinn ist, anders als nach BGB, nur bei Vorsatz oder grober Fahrlässigkeit möglich.

Zu einem Stillstand der Bauausführungen kann es bei jeder langzeitigen Bauerrichtung kommen. Im Gegensatz zum BGB-Werkvertragsrecht bestimmt die VOB/B ausdrücklich, wie die Vertragsparteien damit umgehen sollen. Durch die konkreten Regelungen zur Anzeigepflicht, Fristverlängerung, Förderungspflicht, Abrechnung der ausgeführten Leistungen sowie Kündigung wird eine gewisse Sicherheit bei der Rechtsanwendung gewährleistet, wenn es zu Unterbrechungen der Bauausführung kommt.

f. Gefahrverteilung während der Ausführung

Die VOB/B sieht bei den Regelungen zur Herstellungsphase eine besondere Gefahrverteilung in Bezug auf die Vergütung vor. Die Gefahr geht zwar nach § 12 Abs. 6 ebenso wie gemäß § 644 I 1 BGB grundsätzlich mit der Abnahme über. § 7 Abs. 1 macht davon aber eine Ausnahme, wenn die bereits „*ausgeführte Leistung durch höhere Gewalt, Krieg, Aufruhr oder andere objektiv unabwendbare vom Auftragnehmer nicht zu vertretende Umstände beschädigt oder zerstört*“ wird. In den genannten Fällen erhält der Auftragnehmer kraft eines Verweises auf § 6 Abs. 5 einen eingeschränkten Vergütungsanspruch; er kann die ausgeführten Leistungen nach Vertragspreisen abrechnen und Ersatz der bereits angefallenen Kosten für die nicht ausgeführten Teile verlangen.

Mit dem besonderen Vergütungsrisiko in § 7 Abs. 1 soll der Tatsache Rechnung getragen werden, dass die Bauausführung nicht in einer abgeschlossenen Einrichtung des Auftragnehmers erfolgt und daher den genannten Risiken in einem besonders starken Maße ausgesetzt ist.[500] Obwohl bei der Schaffung des BGB von 1900 eine vergleichbare Regelung vorgeschlagen wurde,[501] hat der Gesetzgeber hiervon abgesehen: „*Gegen sie spreche im Allgemeinen, daß ein früherer Gefahrübergang als mit dem Zeitpunkte der Abnahme zu heiklen und oft ergebnislosen Streitigkeiten darüber führe, ob das Werk zur Zeit des Eintrittes des dasselbe beschädigenden oder zerstörenden Zufalles sich in vertragsmäßigem*

---

499 BGH NZBau 2004, 432, 433.

500 Beck'scher VOB-Komm./Rüßmann B (2013) Vorb. § 7 Rn. 23; NWJS/Jansen, VOB/B § 7 Rn. 5.

501 Protokolle, S. 2249.

Zustande befunden habe"[502]. Außerdem kamen Bedenken gegen den Begriff der höheren Gewalt auf.

g. Zwischenergebnis

Widmet man sich den Regelungen der VOB/B zum Erfüllungsstadium, stellt man fest, dass diese sowohl dem Auftraggeber als auch dem Auftragnehmer konkrete Pflichten auferlegt und Rechte gewährt. Das Stadium vor der Abnahme wird von der VOB/B deutlich detaillierter geregelt als im BGB. Zugrunde liegt eine andere Vorstellung von der Natur des Bauvertrages: Er wird als Vertrag mit Kooperations-, Rahmen- und Langzeitcharakter aufgefasst. Durch die Mitwirkungspflichten der VOB/B wird dem Kooperationsbedarf Rechnung getragen. Die Möglichkeiten zu den Änderungsanordnungen und Anpassungen geben dem Bauvertrag das Gepräge einer Rahmenvereinbarung. Die Aufgliederung der Bauleistung in unterschiedliche Phasen entspringt der Einsicht, dass die Dauer der Vertragsbeziehungen dies erfordert. Durch die Kontrollmechanismen, Selbsthilferechte und Vorschriften zur Behinderung der Ausführung oder zur Gefahrenverteilung wird die Herstellungsphase gebührend berücksichtigt.[503]

3. Die schwierige Einordnung der Werkausführung

Die unzureichende Berücksichtigung der Herstellungsphase im BGB-Werkvertragsrecht hängt damit zusammen, dass die Einordnung der Werkausführung durchaus dogmatische Schwierigkeiten bereitet. Es stellt sich insbesondere die Frage, welche Bedeutung der Herstellungspflicht zukommt. Nach dem Vorbild der Unterscheidung zwischen dem Schuldverhältnis im engeren und weiteren Sinne kann man auch die Herstellung in einem engeren und im weiteren Sinne verstehen. Während mit der ersteren die Verschaffung des vollendeten Werkes gemeint ist, umfasst die letztere neben der Verschaffung noch die Herstellungstätigkeit oder die Werkausführung. Es besteht kein Zweifel daran, dass die Verschaffungspflicht die Hauptleistungspflicht des Unternehmers darstellt. Die Zuordnung der Tätigkeitspflicht dagegen ist umstritten. Ob sie zu den Hauptleistungs-, Nebenleistungs-, Rücksichts- oder Leistungstreuepflichten einzuordnen ist, wirkt sich gravierend auf die Rechtsfolgen der Pflichtverletzung und auch auf die Durchsetzung des entsprechenden Anspruchs aus.[504] Das ist auch mit Blick auf die Selbstvornahme nach § 637 relevant.

---

502 Protokolle, S. 2253 f.

503 Schmid, Bauvertrags, S. 16 ff.

504 Vgl. Gernhuber, Schuldverhältnis, § 2 IV 2–3.

a. Der Charakter der Werkausführung

Die dogmatische Erfassung der Werkausführung spielt eine entscheidende Rolle bei der Bestimmung, wie die Herstellungsphase und -pflicht zu behandeln sind. Hierbei kommen zwei mögliche Lösungen in Betracht: Entweder stellt die Werkausführung im rechtlichen Sinne eine schlichte Vorbereitungshandlung dar, oder sie ist schon als Leistungshandlung zu verstehen.[505]

Ausgehend von der Vorstellung eines punktuellen Leistungsaustauschs, will der überwiegende Teil der Lehre den Arbeiten des Unternehmers lediglich einen vorbereitenden Charakter zuschreiben.[506] Zur Begründung werden die Erfolgsbezogenheit des Werkvertrages und die Bindung der Vergütung an die Abnahme angeführt.

Die hier vertretene Auffassung geht davon aus, dass die Werkausführung nicht nur den Erfolgseintritt vorbereitet, sondern schon ein Teil seiner Leistung ist.[507] Dies folgt aus dem Leistungsbegriff des allgemeinen Schuldrechts. Weder die Leistungshandlung, die das Gläubigerinteresse noch nicht erschöpft, noch der Leistungserfolg, der ohne die Leistungsbemühung des Schuldners eintritt, stellen für sich genommen „Leistung" dar. Die Erfüllung tritt erst dann ein, wenn der Leistungserfolg infolge des Leistungsverhaltens des Schuldners erreicht wird. Dies gilt nicht nur für die Leistung nach § 241 I, sondern auch für die Leistung i.S.d. § 362 I BGB. Denn es ist anerkannt, dass der bloße Eintritt des Leistungserfolgs noch nicht für die Erfüllung der Verpflichtung genügt, vielmehr Unmöglichkeit vorliegt, wenn er ohne Zutun des Schuldners erreicht wird.[508] Hieran vermag auch die Erfolgsbezogenheit des Werkvertrages nichts zu ändern. Sie besagt nur, dass die Leistung des Schuldners auf einen vereinbarten Erfolg ausgerichtet ist und die Erfüllung erst mit dem Eintritt des Erfolges eintritt. Diese darf hier jedoch ebenso wenig wie sonst auch in der Form missverstanden werden, dass ausschließlich Erfolg an sich geschuldet wäre.[509] Die Erfolgsbezogenheit verweist lediglich auf die Risikoverteilung, die dazu

---

505 Vgl. Greiner, AcP 211, 221, 250 f.

506 Voit, BauR 2011, 1063, 1065 f.; Oetker, Dauerschuldverhältnis, S. 156; Peters, FS Korbion, S. 337, 340 f.; Leitzke, BauR 2008, 914; Messerschmidt/Voit – v. Rintelen § 631 BGB Rn. 80; Kohler, Bürgerlichen, S. 355, 362, 367.

507 Matz, Konkretisierung, S. 52, 71 ff.; Ähnlich so Greiner, AcP 211, 221, 254.

508 S. 1. Abschnitt, C, II und III.

509 Matz, Konkretisierung, S. 51.

führt, dass der Unternehmer im Falle des Scheiterns des Werkerfolges mit leeren Händen dasteht.[510]

Wenn § 631 II BGB von der Herbeiführung eines Erfolges spricht, die durch Arbeit oder Dienstleistung geschieht, wird damit das Leistungsverhalten des Unternehmers eigens in Bezug genommen. Dass es gewöhnlich nicht hinreichend berücksichtigt wird, dürfte der Nähe zum Kaufrecht geschuldet sein. Zwar ist auch dort ein Verhalten des Verkäufers geschuldet. Dies tritt jedoch gegenüber dem Erfolg von Besitzübergang, Eigentumserwerb und Mangelfreiheit in den Hintergrund. Ganz anders ist es beim Werkvertrag. Es liegt in der Natur des Werkvertrags, dass das herzustellende Werk typischerweise noch nicht vorhanden ist und es daher eines besonderen Tätigkeitwerdens des Unternehmers bedarf. Dieser hat sich Zeit zu lassen und Mühe zu geben, um die Herstellung zu tätigen. Auch in den verschiedenen Gesetzesmaterialien zum alten und neuen Werkvertragsrecht[511] wurde der Unternehmer schon mehrmals für vorleistungspflichtig erklärt. Zu dieser Einschätzung kann man nur kommen, wenn man die Tätigkeit des Unternehmers in den Blick nimmt.

b. Der Stellenwert der Tätigkeitspflicht

Die Leistungspflichten zerfallen in Haupt- und Nebenleistungspflichten. Die Hauptleistungspflichten geben dem Schuldverhältnis ihren Charakter. Sie sind vertragstypusbestimmend, und erlauben eine Abgrenzung gegenüber anderen Vertragsarten. Danach ist die Tätigkeit des Unternehmers Gegenstand einer Hauptleistungspflicht. Wie seine Verschaffungspflicht den Werkvertrag vom Dienstvertrag unterscheidet, trennt ihn die Tätigkeitspflicht vom Kaufvertrag.[512]

Hauptleistungspflichten stehen gewöhnlich in einem synallagmatischen Verhältnis.[513] Auch dies lässt sich für die Tätigkeitspflicht des Unternehmers bejahen.[514] Denn die Vergütung wird beim Werkvertrag regelmäßig nach dem Herstellungsaufwand berechnet[515] und orientiert sich weniger am Wert des

---

510 Greiner, AcP 211, 221, 242; Greiner, Besonderer, Rn. 80, 83; AnwKommBGB/Lederer/Raab Vor §§ 631 ff. Rn. 36.

511 Mot. Bd. II, S. 492; BT-Drucks. 14/1246, S. 5; BT-Drucks 18/11437, S. 42.

512 Schmid, Bauvertrags, S. 5; Weingart, NZBau 2019, 342, 347; Erman/Schwenker/Rodemann Vor § 631 Rn. 4 f.

513 Weller, Vertragstreue, S. 239; Gernhuber, Schuldverhältnis, § 2 III 4–5.

514 Vgl. Jauernig/Mansel BGB § 631 Rn. 1, der die Herstellung und Verschaffung mit der Vergütung verbunden sieht. S. a. BeckOGK BGB/Merkle § 631 Rn. 1.

515 Staudinger/Peters § 631 BGB Rn. 14; AnwKommBGB/Lederer/Raab Vor §§ 631 ff. Rn. 31.h

Erfolges wie bei dem Kauf.[516] Darüber hinaus werden Abschlagszahlungen für die erbrachten Leistungen des Unternehmers erbracht und sodann von der Gesamtvergütung abgezogen. Daher ist die Tätigkeitspflicht als eine Hauptleistungspflicht einzustufen.[517]

Ein Bedenken gegen den Hauptpflichtcharakter könnte sich aus der fehlenden Klagbarkeit der Tätigkeitspflicht ergeben. Diese Beschränkung ist aber nur die Folge der Dispositionsfreiheit des Unternehmers: Er besitzt in der Regel Fachkunde und soll es deshalb in der Hand haben zu entscheiden, wie er den geschuldeten Erfolg erreichen will.[518] Dies bedeutet aber kein Hindernis für die Annahme einer Hauptleistungspflicht.

IV. Selbstvornahme vor dem Fälligkeitszeitpunkt

Das BGB-Werkvertragsrecht leidet an seiner Grundstruktur, die von dem Konzept des einmaligen Leistungsaustausches ausgeht und die dem Erfolg vorangehende Herstellungsphase nur durch einzelne Regelungen berücksichtigt. Die Rechtsposition des Bestellers vor der Abnahme weist damit eine eklatante Schwäche auf. Auch wenn man das Selbstvornahmerecht nach § 637 BGB von der Abnahme entkoppelt, gelangt man doch nicht zu einer Eingriffsmöglichkeit des Bestellers in den Herstellungsprozess. Bis zur Fälligkeit des Erfüllungsanspruchs wird lediglich das Beschaffungsinteresse des Bestellers im Wege des Rücktrittsrechts wegen antizipierter Vertragsverletzung nach § 323 IV und mit dem Kündigungsrecht wegen Unzumutbarkeit durch § 648a geschützt. Es bleibt damit eine Schutzlücke hinsichtlich der Eingriffsmöglichkeiten des Bestellers vor der Fälligkeit des Erfüllungsanspruchs.

Im werkvertraglichen Schrifttum wird im Blick auf die Unvollständigkeit der Regelungen zur Herstellungsphase hin und wieder der Grundsatz von Treu und Glauben angedeutet; der Schuldner sei zu einer sinnvollen Durchführung des Vertrags verpflichtet, er habe schon vorher Mängel zu vermeiden. Außerdem lassen sich viele Pflichten und Rechte, die die VOB/B zu einer sachgerechten Ausführung vorsieht, aus dem Gebot Treu und Glauben herleiten. Hierfür haben sich bisher das Gestaltungsrecht des Auftraggebers aus § 1 Abs. 4 VOB/B, das Kündigungsrecht wegen der längeren Dauer der Unterbrechung aus § 6 Abs. 7 VOB/B oder die Haftungsbefreiung des Auftragnehmers nach § 13 Abs. 3 VOB/B bei der Erfüllung seiner Mitteilungspflicht aus § 4 Abs. 3

516 Matz, Konkretisierung, S. 164.

517 So bereits Erman/Schwenker/Rodemann § 631 Rn. 29.

518 Vgl. BGH NJW-RR 1997, 1106; NJW-RR 1988, 208, 210.

VOB/B angeboten. Somit seien sie auch auf das BGB-Werkvertragsrecht übertragbar. Es stellt sich dann die Frage, ob der Grundsatz von Treu und Glauben auch für ein Selbstabhilferecht während der Ausführung einzusetzen ist.

Die Heranziehung des Gebots Treu und Glaubens erweist sich schon deshalb als problematisch, weil die Vorschriften zum Werkvertrag insoweit keine Regelungslücke aufweisen. Dass kein Selbstvornahmerecht des Bestellers während der Ausführung erwähnt ist, lässt sich als ein „beredtes Schweigen" des Gesetzgebers verstehen, wenn man die Vorschläge und weiteren Reformbestrebungen zum Werkvertrag in den Blick nimmt. Insbesondere mit Rücksicht auf Bauverträge wurde mehrmals auf das Bedürfnis nach einer klaren Regelung für den Fall hingewiesen, dass schon während der Ausführung Leistungsdefizite entstehen. Demzufolge müsste der Gesetzgeber dem besonderen Interesse des Bestellers, die Leistungsdefizite unmittelbar nach ihrer Erkennung bereits während der Ausführung als beseitigt zu wissen, Rechnung tragen. Einen Regelungsvorschlag in Bezug auf einen Beseitigungsanspruch während der Ausführung machte zunächst im Jahr 2001 das Institut für Baurecht Freiburg. Diesem wurde im Jahr 2010 beim 3. Deutschen Baugerichtstag und im Jahr 2013 von der Arbeitsgruppe Bauvertragsrecht beim BMJ gefolgt. Daraus lässt sich schließen, dass der Gesetzgeber auf diese Hinweise bewusst nicht reagiert und die Herstellungsphase vor dem Fälligkeitszeitpunkt somit allein bei §§ 323 IV und 648a gelassen hat.

Es stellt sich noch die Frage, ob der Grundsatz Treu und Glauben ausnahmsweise im Hinblick auf die Leistungstreuepflichten herangezogen werden könnte. Denn „der *gerechte Ausgleich widerstreitender Belange kann in manchen Fällen ein Hinausgehen über die gesetzliche Regelung erfordern*"[519]. Das Gebot der Leistungstreue erzeugt ein Pflichtenbündel von leistungsbezogenen Verhaltenspflichten. Im Werkvertragsrecht ist danach zu suchen, welches Verhalten sich bei einer ex-ante-Betrachtung zu der Herbeiführung des Werkerfolges als erforderlich erweist. Macht die Herbeiführung des Erfolgs die Vermeidung vor vertragswidrigen Ausführungen und die Beseitigung der Störungen an der Vertragsabwicklung nötig, umfasst die Erfolgsverpflichtung auch die Beseitigungshandlung. Nicht jede Abweichung von der Herbeiführung des Erfolges soll aber einen Verstoß gegen Leistungstreue darstellen, weil ansonsten die Dispositionsfreiheit des Unternehmers unangemessen beschränkt werden würde. Die Verletzung einer Leistungstreuepflicht lässt sich fast nur dann annehmen, wenn der Unternehmer seine Erfüllungspflicht unberechtigt leugnet. In diesem Fall erübrigt sich die Hinzuziehung der Leistungstreuepflicht aber schon im

519 BGH NJW 1977, 1447, 1448.

Hinblick auf §§ 323 IV und 648a. Daraus lässt sich dann doch kein Selbstvornahmerecht begründen.

C. Die Erkenntnisse des zweiten Abschnitts

Schwerpunkt der Selbstvornahme vor der Abnahme ist die Kostenfrage: Bei einer berechtigten Selbstvornahme stehen dem Besteller neben § 637 noch der Schadensersatzanspruch nach §§ 634, 636, 280, 281 und die Minderung nach § 638 zur Verfügung. Dagegen ist der Rückgriff auf die weiteren Mängelrechte aus § 634 nach einer eigenmächtigen Selbstvornahme nicht möglich. Sie entfalten aber keine Sperrwirkung für einen Ausgleich jenseits des Vertragsrechts. Dieser erfolgt im Wege der Verwendungskondiktion, zu der auch der für den Fall der unberechtigten Geschäftsführung ohne Auftrag vorgesehene Verweis in § 684 führt. Der Vorrang der Nacherfüllung spielt hier keine Rolle, weil es nicht um die Erreichung des Vertragsziels des Werkvertrags geht. Das hierdurch geschützte materielle Interesse des Unternehmers ist dadurch gewahrt, dass sich der Regress auf die bei ihm eingetretene Ersparnis beschränkt; und sein immaterielles Interesse an der Werkherstellung hat schon wegen der Möglichkeit einer Drittleistung nach § 267 keine Rücksicht verdient. Die bereicherungsrechtliche Lösung steht in Einklang mit den Ergebnissen, zu denen man sowohl im Mietrecht als auch bei anderen außervertraglichen Verpflichtungen kommt.

Aus rechtspolitischer Sicht ist die gesetzliche Handhabung des Werkvertrages im Hinblick auf die Herstellungsphase kritisch zu bewerten. Der Werkvertrag weist eine Eigenart auf, durch die er sich grundlegend vom Kaufvertrag unterscheidet, namentlich dass das geschuldete Werk vor seiner Verschaffung an den Besteller noch herzustellen ist. Die bisherige Ausgestaltung des BGB-Werkvertragsrechts ist zu einseitig auf punktuellen Austausch der Werkleistung gegen die Vergütung fixiert, wodurch die Abnahme zu stark in den Vordergrund rückt. Dem Tätigkeitsmerkmal wird zwar durch einige Vorschriften über das Verhältnis der Vertragsparteien während der Herstellung Rechnung getragen. Diese bleiben aber im Hinblick auf Langzeitverträge unzureichend. Eine Gegenüberstellung des BGB-Werkvertragsrechts mit der VOB/B lässt deutlich werden, dass sich die Herstellungsphase besser bewältigen lässt, wenn die Werkausführung schon als Teil der Leistung und Gegenstand einer Haupflicht des Unternehmers erfasst wird. Darüber hinaus lässt sich beim BGB-Werkvertragsrecht eine Schutzlücke für den Besteller vor dem Fälligkeitszeitpunkt erkennen, welche mithilfe des Grundsatzes Treu und Glauben nicht zu schließen ist.

Dritter Abschnitt: Selbstvornahmerecht während der Werkherstellung de lege ferenda

Die Herstellungsphase im BGB-Werkvertragsrecht bleibt aufgrund ihrer besonderen Struktur de lege lata problematisch. Die Rechtsprechung zum zeitlichen Anwendungsbereich der Mängelrechte einerseits und das Fälligkeitsproblem andererseits führen zu einer problematischen Handhabung der Bestellerinteressen. Es wird de lege ferenda zu prüfen sein, wie dem Besteller am besten geholfen werden kann.

A. Die bisherigen Lösungsvorschläge und ihre Bewertung

In der Rechtswissenschaft wurde mehrmals auf das Schutzbedürfnis des Bestellers hingewiesen und zu seinen Gunsten eine Regelung zum Selbstvornahmerecht vor der Abnahme vorgeschlagen. Die im Folgenden darzustellenden Vorschläge und Empfehlungen haben alle gemein, dass sie Bauleistungen in den Blick nehmen und die Mängelrechte während der Ausführung gesondert geregelt wissen wollen.

I. Ergänzungsentwurf von Kraus, Vygen, Oppler

1999 wurde ein Gesetzesentwurf zur Beschleunigung fälliger Zahlungen im Bundestag vorgelegt, der dazu dienen sollte, Unternehmer vor Liquiditätsschwierigkeiten zu bewahren.[520] Hierfür werden hauptsächlich das Recht auf die Abschlagszahlungen für in sich abgeschlossene Teile des Werkes, die Abnahmefiktion, die Beschränkung der Abnahmeverweigerung auf die nicht wesentlichen Mängel und eine Schadensersatzpauschale für den Fall des Rücktritts wegen der Verweigerung der Bauhandwerksicherungsbürgschaft in Betracht gezogen. Von Seiten des Schrifttums haben Kraus, Vygen und Oppler einen Ergänzungsentwurf zu diesem Gesetzesentwurf erarbeitet. Danach sollte auch eine Regelung über Mängel von Bauleistungen aufgenommen werden.[521] Sie sollte in ihrem Absatz 1 lauten:

520 BT-Drucks. 14/1246, S. 1.

521 Kraus, Vygen, Oppler, BauR 1999, 964, 965.

„§ 648 e (Mängel der Bauleistung)
(1) Mängel, die bereits vor der Abnahme erkannt werden, hat der Unternehmer unverzüglich zu beseitigen. Kommt er dieser Pflicht nicht nach, kann ihm der Besteller eine angemessene Frist zur Beseitigung des Mangels setzen und nach deren Ablauf den Mangel auf Kosten des Unternehmers beseitigen lassen oder ihm eine Nachfrist setzen mit der Erklärung, dass er nach deren Ablauf den Vertrag kündige. Die Kündigung hat schriftlich zu erfolgen.“[522]

In Anlehnung an § 4 Abs. 7 VOB/B, wonach der Auftraggeber einer Bauleistung die Mangelbeseitigung bereits während der Ausführung verlangen kann, sollte § 648e des Ergänzungsentwurfs dem Besteller Handhabe dafür schaffen, dass bereits während der Herstellung erkannte Mängel zeitnah beseitigt werden.[523] Die Selbstvornahme und die Kündigung sollten dabei in einem Alternativverhältnis zueinanderstehen.

II. Freiburger Ergänzungsentwurf aus 2001

Im Rahmen der Diskussion über die Schuldrechtsmodernisierung 2002 hat das Institut für Baurecht Freiburg im Jahre 2001 einen baurechtlichen Ergänzungsentwurf erstellt und empfohlen, baurechtspezifische Vorschriften im Gesetzgebungsverfahren ins BGB-Werkvertragsrecht aufzunehmen.[524] Dabei sollten die Mängelrechte des Bauherrn vor der Abnahme in E § 3, der wiederum dem Vorbild von § 4 Abs. 7 VOB/B folgt, so geregelt werden, dass ein Bauherr bereits während der Herstellung eine geeignete Handhabe zur Beseitigung von Baumängeln hat.[525] Die einschlägige Regelung sollte lauten:

„Mängel, die bereits während der Herstellung erkannt werden, hat der Unternehmer unverzüglich zu beseitigen. Kommt er dieser Pflicht nicht nach, kann ihm der Besteller eine angemessene Frist zur Beseitigung des Mangels setzen und nach deren Ablauf den Mangel auf Kosten des Unternehmers beseitigen lassen oder den Vertrag ganz oder teilweise kündigen, wenn er dem Unternehmer erfolglos eine angemessene Frist zur Vertragserfüllung bestimmt und dabei die Kündigung angedroht hat. § 323 I 2 und II sind entsprechend anzuwenden.“[526]

Der Arbeitskreis des Freiburger Instituts für Baurecht ließ sich bei diesem Regelungsvorschlag vor allem von dem Ziel leiten, einem Besteller zu ersparen, dass Nachunternehmer auf die fehlerhaften Leistungen des Vorunternehmers

522 Kraus, Vygen, Oppler, BauR 1999, 964, 966.
523 Kraus, Vygen, Oppler, BauR 1999, 964, 969.
524 Kapellmann, NZBau 2001, 183, 184.
525 Kapellmann, NZBau 2001, 183, 187.
526 Kapellmann, NZBau 2001, 183, 184.

aufbauen.[527] Denn die Mangelbeseitigung ist später häufig unmöglich oder nur mit höheren Kosten möglich. Außerdem kann die Feststellung der Mangelursache Probleme bereiten, wenn bei demselben Vorhaben mehrere Unternehmer tätig sind.

III. Empfehlungen des 3. Deutschen Baugerichtstages

Im Jahr 2010 ist auf dem 3. Deutschen Baugerichtstag die Frage behandelt worden, ob sich die Entwicklung eines gesetzlichen Bauvertragsrechts empfiehlt. In diesem Rahmen wurden die Mängelrechte des Bestellers einer Bauleistung vor der Abnahme geprüft. Der Arbeitskreis I für Bauvertragsrecht fand die Interessen des Bestellers in diesem Bezug nicht ausreichend berücksichtigt. Er sprach eine Empfehlung für die Gewährung eines Selbstvornahmerechts vor der Abnahme aus, sofern die Erfüllung durch die Werkausführung des Unternehmers gefährdet wird:

> *„Bei nicht vertragsgemäßer Herstellung stehen dem Besteller vor Abnahme nicht die werkvertraglichen Mängelrechte der §§ 633 ff. BGB zu, sondern aus dem allgemeinen Leistungsstörungsrecht herzuleitende Ansprüche wegen Erfüllungsgefährdung. Bei einer den Erfüllungserfolg gefährdenden vertragswidrigen Ausführung soll dem Besteller ein Selbstbeseitigungsrecht mit einem daraus herzuleitenden Kostenerstattungs- und Vorschussanspruch zugebilligt werden.“*[528]

So wurde das Selbstvornahmerecht von den werkvertraglichen Mängelrechten aus §§ 633 ff. BGB unterschieden. Es ist in Anlehnung an § 323 IV als ein modifiziertes Leistungsstörungsrecht für die Fälle der Erfüllungsgefährdung gestaltet worden.[529] Eine Fristsetzung ist nicht vorausgesetzt.

IV. Ergänzungen der Arbeitsgruppe Bauvertragsrecht beim Bundesministerium der Justiz

2010 hat das BMJ die Arbeitsgruppe Bauvertragsrecht mit der Aufgabe gegründet, Problembereiche im Bauvertragsrecht zu identifizieren und Vorschläge für eine gesetzgeberische Abhilfe zu machen. 2013 hat die Arbeitsgruppe

527 Kapellmann, NZBau 2001, 183, 187.

528 https://baugerichtstag.de/wp-content/uploads/2019/03/3ak_I.pdf, S. 2 (Stand: 13.06.2024).

529 Vgl. 3. Deutscher Baugerichtstag, Thesenpapier, Arbeitskreis I – Bauvertragsrecht, S. 10 https://baugerichtstag.de/wp-content/uploads/2019/03/3ak-t_alle.pdf (Stand: 19.04.2024).

Bauvertragsrecht ihren Abschlussbericht vorgelegt, worin auch in Bezug auf Mängelregelungen Ergänzungen empfohlen werden.

Zunächst wurde die Klarstellung gewünscht, dass die eigentlichen Mängelrechte dem Besteller erst nach der Abnahme zustehen.[530] Davor würde der Besteller dann auf seine allgemeinen Leistungsstörungsrechte angewiesen sein. Es wurde aber anerkannt, dass sich ein Baumangel mit zunehmendem Baufortschritt immer schwerer beseitigen lässt.[531] Daher sollen dem Bauherrn ausnahmsweise erweiterte Rechte zustehen, wenn durch die Abweichung von der vertragsgemäßen Leistung die Erfüllung gefährdet wird.[532] Vorgeschlagen wurde, dass der Bauherr zuerst mit einer Fristsetzung die Beseitigung der vertragswidrigen Ausführung verlangen und nach dem erfolgslosen Ablauf entweder die Beseitigung auf Kosten des Unternehmers selbst vornehmen oder erklären kann, dass er den Vertrag ganz oder teilweise kündige.[533] Selbstvornahme und Kündigung sollten also in einem Alternativverhältnis stehen.

V. Die Regelungsvorschläge in der Lehre

Weitere Regelungsvorschläge in Bezug auf das werkvertragliche Selbstvornahmerecht sind von einzelnen Autoren gemacht worden. Zu erwähnen ist einerseits der Regelungsentwurf von Jansen, andererseits der von Schlier.

1. Der Vorschlag von Jansen

Jansen hat in ihrer Dissertation[534] die Mängelrechte des Bestellers im BGB-Werkvertragsrecht vor Abnahme behandelt und in Bezug auf den zeitlichen Anwendungsbereich Gesetzesergänzungen vorgeschlagen. Ihr zufolge sollten die werkvertraglichen Mängelrechte grundsätzlich erst nach der Abnahme anwendbar sein und § 634 dahingehend modifiziert werden:

„Ist das Werk mangelhaft, kann der Besteller *nach Abnahme der Werkleistung oder anderweitigem Gefahrübergang*, wenn die Voraussetzungen der folgenden Vorschriften vorliegen und soweit nicht ein anderes bestimmt ist,

530 Abschlussbericht, 2013, S. 41.
531 Abschlussbericht, 2013, S. 42.
532 Abschlussbericht, 2013, S. 41.
533 Abschlussbericht, 2013, S. 41.
534 Kathrin Susanne Jansen: Die Mangelrechte des Bestellers im BGB-Werkvertrag vor Abnahme, Frankfurt am Main 2010.

1. nach § 635 Nacherfüllung verlangen,
2. nach § 637 den Mangel selbst beseitigen und Ersatz der erforderlichen Aufwendungen verlangen,
3. nach den §§ 636, 323 und 326 Abs. 5 von dem Vertrag zurücktreten oder nach § 638 die Vergütung mindern und
4. nach den §§ 636, 280, 281, 283, 311a Schadensersatz oder nach § 284 Ersatz vergeblicher Aufwendungen verlangen."[535]

Für die Zeit vor der Abnahme verweist Jansen den Besteller auf seine allgemeinen Leistungsstörungsrechte. Beim Vorliegen eines Mangels während der Bauausführung sollten aber dem Besteller angelehnt an § 323 IV[536] weitgehende Rechte als allgemeine Rechtsmittel gewährt werden:

> *„Mangelrechte des Bestellers während der Bauausführung*
> *(1) Tritt bei der Herstellung eines Bauwerks ein Mangel auf und ist aus der Art des Mangels oder aus den sonstigen Umständen zu schließen, dass der Unternehmer dem Besteller das Werk im Zeitpunkt der Abnahme nicht mangelfrei verschaffen wird, kann der Besteller schon während der Ausführung die Beseitigung dieses Mangels verlangen.*
> *(2) Beseitigt der Unternehmer den Mangel nicht innerhalb einer von Besteller gesetzten angemessenen Frist oder ist eine solche Fristsetzung aus den in § 323 Abs. 2, 636 BGB genannten Gründen entbehrlich, kann der Besteller nach vorheriger Androhung den Mangel selbst beseitigen und Ersatz der erforderlichen Aufwendungen verlangen. Die Androhung der Ersatzvornahme kann mit der Aufforderung zur Mangelbeseitigung und der Fristsetzung verbunden werden. Wird sie nachträglich erklärt, ist dem Unternehmer nochmals eine angemessene Frist zur Mangelbeseitigung zu setzen. Der Besteller kann von dem Unternehmer für die zur Beseitigung des Mangels erforderlichen Aufwendungen Vorschuss verlangen.*
> *(3) Statt den Mangel selbst zu beseitigen, kann der Besteller den Vertrag auch kündigen. Die Kündigung kann auf einen in sich abgrenzbaren Teil der Leistung beschränkt werden."*[537]

Damit wird die Selbstvornahme während der Herstellung nur bei einem Bauwerk und im Fall einer Erfüllungsgefährdung zugelassen. Vorausgesetzt sind hierfür die Aufforderung zur Mangelbeseitigung, die Fristsetzung und Androhung zur Selbstvornahme. Alternativ kommt die Kündigung zum Zuge.

---

535 Jansen, Mangelrechte, S. 152.
536 Jansen, Mangelrechte, S. 144.
537 Jansen, Mangelrechte, S. 153.

2. Der Vorschlag von Schlier

Schlier hat im Rahmen seiner Dissertation[538] die Mängelrechte vor der Abnahme im BGB-Bauvertrag untersucht und ist zum Ergebnis gekommen, dass die werkvertraglichen Mängelrechte allgemein erst mit der Abnahme geltend zu machen seien. Dies trage aber den Besonderheiten des Bauvertrages keine ausreichende Rechnung, weshalb es einer Reform bedürfe. Schlier verlangt zunächst einen zeitlich unterschiedlichen Anwendungsbereich für die Gewährleistungsrechte bei Bauverträgen und allgemeinen Werkverträgen und stellt bei Bauverträgen grundsätzlich auf den Fertigstellungszeitpunkt ab. Dafür müsste § 634 wie im Folgenden modifiziert werden:

> *„(1) Zeigt sich bei einem Werk, das kein Bauwerk ist, nach der Abnahme ein Mangel, kann der Besteller, wenn die Voraussetzungen der folgenden Vorschriften vorliegen und soweit nicht ein anderes bestimmt ist,*
>
> 1. *nach § 635 Nacherfüllung verlangen,*
> 2. *nach § 637 den Mangel selbst beseitigen und Ersatz der erforderlichen Aufwendungen verlangen,*
> 3. *nach den §§ 636, 323 und 326 Abs. 5 von dem Vertrag zurücktreten oder nach § 638 die Vergütung mindern und nach den §§ 636, 280, 281, 283 und 311a Schadensersatz,*
> 4. *oder nach § 284 Ersatz vergeblicher Aufwendungen verlangen.*
>
> *(2) Wenn der Vertrag die Errichtung eines Bauwerks zum Gegenstand hat und das Werk im Zeitpunkt der Fälligkeit mangelhaft ist, kann der Besteller,*
>
> 1. *nach § 635 Nacherfüllung verlangen,*
> 2. *Nach § 637 den Mangel selbst beseitigen und Ersatz der erforderlichen Aufwendungen verlangen. Für die erforderlichen Aufwendungen steht dem Besteller ein Recht auf Vorschuss gemäß § 637 Abs. 3 zu.*
> 3. *Vom Vertrag nach § 323 oder § 326 Abs. 5 zurücktreten, Schadensersatz nach §§ 280, 281, 283, 311a oder Aufwendungsersatz nach § 284 verlangen.*
> 4. *Nach § 638 die Minderung erklären. Erklärt der Bauherr vor Fertigstellung des Bauwerks die Minderung, so ist er nicht berechtigt aufgrund des zur Minderung berechtigenden Mangels die Abnahme zu verweigern.“*[539]

Damit wird der Zeitpunkt der Geltendmachung werkvertraglicher Mängelrechte für Bauverträge von demjenigen für andere Werkverträge unterschieden. Dies wird hauptsächlich damit begründet, dass das Bauwerk häufig auf

538 Thorsten Schlier: Mängelrechte vor der Abnahme im BGB-Bauvertrag, Überlegungen de lege lata und de lege ferenda, Baden-Baden 2017.

539 Schlier, Mängelrechte, S. 197 f.

dem Grundstück des Bestellers errichtet wird und dieser ein erhöhtes Interesse an der mangelfreien Herstellung hat.[540] Durch den Fertigstellungstermin als maßgeblichen Zeitpunkt sollen die Interessen beider Parteien berücksichtigt werden: einerseits kann sich der Besteller schon vor der Abnahme um die Mangelbeseitigung kümmern, andererseits bleibt die Dispositionsfreiheit des Unternehmers bis zur Fälligkeit des Erfüllungsanspruchs bewahrt. Darüberhinausgehend nimmt Schlier solche Fälle in den Blick, in denen vor Fälligkeit schwerwiegende Mängel auftreten, und schlägt dafür die Ergänzung der Regelung des § 633 um ein Beseitigungsrecht vor:

> *„Abs. 4)*
> *Ist die Werkleistung bereits vor Erreichen des Fertigstellungstermins mit einem Mangel behaftet und ist nach der Art des Mangels oder aus sonstigen Umständen offensichtlich, dass der Unternehmer diesen Mangel bis zum Erreichen des Fertigstellungstermins nicht behoben haben wird und, so kann der Besteller unverzüglich die Beseitigung des Mangels durch den Unternehmer verlangen. Satz 1 gilt entsprechend, wenn der Unternehmer innerhalb einer ihm durch den Besteller gesetzten angemessenen Frist keine Erklärung über seine Leistungsbereitschaft und Leistungsfähigkeit abgibt. Bestehen auch nach der Erklärung des Bauunternehmers berechtigte Zweifel an der vertragsgemäßen Erfüllung zum geschuldeten Fertigstellungstermin fort, so sollen sich die Parteien über die Einholung eines Schiedsgutachtens verständigen.“*[541]

Dabei handele es sich nicht um das originäre Nacherfüllungsrecht, sondern eher um das Erfüllungsrecht. Dieses soll dann nur anlehnend an § 323 IV im begrenzten Fall geltend gemacht werden.[542] Hierfür muss die Erfüllung entweder durch die Ausführung des Unternehmers oder seine Untätigkeit innerhalb der Frist gefährdet sein. In solchen Fällen soll der Besteller in der Lage sein, unverzüglich die Mangelbeseitigung zu verlangen. Anlehnend an § 637 soll aber das Beseitigungsrecht mit einem Selbstvornahmerecht unterstützt werden, wobei die Vorschläge in Betracht gekommen sind:

> *„Abs. 5)*
> *Kommt der Unternehmer dem Verlangen des Bestellers auf Mangelbeseitigung nicht innerhalb einer vom Besteller gesetzten angemessenen Frist nach, oder ist eine solche Fristsetzung gemäß § 323 Abs 2 BGB entbehrlich, so kann der Besteller den Mangel unter vorheriger Androhung nach § 637 BGB selbst beseitigen oder einen Drittunternehmer mit der Beseitigung beauftragen und vom Unternehmer Ersatz der entstandenen Kosten verlangen. Vor der Beseitigung des Mangels durch den Besteller ist dem*

540 Schlier, Mängelrechte, S. 201.
541 Schlier, Mängelrechte, S. 198.
542 Schlier, Mängelrechte, S. 165, 202.

Bauunternehmer die Möglichkeit zur sachgerechten Mangelfeststellung und dessen Dokumentation unter Setzung einer angemessenen Frist zu geben."[543]

„Abs. 6)
Der Besteller kann von dem Unternehmer für die zur Beseitigung des Mangels erforderlichen Aufwendungen Vorschuss verlangen."[544]

Schließlich wird diese Regelung in Bezug auf die Verjährung dahingehend ergänzt, dass auf diese Rechte die werkvertraglichen Verjährungsfristen angewendet werden sollen und für den Verjährungsbeginn gilt die Abnahme:

„§ 634 a
Dies gilt auch für die Rechte des Bestellers wegen Mängeln, die bereits während der Herstellung angezeigt wurden."[545]

VI. Bewertung der Vorschläge

Die hier dargestellten Vorschläge und Ergänzungen für ein Selbstvornahmerecht des Bestellers vor der Abnahme sind kritisch zu betrachten, weil diese nur Bauleistungen zum Gegenstand haben. Bei den Vorschlägen wird zwar davon ausgegangen, dass Bauleistungen im Grunde auf lange Dauer angelegt sind und somit in Bezug auf die Gewährleistung anders behandelt werden sollten als sonstige Werkleistungen, die historisch auf die punktuellen Handwerkarbeiten zugeschnitten sein sollten. Dies überzeugt allerdings deshalb nicht, weil die Art der Werkleistung nicht zwangsläufig an deren Dauer gebunden ist. So kann es sich bei den Bauwerkverträgen um eine kurzfristige Leistung handeln, während eine allgemeine Werkleistung noch länger dauern kann. Selbst der Gesetzgeber hat das Kündigungsrecht aus wichtigem Grund nach § 648a nicht auf die Bauverträge beschränkt, sondern im allgemeinen Werkvertragsrecht geregelt, damit auch andere Langzeitverträge berücksichtigt werden.[546] Auch die These, dass der historische Gesetzgeber bei der Gestaltung des BGB-Werkvertragsrechts nur kurzfristige Handwerkarbeiten im Blick hatte, geht fehl. Die Motive zum BGB von 1900 lassen gut erkennen, dass der Gesetzgeber durchaus auch an die Errichtung von Gebäuden gedacht hat.[547] Zwar ist das Risiko, das sich aus dem Zusammenwirken mehrerer Unternehmer ergibt, bei Bauvorhaben erhöht. Es ist aber auch in anderen Fällen denkbar, etwa bei der

543 Schlier, Mängelrechte, S. 198 f.
544 Schlier, Mängelrechte, S. 199.
545 Schlier, Mängelrechte, S. 199.
546 Vgl. BT-Drucks. 18/8486, S. 50 f.
547 Vgl. Mot. Bd. II, S. 476, 485, 487 ff.

Entwicklung komplexer Maschinen oder Systeme. Auch hier kann ein späterer Rückbau unter Umständen mit großen Schwierigkeiten verbunden sein, insbesondere wenn es zu einem Eigentumsübergang durch Verbindung gekommen ist. So kann eine komplizierte Reparaturleistung in manchen Fällen nicht rückabgewickelt werden. Daher besteht keine Rechtfertigung dafür, die Einführung erweiterter Bestellerrechte nur auf die Bauverträge zu beschränken.

Die Vorschläge zu einem frühzeitigen Selbstvornahmerecht orientieren sich alle am Rechtsgedanken von § 323 IV BGB und verlangen, dass die Erfüllung durch die Ausführung des Unternehmers ernsthaft und konkret gefährdet ist.[548] Damit wird versucht, die Dispositionsfreiheit des Unternehmers bis zu einer gewissen Grenze zu schützen. Zweifelhaft ist aber, ob das Kriterium der „konkreten Erfüllungsgefährdung" eine praktische Lösung bietet. Es fordert Streitigkeiten zwischen den Vertragsparteien geradezu heraus. Auch die vorgeschlagene Feststellung der Erheblichkeit eines Mangels durch ein Schiedsgutachten[549] dürfte die Auseinandersetzung nicht einfacher, sondern komplizierter machen. Statt durch besondere inhaltliche Voraussetzungen mit unklaren Rechtsbegriffen und schwierigen Verfahren lässt sich die Dispositionsfreiheit des Unternehmers einfacher durch Fristsetzungserfordernisse schützen.

Schließlich nehmen die dargestellten Vorschläge Abstand von § 8 Abs. 3 VOB/B, wonach der Auftraggeber zur Selbstbeseitigung des Mangels zuerst den Vertrag kündigen muss. Diese Entkoppelung von dem Kündigungserfordernis ist zu begrüßen, weil sie eine schwere Hürde für die Geltendmachung des Rechts auf Selbstvornahme bedeutet.[550] Einerseits kann die Kündigung des Gesamtvorhabens den Interessen des Bestellers zuwiderlaufen, wenn er mit den anderen als den mangelhaften Leistungen des Unternehmers schon zufrieden ist und nur den mangelhaften Teil beseitigen lassen möchte. Andererseits ist die Teilkündigung in der Praxis problematisch, weil die Beschränkung auf *„einen in sich abgeschlossenen Teil der vertraglichen Leistung"* Unsicherheiten verursacht. Schließlich bestehen Bedenken bei der Vergütungsabrechnung. Dies ist besonders bei einem Pauschalvertrag der Fall.[551] Aus diesen Gründen

---

548 Vgl. hierzu Klein, BauR 2015, 358 ff.

549 Schlier, Mängelrechte, S. 175 ff.

550 S. bereits den Änderungsvorschlag des Freiburger Instituts für Baurecht, BauR 1999, 699, 704 für die Gewährung der Kündigung als alternatives Recht in § 8 Nr. 3 VOB/B; Anders aber Jansen, Mangelrechte, S. 138 ff., die das Kündigungserfordernis für notwendig hält, weil dieses als Korrektiv für die Zubilligung eines Selbsvornahmerecht während der Herstellungsphase dienen soll.

551 Jansen, Mangelrechte, S. 139.

empfiehlt es sich nicht, die Selbstvornahme von der Geltendmachung der vorherigen Kündigung abhängig zu gestalten. Im Hinblick auf die neue gesetzliche Regelung bedarf es keiner Bestimmung dazu, dass der Besteller statt der Selbstvornahme auch kündigen kann. Die Kündigung bestimmt sich bereits nach § 648a.

B. Das Schweizer OR als Vorbild – ein anderes Verständnis

Interessant ist noch ein Blick auf das Schweizer Obligationenrecht, das die Selbstvornahme, dort Ersatzvornahme genannt, im Vergleich zum BGB verschieden regelt. Die Differenz fällt besonders im Werkvertragsrecht auf, für das Art. 366 Abs. 2 OR dem Besteller eigens eine Ersatzvornahme bereits während der Werkausführung einräumt. Eine rechtsvergleichende Betrachtung könnte *de lege ferenda* eine andere Einsicht in die Möglichkeit für den Bestellerschutz während der Herstellung anbieten.

I. Die Regelungen zur Ersatzvornahme im Allgemeinen

Im Schweizer OR ist die Ersatzvornahme einerseits in den allgemeinen Bestimmungen der Ersten Abteilung, andererseits in den Regelungen der einzelnen Vertragsverhältnisses in der Zweiten Abteilung zu finden. Die allgemeine Bestimmung zur Ersatzvornahme ist Art. 98 Abs. 1 OR. Er sieht vor, dass sich der Gläubiger der Pflicht zu einem Tun, ohne seine Schadensersatzansprüche zu verlieren, zur Vornahme der Leistung auf Kosten des Schuldners ermächtigen lassen kann. Beim Werkrecht entsteht für den Unternehmer eine Verpflichtung zu einem Tun. Aufgrund der besonderen Interessenlage hat der Schweizer Gesetzgeber die Ersatzvornahme dort aber modifiziert und an die jeweilige Vertragsbeziehung angepasst. Art. 366 Abs. 2 OR gewährt dem Besteller das Recht auf die Ersatzvornahme, wenn eine mangelhafte oder sonst vertragswidrige Erstellung während der Ausführung absehbar ist. Die werkvertragliche Ersatzvornahme kann sich auf die Verbesserung oder die Fortführung des Werkes beziehen.

II. Das Schweizer Werkvertragsrecht

Das Werkvertragsrecht wird im Schweizer Recht durch Art. 363–379 OR geregelt. Beim ersten Blick ist besonders auffällig, dass der Gesetzgeber die Bestimmungen dieses Vertragstypus allgemein und kurz erfasst hat. Gem. Art. 363 OR handelt es sich beim Werkvertrag um die Herstellung eines Werkes gegen die Leistung einer Vergütung, die nach Art. 372 Abs. 1 OR erst mit der Ablieferung des Werkes zu zahlen ist. Die Haftung für das mangelhafte Werk erfolgt gemäß Art. 368 OR, abgesehen vom Schadenersatzrecht, verschuldensunabhängig.[552] Der Werkvertrag ist damit auch im schweizerischen Recht ebenso wie nach BGB am Werkerfolg orientiert.[553]

1. Die werkvertraglichen Gewährleistungsrechte des Bestellers

Ein wichtiger Unterschied zwischen dem OR- und BGB-Werkvertragsrecht zeigt sich bei den einzelnen Gewährleistungsansprüchen. Art. 368 OR regelt diese getrennt für wesentliche und unwesentliche Mängel. Bei wesentlichen Mängeln steht dem Besteller nach Abs. 1 die Wandelung zur Verfügung, bei der die Annahme des Werkes verweigert und das Vertragsverhältnis rückabgewickelt wird.[554] Für die nicht rückerstattungsfähigen Werke greift das Bereicherungsrecht ein.[555] Die Geltendmachung der Wandelung ist durch Abs. 3 ausgeschlossen, wenn das Werk auf Grund und Boden des Bestellers errichtet und seine Entfernung nur mit unverhältnismäßigen Nachteilen möglich ist. Bei unwesentlichen Mängeln kann der Besteller nach Art. 368 Abs. 2 entweder den Werklohn in Höhe vom Minderwert des Werkes herabsetzen oder vom Unternehmer die unentgeltliche Verbesserung verlangen. Anders als § 635 BGB ist der Anspruch auf die Neuherstellung in Art. 368 OR nicht enthalten. Ein solcher Anspruch kann nur ausnahmsweise bejaht werden, sofern die Neuherstellung des Werkes ohne übermäßige Kosten möglich ist.[556] Hinzu kommt unabhängig vom Schwergrad des Mangels der Schadensersatzanspruch, wenn der Unternehmer den Mangel verschuldet hat. Es besteht kein Stufenverhältnis zwischen den werkvertraglichen Mängelrechten nach OR,[557] sodass der Besteller sich auf die Minderung der Vergütung berufen kann, ohne zuerst die Nachbesserung verlangen zu müssen. Außerdem fehlt eine dem § 637 BGB entsprechende Regelung zur Selbstvornahme in Art. 368. Das Recht zur Ersatzvornahme wird aus den allgemeinen Bestimmungen abgeleitet.[558]

---

552 Gauch, Werkvertrag, N. 1489, 1503 ff.
553 Honsell, Besonderer, S. 301, 326.
554 BaslerKomm/Zindel/Schott Art. 368 N. 24.
555 Koller, Werkvertragsrecht, N. 653.
556 Gauch, Werkvertrag, N. 1779 ff.; BGer 4A_151/2016 21.6.2016, E. 3.4.1.
557 BaslerKomm/Zindel/Schott Art. 368 N. 6.
558 S. 3. Abschnitt, B, III, 3.

2. *Die Funktion der Abnahme*

Ein anderer Unterschied zum BGB-Werkvertragsrecht zeigt sich bei der Abnahme. Es herrscht im OR vor allem keine einheitliche Terminologie. Die Übergabe, Ablieferung, Abgabe und Annahme sind vorkommende Begriffe.[559] Die Ablieferung beschreibt die Übergabe des vollendeten Werkes durch den Unternehmer, der dadurch seine Pflicht zu erfüllen beabsichtigt.[560] Der entsprechende Rechtsakt auf der Seite des Bestellers stellt die Abnahme oder Annahme dar. Sie wird im Schweizer Recht aber anders als nach BGB nicht als die Billigung des Werkes verstanden.[561] Sie bedeutet eher die Entgegennahme des vollendeten Werkes, woraus sich das sog. Vollendungsprinzip ableitet: abgeliefert werden kann nur das vollendete Werk.[562] Vor diesem Zeitpunkt kann von keinem Mangel i.S.v. Art. 367 OR ausgegangen werden, sodass die Mängelrechte nach Art. 368 OR hiermit ausscheiden. Der Schweizer Gesetzgeber misst der Abnahme große Bedeutung bei; sie bestimmt über die Verjährung der Gewährleistungsrechte (Art. 371 OR), die Fälligkeit der Vergütung (Art. 372) und die Gefahrtragung (Art. 376) und auch über die Geltendmachung von Gewährleistungsrechten.[563] Im Gegensatz zum BGB knüpft Art. 367 OR nämlich die Feststellung des Mangels ausdrücklich an die Ablieferung des Werkes. Davor bestehen der regelmäßige Erfüllungsanspruch und die allgemeinen sowie werkvertragsspezifischen Leistungsstörungsrechte.

3. *Leistungsstörungsrechte vor Abnahme*

Die allgemeinen Leistungsstörungsrechte sind in den Bestimmungen in Art. 97–109 OR geregelt. Sie gelten in zwei Fällen: dem Ausbleiben der Erfüllung (Art. 97–101 OR) und dem Schuldnerverzug (Art. 102–109 OR). Kann die Leistung überhaupt nicht oder nicht gehörig bewirkt werden, hat der Besteller nach Art. 97 Abs. 1 OR Anspruch auf Schadensersatz. Das Verschulden des Unternehmers wird hiernach vermutet. Der Anwendungsbereich des Art. 97 OR umfasst außer der Leistungsverweigerung auch die nachträgliche

---

559 Zur Übergabe: Art. 376, zur Ablieferung: Art. 367 Abs. 1, 372 Abs. 2, 370 (als abgeliefert), zur Abgabe: Art. 370 Abs. 1 und zur Annahme: Art. 368 Abs. 1, 379 Abs. 2.

560 Gauch, Werkvertrag, N. 87.

561 Gauch, Werkvertrag, N. 99; BaslerKomm/Zindel/Schott Art. 370 N. 3; BGE 115 II 456, 459; BGer. 4A_252/2010 25.11.2010, E. 5.3; a.A. Honsell, Besonderer, S. 326.

562 Gauch, Werkvertrag, N. 101; BGE 118 II 142, 149 E. 4.

563 BaslerKomm/Zindel/Schott Art. 368 N. 2.

Unmöglichkeit der Leistung[564]. Obwohl im Gesetz nur ein Schadensersatzrecht genannt ist, nimmt die herrschende Ansicht in der Lehre[565] sowie die Rechtsprechung[566] auch ein Rücktrittsrecht für den Fall an, dass die Leistung nachträglich unmöglich geworden ist oder das Vertrauensverhältnis zwischen den Vertragsparteien dermaßen erschüttert ist, dass ein Festhalten am Vertrag nicht mehr zugemutet werden kann. Als eine weitere Rechtsfolge führt Art. 98 Abs. 1 OR die Ersatzvornahme auf. So kann der Besteller sich zur Vollherstellung des Werkes ermächtigen lassen, wenn der Unternehmer das Werk bei der Fälligkeit nicht abliefert. Daneben stehen die Verzugsfolgen. Erbringt der Schuldner seine Leistung trotz des Fälligkeitseintritts nicht, wird er nach Art. 102 OR durch Mahnung in Verzug gesetzt. Dem Gläubiger stehen beim Verzugsfall drei Rechte nach seiner Wahl zu: Gemäß Art. 103 OR kann er auf Erfüllung bestehen und Schadensersatz wegen verspäteter Leistung verlangen; gemäß Art. 107 Abs. 2 OR kann er auf die verspätete Leistung verzichten und Schadensersatz wegen Nichterfüllung verlangen; und nach Art. 107 Abs. 2 OR kann er vom Vertrag zurücktreten und gem. Art. 109 Abs. 2 OR sein negatives Interesse verlangen. Zur Geltendmachung dieser Rechte setzt Art. 107 Abs. 2 OR den erfolglosen Ablauf einer Frist zur Leistung voraus.

Beim Werkvertrag werden die Rechte des Bestellers vor der Abnahme durch Art. 366 OR ergänzt. Abs. 1 hat den Herstellungsverzug zum Gegenstand und trägt damit den Besonderheiten des Werkvertrages Rechnung, dass der Unternehmer nicht nur die Ablieferung des Werkes, sondern dessen Herstellung verschuldet.[567] Der Besteller kann nach Art. 366 Abs. 1 OR vom Vertrag zurücktreten, wenn der Unternehmer mit der Herstellung nicht rechtzeitig beginnt, die Ausführung verzögert oder wenn die Verzögerung mit der Vollendung bereits vorauszusehen ist. Systematisch hängt Art. 366 Abs. 1 mit Art. 107 Abs. 2 zusammen, der die Rechtsfolgen des Ablieferungsverzugs benennt. Daher richten sich die Voraussetzungen für das Rücktrittsrecht aus Art. 366 Abs. 1 nach den allgemeinen Verzugsbestimmungen.[568] Das Erfordernis einer

564 BaslerKomm/Wiegand Art. 97 N. 2, 7; Bucher, Allgemeiner, § 20 III S. 303; Decurtins, Erfüllungsverweigerung, S. 56.

565 BaslerKomm/Wiegand Art. 97 N. 58; Bucher, Allgemeiner, § 20 III S. 299, 302; Koller, OR AT, § 58 N. 7 hält ein solches Recht nur in Ausnahmefällen für möglich.

566 BGer. 4A_307/2011 16.12.2011 E. 3.1 f.

567 BaslerKomm/Zindel/Schott Art. 366 N. 1; BernerKomm/Gautschi Art. 366 N. 1d; Gauch, Werkvertrag, N. 668 ff.

568 BaslerKomm/Zindel/Schott Art. 366 N. 13; Gauch, Werkvertrag, N. 675; BernerKomm/Koller Art. 366 N. 67; BGer 4A_232/2011 20.9.2011 E. 4.3.

Mahnung sowie einer Fristsetzung zur nachträglichen Erfüllung ist damit unentbehrlich.[569]

III. Die Ersatzvornahme im Werkvertragsrecht nach Art. 366 Abs. 2 OR

Eine besondere Rolle spielt die Ersatzvornahme nach Art. 366 Abs. 2 OR. Sie erlaubt eine Ersatzvornahme ohne vorangehende richterliche Ermächtigung, wenn während der Ausführung des Werkes eine mangelhafte oder sonst vertragswidrige Erstellung durch Verschulden des Unternehmers voraussehbar ist und der Besteller dem Unternehmer eine angemessene Frist zur Abhilfe mit der Androhung setzt, dass im Unterlassungsfalle die Verbesserung oder die Fortführung des Werkes auf Gefahr und Kosten des Unternehmers einem Dritten übertragen wird.

1. Rechtsnatur der Ersatzvornahmeregelung

Die Rechtsnatur der werkvertraglichen Sonderbestimmung über die Ersatzvornahme ist umstritten. Diskutiert wird insbesondere, ob es sich um eine Verzugsregelung handelt. Die Antwort ist für die Frage von Bedeutung, an welche Tatbestandsvoraussetzungen das Recht zur Ersatzvornahme geknüpft ist.

Eine Auffassung in der Literatur versteht Art. 366 Abs. 2 als eine verzugsrechtliche Bestimmung.[570] Dies gelte vor allem wegen des Erfordernisses einer Fristsetzung.[571] Art. 366 Abs. 2 sei nur ein Spezialnorm zu Art. 107 Abs. 2. Die Ersatzvornahme stelle ein sekundäres Recht dar, das an die Stelle des Erfüllungsanspruchs trete.[572] Die Einordnung als Verzugsnorm entspreche auch der Judikatur Bundesgerichts, das im Fall der analogen Anwendung von Art. 366 Abs. 2 OR nach der Abnahme schon vom Verzug des Unternehmers mit der Nachbesserung gesprochen hat.[573]

569 BaslerKomm/Zindel/Schott Art. 366 N. 14; Gauch, Werkvertrag, N. 675.

570 Niklaus, Ersatzvornahme, S. 44, 65; Brändli, Nachbesserung, S. 284, Fn. 33; Angstmann, Von der Crone, SZW 2016, 418, 424; vgl. auch BernerKomm/Koller Art. 366 N. 89.

571 Angstmann, Von der Crone, SZW 2016, 418, 424.

572 So Niklaus, Ersatzvornahme, S. 12.

573 Vgl. BGE 107 II 50, 56 E. 3: „Da die Klägerin mit der geschuldeten Verbesserung des Werkes in Verzug war, konnte die Beklagte nach erfolgloser Ansetzung einer Nachfrist die Mängelbehebung ohne richterliche Ermächtigung einem Dritten übertragen und der Klägerin gegenüber Kostenersatz geltend machen“.

Nach richtiger Ansicht handelt es sich nicht um eine Verzugsregelung. Allein das Fristansetzungserfordernis reicht nicht aus, um der Ersatzvornahme einen haftungsrechtlichen Charakter zu attestieren. Die Inverzugsetzung erfolgt gemäß Art. 102 Abs. 1 OR durch Mahnung des Gläubigers. Erst danach kann es zur Fristansetzung kommen. Auch die Rechtsprechung lässt nicht erkennen, ob sie den Verzug im technischen Sinne meint oder eher das Ausbleiben der Nachbesserung gemeint ist. Systematisch hängt Art. 366 Abs. 2 OR mit der allgemeinen Vorschrift zur Ersatzvornahme in Art. 98 Abs. 1 OR zusammen.[574]

2. *Tatbestandsvoraussetzungen der Ersatzvornahme*

Dem Wortlaut von Art. 366 Abs. 2 OR lassen sich drei Tatbestandsvoraussetzungen entnehmen: die voraussehbare vertragswidrige Erstellung des Werks, das Verschulden des Unternehmers und die Fristansetzung mit der Androhung der Ersatzvornahme.

Es muss *„sich während der Ausführung des Werkes eine mangelhafte oder sonst vertragswidrige Erstellung (…) bestimmt voraussehen“* lassen. Fraglich ist dabei, ob die Trennung zwischen der mangelhaften und der sonst vertragswidrigen Erstellung eine rechtliche Bedeutung hat. Dass Art. 368 Abs. 1 beide Fälle gesondert aufführt, hat nach der überwiegenden Auffassung keine rechtliche Bedeutung.[575] Die Bestimmung über die Ersatzvornahme in Art. 366 Abs. 2 gehört aber nicht zum eigentlichen Gewährleistungsrecht, weshalb die Auslegung seiner Regelung nicht hierfür zu gelten braucht.[576] Während die mangelhafte Erstellung die Eigenschaft des Werkes treffen soll, geht die „sonst vertragswidrige Erstellung“ im Art. 366 Abs. 2 OR darüber hinaus und umfasst allgemein die Werkherstellung.[577] Als Beispiel dazu wird im Schrifttum der unerlaubte Einsatz eines Subunternehmers in der Ausführung angeführt.[578] Diese soll mit Rücksicht auf Art. 364 Abs. 2 OR, nach dem der Unternehmer das Werk persönlich auszuführen oder unter seiner persönlichen Leitung ausführen zu lassen hat, eine sonst vertragswidrige Werkherstellung darstellen. Zu

574 Gauch, Werkvertrag, N. 870; Huguenin, Obligationenrecht, N. 3153; Schmid, FS Wiegand, S. 605, 626; vgl. auch BaslerKomm/Zindel/Schott Art. 366 N. 39.

575 Koller, in: Baurechts, S. 1, 16; Gauch, Werkvertrag, N. 1441; BaslerKomm/Zindel/Schott Art. 368 N. 10; BGE 100 II 30, 32 E.2.

576 Gauch, Werkvertrag, N. 877a; a.A. BernerKomm/Koller Art. 366 N. 511.

577 Gauch, Werkvertrag, N. 877; BaslerKomm/Zindel/Schott Art. 368 N. 33; vgl. auch BernerKomm/Gautschi Art. 366 N. 8a; a.A. BernerKomm/Koller Art. 366 N. 511, 520 ff.; Niklaus, Ersatzvornahme, S. 54 f.

578 Gauch, Werkvertrag, N. 640, 877.

beachten ist noch, dass die vertragswidrige Erstellung sich bestimmt voraussehen lässt. Es muss dann bereits während der Ausführung erkennbar werden, dass das Werk mit einer an Sicherheit grenzenden Wahrscheinlichkeit mangelhaft zustande kommen wird.[579] Durch diesen Maßstab soll verhindert werden, dass die Dispositionsfreiheit des Unternehmers durch bloße Vermutungen und Bedenken des Bestellers zu Unrecht begrenzt wird.[580]

Art. 366 Abs. 2 OR spricht vom Verschulden des Unternehmers. Danach muss die vertragswidrige Werkherstellung durch Verschulden des Unternehmers bestimmt voraussehbar sein. Was vom Verschuldenstatbestand gehalten werden soll, ist in der Lehre umstritten.

Eine Auffassung in der Lehre folgt hierbei der grammatischen Auslegung der Norm und verlangt dabei, dass den Unternehmer das Verschulden für die mangelhafte Ausführung oder zumindest für das Ausbleiben seiner Abhilfepflicht zur Verbesserung der vertragswidrigen Werkherstellung trifft.[581] Diese These wird außerdem von der Auffassung unterstützt, die die Ersatzvornahme nach Art. 366 Abs. 2 OR als eine besondere Verzugsregelung erfasst.[582] Hätte der Besteller zu seinem Ersatzvornahmerecht zunächst auf die Abhilfepflicht des Unternehmers zu verzichten, müsste man die werkvertragliche Ersatzvornahme als eine sekundäre Regelung erfassen, weil diese an die Stelle der Erfüllungspflicht treten soll. Dass bestimmte Verzugsfolgen, wie der Schadensersatz nach Art. 107, 109 OR, vom Verschuldenserfordernis abhängen, gelte dann in Bezug auf die funktionelle Verwandtschaft auch für den Fall des Art. 366 Abs. 2 OR. Zudem wird für die Gleichstellung des Bestellers vor und bei der Abnahme das Verschulden des Unternehmers als erforderlich gesehen. Art. 368 Abs. 2 regelt die Herabsetzung des Minderwerts von der Vergütung kausal. Der Ersatz der darüberhinausgehenden Differenz ist nur über Schadensrecht möglich, welches vom Verschulden des Unternehmers abhängt. Nach einem Argument soll dies auch vor der Abnahme gelten, sodass der Ersatz der Differenz zwischen dem Minderwert und den Ersatzvornahmekosten ebenso das Verschulden des Unternehmers voraussetzen würde.[583] Dieser Auffassung kann nicht zugestimmt werden.

---

579 Niklaus, Ersatzvornahme, S. 76.

580 BGer. 4A_319/2017 23.11.2017 E.3; Gauch, Werkvertrag, N. 878.

581 BernerKomm/Koller Art. 366 N. 539 ff.; Koller, in: Werkmängel, S. 1, 16 f.; Niklaus, Ersatzvornahme, S. 101 ff.; Honsell, Besonderer, S. 308; s. aber Koller, OR AT, § 44 N. 27, der beim Art. 98 Abs. 1 anders beurteilt.

582 BernerKomm/Koller Art. 366 N. 542; Niklaus, Ersatzvornahme, S. 44.

583 BernerKomm/Koller Art. 366 N. 542.

Die systematische Auslegung ergibt, dass die werkvertraglichen Gewährleistungsrechte nach Art. 368 OR im Grunde kausal gestaltet worden sind.[584] Das Verschuldenserfordernis kommt dort lediglich im Rahmen vom Schadensersatz, der vom Aufwendungsersatz zu unterscheiden ist. Art. 369 OR lässt die Rechte des Bestellers wegen der Mangelhaftigkeit des Werkes nur dann wegfallen, wenn dieser die Mangelhaftigkeit durch seine Weisungen oder auf andere Weise selbst verschuldet. Das Ersatzvornahmerecht nach Art. 366 Abs. 2 OR ist zwar kein Mangelrecht i.S.v. Art. 368. Dies spricht jedoch nicht dagegen, die Wertung im Art. 369 entsprechend auf die Ersatzvornahme nach Art. 366 Abs. 2 OR zu übertragen.[585] Denn das Schweizer Werkvertragsrecht stellt bei der Gefahrenverteilung auf die Abnahme des Werkes ab; bis dahin trägt der Unternehmer nach Art. 376 OR die Vergütungsgefahr, auf welche die Leistungsgefahr folgt. Insoweit ist das Verschulden des Unternehmers im Art. 366 Abs. 2 so zu deuten, dass den Besteller kein Selbstverschulden zu treffen hat.[586] Außerdem geht die Begründung über die Verzugsfolgen fehl, weil weder Art. 366 Abs. 2 eine besondere Verzugsregelung enthält noch der Kostenanspruch einen schadensrechtlichen Charakter hat. Aus dem inneren Zusammenhang des Art. 366 Abs. 2 mit dem Art. 98 Abs. 1 OR braucht das Verschulden des Unternehmers nicht vorzuliegen.[587]

Der Besteller hat vor der Geltendmachung seines Ersatzvornahmerechts dem Unternehmer eine angemessene Frist zur Abhilfe anzusetzen. Obwohl Art. 366 Abs. 2 OR Fälle, in denen die Fristsetzung entbehrlich sein könnte, nicht eigens nennt, wird hierzu Art. 108 Ziff. 1 OR analog herangezogen.[588] Danach bedarf es keiner Fristsetzung, *„wenn aus dem Verhalten des Schuldners hervorgeht, dass sie sich als unnütz erweisen würde“*.

Im Schrifttum findet sich noch die Ansicht, Art. 366 Abs. 2 OR setze ungeschrieben voraus, dass das Recht auf eine nachträgliche Abhilfeleistung des

584 Vgl. Gauch, Werkvertrag, N. 1503 ff.

585 Vgl. BGer 4C.159/1999 28.7.2000 E. 5.

586 Gauch, Werkvertrag, N. 880 f.; Ders., in: Baurechtstagung, S. 1, 17; BaslerKomm/Zindel/Schott Art. 366 N. 35; Huguenin, Obligationenrecht, N. 3154; Brändli, Nachbesserung, S. 225, 282 f.

587 Gauch, Werkvertrag, N. 879 Fn. 692.

588 Koller, Werkvertragsrecht, N. 409; Ders., in: Baurechts, S. 1, 64, 69; BernerKomm/Gautschi Art. 366 Rn. 260; Niklaus, Ersatzvornahme, S. 74 f.; Gauch, Werkvertrag, N. 892a; BaslerKomm/Zindel/Schott Art. 366 N. 36.; s.auch BGer. 4A_108/2009 9.6.2009 E. 2.4.

Unternehmers durch den Besteller „beseitigt“ wird.[589] Als Vorbild dient der Schadensersatzanspruch aus Art. 107 Abs. 2, der mit dem Anspruch auf Ersatz der Aufwendungen für die Ersatzvornahme funktional verwandt sei.[590] Mit dem Verzicht auf den Erfüllungsanspruch werde dem schutzwürdigen Interesse des Unternehmers Rechnung getragen, sein Pflichtenprogramm zu kennen.

Bei der Ersatzvornahme ist ein Verzicht auf die Leistung des Unternehmers zwar in der Beauftragung eines Drittens impliziert. Dieser hat aber nach der hier vertretenen Meinung keine rechtliche Bedeutung.[591] Denn die Abhilfepflicht des Unternehmers geht bei der Ersatzvornahme anders als beim Leistungsverzicht nach Art. 366 Abs. 1 oder Art. 107 Abs. 2 OR nicht endgültig unter. Art. 366 Abs. 2 OR hängt mit Art. 98 Abs. 1 OR zusammen, wo ein Verzicht auf den Erfüllungsanspruch nicht vorausgesetzt ist. Es gibt auch keinen praktischen Grund dafür, der werkvertraglichen Ersatzvornahme einen Leistungsverzicht vorzuschalten. Die Erfüllungspflicht des Unternehmers ist bis zum erfolgreichen Abschluss der Ersatzvornahme als gestundet zu sehen.[592] Scheitert die Ersatzvornahme oder ändert der Besteller aus hinreichendem Grund seine Meinung, muss er sich auf seinen Erfüllungsanspruch berufen können.

3. *Der zeitliche Anwendungsbereich*

Art. 366 Abs. 2 OR gewährt die werkvertragliche Ersatzvornahme ohne richterliche Ermächtigung dann, wenn sich die vertragswidrige Erstellung während der Ausführung des Werkes bestimmt abzeichnet. Damit kann sie schon vom Herstellungsbeginn bis zur Vollherstellung des Werkes geltend gemacht werden.[593] Umstritten ist der zeitliche Geltungsbereich der Vorschrift nur im Hinblick darauf, ob das Selbstvornahmerecht auch schon vor dem Herstellungsbeginn und noch nach der Vollherstellung oder Ablieferung des Werkes existiert.

---

589 BernerKomm/Koller Art. 366 N. 477 ff.; Niklaus, Ersatzvornahme, S. 64 f.; Brändli, Nachbesserung, S. 282, 285; Auch im Rahmen von Art. 98 OR: BernerKomm/Koller Art. 366 N. 90; Ders., OR AT, § 44 N. 24; dagegen Schmid, BRT 2017, 117, 128.

590 BernerKomm/Koller Art. 366 N. 542.

591 Gauch, Werkvertrag, N.886 Fn. 697; Schmid, FS Wiegand, S. 605, 618.

592 Schmid, FS Wiegand, S. 605, 618; Ders., BRT 2017, 117, 128; Gauch, Werkvertrag, N.886.

593 Gauch, Werkvertrag, N. 874.

Beispiel für eine vertragswidrige Erfüllungsvorbereitung ist etwa die Lagerung vertragswidriger Materialien. Hält man sich streng an den Wortlaut der Bestimmung, schließt die Formulierung „während der Ausführung des Werkes“ den Zeitraum vor Beginn der Arbeiten aus. In Fällen antizipierten Vertragsbruchs, in denen der Schuldner die Erfüllung einer Leistung schon vor dem Fälligkeitszeitpunkt zweifelsfrei verweigert, lässt die herrschende Auffassung im Wege einer Analogie zu Art. 107 Abs. 2 OR die Verzugsfolgen eingreifen.[594] Bei einer vertragswidrigen Erfüllungsvorbereitung wird zuweilen die eine teleologische Auslegung von Art. 366 Abs. 2 OR befürwortet und diese Bestimmung auch schon vor dem Herstellungsbeginn angewandt.[595] Das Recht des Bestellers soll aber darauf beschränkt sein, vertragswidrig gelagerte Stoffe abzutransportieren und an einem anderen Ort unterzubringen.[596]

Auch nach der Beendigung der Arbeiten kommt eine Anwendung von Art. 366 Abs. 2 OR, wenn man die Vorschrift wörtlich nimmt, scheinbar nicht in Betracht.[597] Und auch die ratio der Vorschrift, eine vertragswidrige Erstellung des Werkes rechtzeitig zu verhindern, spricht auf den ersten Blick dagegen. Anders stellt sich die Lage dar, wenn man in Rechnung stellt, dass der Unternehmer auch nach Vollendung eines mangelhaften Werks zur Abhilfe verpflichtet ist.[598] So erstreckt sich die Phase der „Ausführung“ und der Besteller bleibt zur Selbstvornahme berechtigt.

In einem Urteil von 1981[599] hat das Bundesgericht Art. 366 Abs. 2 OR sogar analog herangezogen, um dem Besteller eine Selbstvornahme nach der Abnahme zu eröffnen.[600] Dem Gericht erschien es nicht nachvollziehbar, „*weshalb das Gesetz die Mängelbehebung durch Dritte ohne richterliche Bewilligung zulassen soll, wenn Mängel vor der Erstellung des Werkes zu erwarten sind, nicht aber, wenn sie erst nach der Ablieferung auftreten*“[601]. Diese Entscheidung ist

---

594 BernerKomm/Weber Art. 102 N. 152; Gauch/Schluep/Schmid/Emmenegger, OR AT, Bd. II Rn. 2651 f.; Rampini, Leistungserschwerung, S. 188 f.; Brändli, Nachbesserung, S. 228; Vgl. auch BGE 69 II 243; 111 II 156; BGer. 4C.58/2004 23.6.2004 E. 3.3; für eine direkte Anwendung der verzugsrechtlichen Vorschriften aber Koller, OR AT, Bd. II § 55 N. 111; a.A. Von Tuhr/Escher, OR AT II, § 72 S. 141 Fn. 53.

595 Gauch, Werkvertrag, N. 874, 876; BernerKomm/Koller Art. 366 N. 537; Ders., Werkvertragsrecht, N. 411.

596 Gauch, Werkvertrag, N. 890.

597 Gauch, Werkvertrag, N. 874; BernerKomm/Gautschi Art. 366 N. 2b.

598 Niklaus, Ersatzvornahme, S. 61.

599 BGE 107 II 50, 56.

600 S. auch BGer. 4C.159/1999 28.7.2000 E. 4.

601 BGE 107 II 50, 56 E. 3.

im Schrifttum mit der Begründung kritisiert worden, der Besteller sei in diesem Fall durch sein Minderungs- oder sein Schadensersatzrecht nach Art. 368 OR hinreichend geschützt.[602] Der Rechtsprechung wird vorgeworfen, Aufwendungs- und Schadensersatzansprüche miteinander zu verwechseln,[603] denn es verweist auf ein älteres Urteil[604], in dem es um eine Schadensersatzforderung ging. Zudem wurde eine Aushöhlung der allgemeinen Regelung in Art. 98 Abs. 1 OR beklagt.[605] Die analoge Anwendung des Art. 366 Abs. 2 OR sei nach der Abnahme daher nur dann möglich, wenn die Mangelbeseitigung besonders dringlich erscheine.[606] Bedenkt man aber, dass die Nachbesserungspflicht des Unternehmers nur eine Fortsetzung seiner Herstellungspflicht ist, besteht kein Grund, den Besteller in Bezug auf seine Rechte vor und nach der Abnahme unterschiedlich zu behandeln.[607] Die Auffassung des Bundesgerichts verdient deshalb Zustimmung.

4. *Rechtsfolgen*

Art. 366 Abs. 2 erlaubt dem Besteller, „*die Verbesserung oder die Fortführung des Werkes auf Gefahr und Kosten des Unternehmers einem Dritten* (zu) *übertragen*". Nach diesem Wortlaut scheint es so, als ob der Besteller die freie Wahl zwischen beiden Varianten habe. Dies ginge jedoch zu weit.[608] Art. 2 Abs. 1 ZGB gebietet, bei der Geltendmachung der Rechte nach Treu und Glauben zu handeln. Geht es bei der Ersatzvornahme um die Verhinderung eines Mangels, darf der Besteller das Werk nur verbessern lassen. Denn die Übertragung der weiteren Arbeiten auf einen Dritten käme einer Kündigung des Vertrages gleich, und dies obwohl OR-Werkvertragsrecht kein Recht zur Kündigung aus wichtigem Grund, sondern nur die freie Kündigung gegen Schadloshaltung (§ 377 OR) kennt. Zwar soll diese entfallen, wenn die Fortsetzung des Vertrags

602 Gauch, Werkvertrag, N. 1831 ff.; Koller, in: Baurechts, S. 1, 67.

603 Insbesondere Gauch, BR 1982, 34, 35

604 BGE 96 II 351.

605 Ähnlich in Bezug auf den unbegrenzten Rückgriff auf Art. 366 Abs. 2 OR so Niklaus, Ersatzvornahme, S. 154, 157.

606 Dagegen s. BGer. 4C.159/1999 28.7.2000 E. 4. Demzufolge dränge sich die Notwendigkeit, schnell zu handeln, bei einem tatsächlichen Werkmangel deutlicher auf als bei einem absehbaren Mangel. Ob das Bedürfnis nach Eile in der Nacherfüllungsphase vermutet wird oder als bereits erfüllt zu sehen ist, steht im Urteil offen.

607 Koller, in: Werkmängel, S. 1, 12.

608 BaslerKomm/Zindel/Schott Art. 366 N. 38; Gauch, Werkvertrag, N. 889; Niklaus, Ersatzvornahme, S. 85.

dem Besteller unzumutbar ist,[609] die Rechtsprechung fordert hierfür aber, dass die Kündigung auf ein vorwerfbares Verhalten des Unternehmers zurückgeht.[610]

Das Recht auf Ersatzvornahme ist zwangsläufig mit einem Anspruch auf Aufwendungsersatz verbunden.[611] Mit der Ersatzvornahme wandelt sich die Abhilfepflicht des Unternehmers in eine Pflicht zur Kostenerstattung um, die einer Verrechnung mit dem Anspruch Vergütung nach Art. 120 OR zugänglich ist.[612] Die Verbesserungskosten werden auch bei einer fehlgeschlagenen Ersatzvornahme vom Unternehmer getragen, weil diese auf dessen Gefahr geschieht.[613]

Nicht leicht zu beantworten ist die Frage, ob sich der Besteller die Kosten der Ersatzvornahme bevorschussen lassen kann. Die Vorfinanzierung der Ersatzvornahmekosten ist im OR-Werkvertragsrecht nicht ausdrücklich geregelt. Diskutiert wird über sie häufig im Hinblick auf die allgemeine Ersatzvornahme aufgrund richterlicher Ermächtigung nach Art. 98 OR. Während ein Teil der Lehre sie ablehnt,[614] stehen Rechtsprechung[615] und herrschende Ansicht im Schrifttum[616] auf dem Standpunkt, der Besteller müsse Vorschuss verlangen können. Gerechtfertigt wird dies vor allem mit dem Grundsatz von Treu und Glauben.[617] Kommt es zu einer Ersatzvornahme aufgrund der vertragswidrigen

---

609 BaslerKomm/Zindel/Schott Art. 377 N. 18; Gauch, Werkvertrag, N. 569 ff.; Leuenberger, ZSR 1987, 1, 70 f.; Krauskopf, BRT 2007, 29, 62;

610 BGer. 4C.387/2001 10.9.2002, dt. Zitierung in: Gauch, Werkvertrag, N. 572; s. auch noch BGer. 4A_96/2014 2.9.2014, dt. Zitierung in: Hürlimann/Werner, Jusletter 6 février 2017, S. 58 ff.

611 Gauch, Werkvertrag, N. 871, 1825; Schmid, BRT 2017, 117, 123; BaslerKomm/Zindel/Schott Art. 366 N. 39; BGE 141 III 257, 259 E. 3.3.

612 Schmid, BRT 2017, 117, 128.

613 Schmid, FS Wiegand, S. 605, 627; Ders., BRT 2017, 117, 126; Gauch, Werkvertrag, N. 870.

614 Bucher, Allgemeiner, § 20 I 5 S. 297.

615 BGE 128 III 416 ff.; s.a. den Auszug aus dem unveröffentlichten BGE vom 8. Dezember 1987 in Nicklaus, Ersatzvornahme, S. 183 ff. E. 6.

616 BernerKomm/Emmenegger Art. 98 N. 96; Von Tuhr/Escher, OR AT II, § 67 S. 91; BaslerKomm/Wiegand Art. 98 N. 7; BernerKomm/Koller Art. 366 N. 571; Ders., in: Werkmängel, S. 1, 19; Gauch, Werkvertrag, N. 1816; Ders., recht 1987, 24, 26 Fn. 14; Ders., BR 1982, 34, 36; Schmid, BRT 2017, 117, 124 f.; Ders., FS Wiegand, S. 605, 622 ff.; Niklaus, Ersatzvornahme, S. 127 ff.; Vgl. auch Niquille-Eberle, in: SRT 2004, S. 63, 72 ff., 115 f.

617 BGE 128 III 416 ff.; BernerKomm/Koller Art. 366 N. 571; BernerKomm/Emmenegger Art. 98 N. 96.

Erstellung des Werkes durch den Unternehmer, solle dieser als vertragsuntreue Partei auch die vermutlichen Kosten vorschießen müssen. Damit werde auch verhindert, dass der Besteller aus Sorge vor der mit der Ersatzvornahme verbundenen finanziellen Belastung von der Geltendmachung seines Rechts zurückschreckt. Um den Interessen des Unternehmers Rechnung zu tragen, hat die Rechtsprechung die Vorschusspflicht des Unternehmers an bestimmte Modalitäten angeknüpft. Der Vorschuss ist zweckgebunden. Der Besteller hat innerhalb einer Frist mit den Ersatzvornahmearbeiten zu beginnen und nach der Ersatzvornahme die Kosten abzurechnen und einen verbleibenden Überschuss zurückzuerstatten.[618] Aufgrund der Zweckbindung kann der Vorschussanspruch nicht zur Aufrechnung gebracht werden.[619]

Anders als Art. 98 Abs. 1 OR, der dem Gläubiger bei richterlicher Ersatzvornahme Schadensersatzansprüche vorbehält, sagt Art. 366 Abs. 2 OR hierzu nichts. Trotzdem ist allgemein anerkannt, dass der Besteller die Kosten der Ersatzvornahme auch über das Schadensersatzrecht liquidieren kann.[620] Die Anspruchsgrundlage für einen solchen Schadensersatzanspruch ist allerdings umstritten.

Nach der Rechtsprechung des Bundesgerichts schließt das Recht auf Ersatzvornahme weitere Rechtsbehelfe aus Art. 107 Abs. 2 OR nicht aus.[621] Nach dieser Bestimmung kann der Besteller auf die versprochene Leistung verzichten und Schadensersatz verlangen, wenn der Unternehmer in Verzug gerät. Außerdem findet sich die Ansicht, dass bei Erfüllung der Voraussetzungen, die Art. 366 Abs. 2 OR für das Recht auf Ersatzvornahme statuiert, auch die Erfordernisse gemäß Abs. 1 der Vorschrift als erfüllt anzusehen seien.[622] So soll er ohne Weiteres zu dem Schadensersatzanspruch gemäß Art. 107 Abs. 2 OR gelangen. Die

618 BGE 128 III 416, 418 E. 4.2.2.

619 Gauch, Werkvertrag, N. 1817; a.A. Koller, in: Werkmängel, S. 1, 22; vermittelnd Niquille-Eberle, in: SRT 2004, S. 63, 90 f.

620 BaslerKomm/Zindel/Schott Art. 366 N. 37; BernerKomm/Koller Art. 366 N. 478; Ders., in: Werkmängel, S. 1, 24 f.; Gauch, BR 1982, 34, 36; Niklaus, Ersatzvornahme, S. 162 ff.; Schmid, FS Wiegand, S. 605, 611; Brändli, Nachbesserung, S. 225, 280 f.; Honsell, Besonderer, S. 308; BGE 126 III 230, Regeste.

621 BGE 126 III 230, Regeste; So auch in der Lehre: Gauch, BR 1982, 34, 36; BaslerKomm/Zindel/Schott Art. 366 N. 37; Brändli, Nachbesserung, 280 f.; Honsell, Besonderer, S. 308.

622 Niklaus, Ersatzvornahme, S. 162; Vgl. auch BernerKomm/Koller Art. 366 N. 477 f.; Ders., in: Werkmängel, S. 1, 9 f.; Ders., in: Baurechts, S. 1, 55 für eine analoge Anwendung von Art. 366 Abs. 1, 107 Abs. 2 OR.

werkvertragliche Ersatzvornahme ist aber, wie oben dargestellt,[623] keine Verzugsfolge. Das Recht auf die Ersatzvornahme setzt weder Leistungsverzicht noch Verzug voraus. Während der Ausführung des Werkes richtet sich der Schadensersatz wegen Schlechterbringung vielmehr nach Art. 97 Abs. 1 OR.[624] Hiernach kann der Besteller bei einer nicht gehörigen Erfüllung seinen Schaden ersetzt verlangen, sofern der Unternehmer nicht beweist, dass ihn keinerlei Verschulden treffe. Darunter fällt im Rahmen der positiven Vertragsverletzung auch die Verletzung der Pflicht, die vertragswidrige Werkausführung zu verbessern. Der Besteller kann dann seine Kosten aus der Ersatzvornahme noch nach Art. 97 OR ersetzt verlangen, sofern der Unternehmer die Pflichtverletzung zu vertreten hat.

IV. Zusammenfassende Schlussfolgerung

Nach Schweizer Recht verfügt der Besteller über die Befugnis zur Ersatzvornahme bereits während der Ausführung. Es ist eigens in Art. 366 Abs. 2 OR statuiert und wird seinem Interesse an der vertragsgemäßen Werkausführung gerecht. Der Besteller hat weder den Fälligkeitseintritt noch die Abnahme abzuwarten, um die Beseitigung eines Leistungsdefizits anzumahnen und bei Bedarf selbst einzuschreiten. Eine entsprechende Regelung empfiehlt sich daher de lege ferenda auch im BGB-Werkvertragsrecht, um die Schutzlücke dort abzuschließen.

C. Eigene Formulierung eines Gesetzesvorschlags

Die hier vorgestellten bisherigen Änderungsvorschläge zum Selbstvornahmerecht wurden kein Gesetz. Das Bedürfnis des Bestellers nach einer ausdrücklichen Regelung einer frühzeitigen Eingriffsmöglichkeit des Bestellers besteht nach wie vor. Man kann ihm durch folgende Vorschläge angemessen Rechnung tragen.

---

623 Vgl. 3. Abschnitt, B, III, 1.

624 BernerKomm/Emmenegger Art. 97 N. 129; s. auch Decurtins, Erfüllungsverweigerung, S. 56; Die Rechtsprechung lässt aber Art. 97 OR außer Anwendung, sofern die werkvertraglichen Gewährleistungsrechte aus Art. 368 anwendbar sind. Vgl. BGer. 4A_387/2014 27.10.2014 E. 4.2; BGE 133 III 335, 341 E. 2.4.4.

I. Ausdrückliche Regelung des maßgeblichen Zeitpunkts für die Mängelrechte

Die Mängelrechte aus § 634 können nach der hier vertretenen Auffassung bereits mit dem Erreichen des vorgesehenen Fertigstellungstermins bzw. Fälligkeitszeitpunkts geltend gemacht werden.[625] Da dies in der Judikatur und einem Teil der Lehre anders gesehen wird, empfiehlt sich eine gesetzliche Klarstellung an. § 634 könnte wie folgt neu gefasst werden:

> **§ 634 Rechte des Bestellers bei Mängeln**
> „Ist das Werk *beim Fälligkeitszeitpunkt* mangelhaft, kann der Besteller, wenn die Voraussetzungen der folgenden Vorschriften vorliegen und soweit nicht ein anderes bestimmt ist,
>
> 1. nach § 635 Nacherfüllung verlangen,
> 2. nach § 637 den Mangel selbst beseitigen und Ersatz der erforderlichen Aufwendungen verlangen,
> 3. nach den §§ 636, 323 und 326 Abs. 5 von dem Vertrag zurücktreten oder nach § 638 die Vergütung mindern und
> 4. nach den §§ 636, 280, 281, 283, 311a Schadensersatz oder nach § 284 Ersatz vergeblicher Aufwendungen verlangen.“

II. Rechtsbehelfe während der Herstellung

Es bedarf bei Werkleistungen häufig eines langen Zeitraums vom Herstellungsbeginn bis zur Fälligkeit. Im Falle einer Schlechtleistung des Unternehmers helfen die allgemeinen Leistungsstörungsrechte dem Besteller vor der Fälligkeit nur begrenzt. Sie tragen mithin den werkvertragsspezifischen Bedürfnissen kaum Rechnung. Wie im Zweiten Abschnitt dargestellt wird,[626] ist es geboten, von dem Verständnis eines punktuellen einmaligen Austauschverhältnisses Abstand zu nehmen und dem Hauptpflichtcharakter der Herstellung gerecht zu werden. Um die Beschränkung des Erfüllungsanspruchs auf die Verschaffungspflicht in der Rechtspraxis zu vermeiden, empfiehlt sich, die vertragsgemäße Herstellung durch eine ausdrückliche Bestimmung in den Vordergrund zu stellen. Dies könnte mit einer sprachlichen Ergänzung des Abs. 1 des § 633 erfolgen. Er könnte, neu gefasst, wie folgt lauten:

---

625 S. 1. Abschnitt, E.
626 2. Abschnitt, C.

„**§ 633 *Hauptleistungspflichten des Unternehmers***
(1) Der Unternehmer hat *das Werk vertragsgemäß herzustellen und es* dem Besteller frei von Sach- und Rechtsmängeln zu verschaffen.
…“

Damit werden die Herstellungs- und Verschaffungspflicht des Unternehmers ausdrücklich unterschieden. Leistet der Unternehmer durch eine mangelhafte Ausführung schlecht, soll der Besteller bereits während der Herstellung in der Lage sein, die Beseitigung der vertragswidrigen Ausführung zu verlangen. Ein solches Beseitigungsrecht ist nichts anderes als der Erfüllungsanspruch, der bis zur Fälligkeit der Verschaffungspflicht nur auf die vertragsgemäße Herstellung beschränkt ist. Damit bedarf es keiner weiteren gesetzlichen Bestimmung für das Beseitigungsrecht des Bestellers. Vielmehr müssen die Leistungsstörungsrechte nach dem Vorbild von Art. 366 Schweizer OR im Hinblick auf die Herstellungspflicht modifiziert werden. Mit Rücksicht auf den Vorrang des Erfüllungsanspruchs soll die Geltendmachung der Selbstvornahme an ein Fristsetzungserfordernis angeknüpft werden. So ist auch ein Gleichlauf mit der Selbstvornahme nach § 637 gewährleistet, wonach ebenfalls eine erfolgslose Fristsetzung vorausgesetzt ist. Im Unterschied zum Art. 366 Abs. 2 OR wird hierbei die Ablehnungsandrohung nicht verlangt. Diese war in der alten Fassung des BGB Tatbestandsvoraussetzung für die Wandelung und den Schadensersatz wegen Nichterfüllung[627] und ist nach dem Vorschlag der Schuldrechtskommission[628] aus dem BGB gestrichen worden.[629] Für die Selbstvornahme während der Werkausführung empfiehlt sich danach die folgende Regelung:

„***§ 633a Ersatzvornahme bei vertragswidriger Ausführung***

(1) Der Besteller kann nach dem Ablauf einer von ihm zur vertragsgemäßen Herstellung bestimmten angemessenen Frist die Schlechtleistung des Unternehmers selbst beseitigen und Ersatz der erforderlichen Aufwendungen verlangen, wenn nicht der Unternehmer die Erfüllung zu Recht verweigert.
(2) § 323 Abs. 2 findet entsprechende Anwendung. Der Bestimmung einer Frist bedarf es auch dann nicht, wenn die Nacherfüllung fehlgeschlagen oder dem Besteller unzumutbar ist.
(3) Der Besteller kann von dem Unternehmer für die zur Beseitigung erforderlichen Aufwendungen Vorschuss verlangen.“

627 S. beispielsweise § 283 I, § 326 I, § 634 I BGB a.F.
628 Abschlussbericht, 1992, S. 134 f., 256.
629 Vgl. BT-Drucks. 14/6040, S. 139, 181, 262.

Damit verfügt der Besteller auch vor der Fälligkeit seiner Verpflichtung zur Verschaffung des Werks über ein Ersatzvornahmerecht. Beim Abs. 1 wird jedoch im Unterschied zu § 637 von dem Mangelbegriff bewusst abgesehen, weil die Bestimmung der Sollbeschaffenheit während der Herstellung Probleme verbreiten würde. Genannt wird vielmehr die Schlechtleistung des Unternehmers. Sie ist gegeben, wenn die Entstehung eines mangelhaften Werkes bereits vor der Fälligkeit erkennbar wird. Im Abs. 2 der vorgeschlagenen Regelung wird die Entbehrlichkeit der Fristsetzung geregelt. Die Nacherfüllung bedeutet auch hier den zweiten Erfüllungsversuch und bezieht sich auf die Herstellungspflicht.[630] Abs. 3 regelt den Vorschussanspruchs des Bestellers, der auch ein Interesse daran hat, bei der Ersatzvornahme nicht in Vorleistung zu gehen. Schließlich ist anzumerken, dass die Vornahme der geschuldeten Werkleistung durch den Gläubiger im Titel der Regelung als Ersatzvornahme bezeichnet wird, weil dies aus sprachlichen Gründen besser passt.[631] Aus demselben Grund könnte man auch die Überschrift von § 637 anpassen.

630 Vgl. 1. Abschnitt, E, II, 1.
631 1. Abschnitt, C, I.

Thesen

1. Das BGB regelt den zeitlichen Anwendungsbereich der werkvertraglichen Mängelrechte nicht ausdrücklich. Der BGH und herrschende Lehre sehen hierfür die Abnahme als maßgeblich an. Die Auslegungsmethoden ergeben jedoch ein anderes Ergebnis, nämlich dass §§ 634 ff. BGB mit den allgemeinen Leistungsstörungsrechten bereits ab dem Zeitpunkt der Fälligkeit anwendbar sind.
2. Die Selbstvornahme nach § 637 lässt den Nacherfüllungsanspruch mit der Wirkung einer Erfüllungsfiktion erlöschen. Im Falle der eigenmächtigen Selbstvornahme treten die Unmöglichkeitsfolgen über die Zweckerreichung ein. Die weiteren Mängelrechte sind zwar im Hinblick auf den Vorrang des Nacherfüllungsanspruchs ausgeschlossen. Ein Ausgleich ist aber nach den Regelungen jenseits des Vertragsrechts möglich. Die bereicherungsrechtlichen Folgen sind mit den Ergebnissen zu ähnlichen Sachverhalten in anderen Rechtsbereichen vereinbar.
3. Das BGB-Werkvertragsrecht trägt den Interessen des Bestellers während der Herstellung, eine vertragswidrige Ausführung des Werkes zu verhindern bzw. rechtzeitig zu beseitigen, nicht hinreichend Rechnung. Art 366 Abs. 2 des Schweizerischen OR räumt dem Besteller ein Ersatzvornahmerecht während der Ausführung ein und dient dem deutschen BGB als Vorbild.
4. Es empfiehlt sich, eine gesetzliche Regelung über die Selbstvornahme während der Werkherstellung wie folgt zu treffen:

   „§ 633a Ersatzvornahme bei vertragswidriger Ausführung
   Der Besteller kann nach dem Ablauf einer von ihm zur vertragsgemäßen Herstellung bestimmten angemessenen Frist die Schlechtleistung des Unternehmers selbst beseitigen und Ersatz der erforderlichen Aufwendungen verlangen, wenn nicht der Unternehmer die Erfüllung zu Recht verweigert.
   § 323 Abs. 2 findet entsprechende Anwendung. Der Bestimmung einer Frist bedarf es auch dann nicht, wenn die Nacherfüllung fehlgeschlagen oder dem Besteller unzumutbar ist.
   Der Besteller kann von dem Unternehmer für die zur Beseitigung erforderlichen Aufwendungen Vorschuss verlangen.“

Literaturverzeichnis

Abschlussbericht der Arbeitsgruppe Bauvertragsrecht beim Bundesministerium der Justiz, 18.06.2013, https://www.bmj.de/SharedDocs/Gesetzgebungsverfahren/Dokumente/Abschlussbericht_AG_Bauvertragsrecht.pdf;jsessionid=AEE09922101A5BFD22ED06DE92FC2226.1_cid289?__blob=publicationFile&v=2 (Abschlussbericht, 2013, S.)

Angstmann, Luca/ Von der Crone, Hans Casper: Ersatzvornahme nach Art. 98 OR, SZW 2016, 418–430.

Armbrüster Christian, Bickert Elmar: Unzulängliche Mitwirkung des Auftraggebers beim Bau- und Architektenvertrag, NZBau 2006, 153–160.

Auer, Marietta: Das Recht der ungerechtfertigten Bereicherung und der Geschäftsführung ohne Auftrag, in: Eckpfeiler des Zivilrechts, J. von Staudingers Kommentar zum Bürgerlichen Gesetzbuch mit Einführungsgesetz und Nebengesetzen, Berlin 2020, S. 1209–1297. (Auer, in: Staudinger/Eckpfeiler (2020) S)

Bachmann, Gregor: Gefahrübergang und Gewährleistung: Zum zeitlichen Anwendungsbereich des besonderen Leistungsstörungsrechts, AcP 211 (2011), 395–434.

Baldringer, Sebastian/ Jordans, Roman: Beurteilung des „Abschleppfalles" nach bürgerlichem Recht – insbesondere Ersatz der Abschleppkosten bei widerrechtlichem Parken -, NZV 2005, 75–81.

Basler Kommentar: Obligationenrecht I, Art. 1–529 OR, hrsg. v. Corinne Widmer Lüchinger, David Oser, Basel 2020. (BaslerKomm/Berab. Art.)

Batsch, Karl Ludwig: Aufwendungsersatzanspruch und Schadensersatzpflicht des Geschäftsführers im Falle berechtigter und unberechtigter Geschäftsführung ohne Auftrag, AcP 171 (1971), 218–233.

Bauvertragsrecht Kommentar: Kommentar zu §§ 631–650v BGB unter besonderer Berücksichtigung der Rechtsprechung des BGH, hrsg. v. Rolf Kniffka, München 2018. (Bauvertragsrecht/Bearb. §)

Beck-online.GROSSKOMMENTAR zum Zivilrecht: Gesamthrsg. Beate Gsell, Wolfgang Krüger, Stephan Lorenz, Christoph Reymann, hrsg. v. Markus Artz, Wolfgang Ball, Martina Benecke, Stefan J. Geibel, Beate Gsell, Johannes Hager, Jan Dirk Harke, Martin Kessen, Johannes Köndgen, Alexander Krafka, Wolfgang Krüger, Thomas Lobinger, Dirk Looschelders, Stephan Lorenz, Hans-Ulrich Maurer, Gabriele Müller-Engels, Christoph Reymann, Wulf Schindler, Hubert Schmidt, Ulrich Segna,

Andreas Spickhoff, Marina Wellenhofer, München 2022. (BeckOGK BGB/ Bearb. §)

Beck'scher Online-Kommentar BGB: Hrsg. v. Wolfgang Hau, Roman Poseck, 61. Edition, München 2022. (BeckOK BGB/bearb.)

Beck'scher Online-Kommentar VOB/B: Hrsg. Stephan Cramer, Roland Kandel, Mathias Preussner, 46. Edition, München 2022. (BeckOK VOB/B/ Bearb. §)

Beck'scher VOB und Vergabe Kommentar: Vergabe und Vertragsordnung für Bauleistungen Teil B. Allgemeine Vertragsbedingungen für die Ausführung von Bauleistungen, Hrsg. Hans Ganten, Walter Jagenburg, Gerd Motzke, 2. Auflage, München 2008. (Beck'scher VOB-Komm./Bearb. B (2008) §)

Beck'scher VOB/B Kommentar: Vergabe und Vertragsordnung für Bauleistungen Teil B. Allgemeine Vertragsbedingungen für die Ausführung von Bauleistungen, Hrsg. Hans Ganten, Günther Jansen, Wolfgang Voit, 3. Auflage, München 2013. (Beck'scher VOB-Komm./Bearb. B (2013) §)

Bergmann, Andreas: Referendarexamensklausur – Zivilrecht: Mietrecht — Ein Häuschen auf dem Rotenbühl, JuS 2010, 234–238.

Bericht zur Neugliederung und Vereinfachung des Mietrechts: Bund-Länder-Arbeitsgruppe „Mietrechtsvereinfachung", Bericht zur Neugliederung und Vereinfachung des Mietrechts mit Textvorschlägen Dezember 1996, Köln 1997.

Berner Kommentar: Kommentar zum schweizerischen Privatrecht, hrsg. v. Heinz Hausheer, Band VI.: Das Obligationenrecht, 2. Abteilung: Die einzelnen Vertragsverhältnisse, 3. Teilband 1. Unterteilband: Der Werkvertrag, Art. 363–366 OR, erläutert von Alfred Koller, Bern 1998. (BernerKomm/ Bearb. Art.)

-**Dies.**: Kommentar zum schweizerischen Privatrecht, hrsg. v. Arthur Meier-Hayoz, Band VI.: Das Obligationenrecht, 2. Abteilung: Die einzelnen Vertragsverhältnisse, 3. Teilband: Der Werkvertrag, Art. 363–379 OR, erläutert von Georg Gautschi, Bern 1967.

- **Dies.**: Kommentar zum schweizerischen Privatrecht, hrsg. v. Regina E. Aebi-Müller, Christoph Müller, Das Obligationenrecht, Die Folgen der Nichterfüllung, Art. 97–109 OR, erläutert von Rolf H. Weber (Art. 100–101 und 104–106 OR), Susan Emmenegger (Vorb., Art. 97–99, 102–103 und 107–109 OR), Bern 2020.

Bersch, Andreas: Fälligkeit und Vertragsdauer im Werkvertragsrecht. Bestellerrechte bei Leistungsverzögerungen vor Fälligkeit der Werkleistung, Aachen 1995. (Bersch, Fälligkeit, S.)

Beuthien, Volker: Zweckerreichung und Zweckstörung im Schuldverhältnis, Tübingen 1969 (Beuthien, Zweckerreichung, S.)

Bezzenberger, Tilman: Der negatorische Beseitigungsanspruch und die Kosten der Ersatzvornahme, JZ 2005, 373–377.

Brändli, Roger: Die Nachbesserung im Werkvertrag. Eine Gesamtdarstellung unter Berücksichtigung der SIA-Norm 118, Zürich 2007. (Brändli, Nachbesserung, S.)

Brandner, Hans Erich: Referat, Empfiehlt sich eine Neukonzeption des Werkvertragsrechts?, in: Verhandlungen des fünfundfünfzigsten Deutschen Juristentages. Hamburg 1984, hrsg. v. Ständigen Deputation des Deutschen Juristentages, Band II Teil I, München 1984.

Brandt, Andreas: Die Selbstvornahme des Mieters, Hamburg 2012. (Brandt, Selbstvornahme)

Braun, Johann: Zahlungsansprüche des Käufers bei Schlechtleistung des Verkäufers, ZGS 2004, 423–430.

BRHP, BGB: Bürgerliches Gesetzbuch Kommentar, Band 1 §§ 1–480, hrsg. v. Heinz Georg Bamberger, Herbert Roth, Wolfgang Hau, Roman Poseck, München 2019. (BRHP/Bearb. §)

- **Ders.:** Bürgerliches Gesetzbuch Kommentar, Band 2 §§ 481–704, hrsg. v. Heinz Georg Bamberger, Herbert Roth, Wolfgang Hau, Roman Poseck, München 2019.

Brömmelmeyer, Christoph: Der Nacherfüllungsanspruch des Käufers als trojanisches Pferd des Kaufrechts?, JZ 2006, 493–499.

Brüggemeier, Gert: Referat. Empfiehlt sich die von der Schuldrechtskommission vorgeschlagene Neuregelung des allgemeinen Leistungsstörungsrechts, der Mängelhaftung bei Kauf- und Werkvertrag und des Rechts der Verjährung?, in: Verhandlungen des Sechzigsten Deutschen Juristentages Münster 1994, hrsg. v. Ständigen Deputation des Deutschen Juristentages, Band II/1 Teil K, München 1994. (Brüggemeier, Verhandlungen)

Bucher, Eugen: Schweizerisches Obligationenrecht Allgemeiner Teil ohne Deliktsrecht, Zürich 1979.

Busche, Jan: Bauleistungen im System des Werkvertragsrechts – Überlegungen zur Reform des Bauvertragsrechts, ZfPW 2018, 285–299.

Bydlinski, Peter: Die Konsequenten voreiliger Selbstverbesserung, entwickelt aus den zentralen gesetzlichen Wertungen, ZGS 2005, 129–132.

Canaris, Claus-Wilhelm: Der Fortbestand des Anspruchs auf die Gegenleistung nach § 326 Abs. 2 BGB wegen Verantwortlichkeit des Gläubigers, in: Festschrift für Eduard Picker zum 70. Geburtstag am 3. November 2010, in Gemeinschaft mit Reinhard Richardi und Jan Wilhelm, hrsg. v. Thomas Lobinger, Tübingen 2010, S. 113–137. (Canaris, FS Picker, S.)

- **Ders.**: Der Bereicherungsausgleich im Dreipersonenverhältnis, in: Festschrift für Karl Larenz zum 70. Geburtstag, hrsg. v. Gotthard Paulus, Uwe Diederichsen, Claus-Wilhelm Canaris, München 1973, S. 799–865. (Canaris, FS Larenz, S.)

- **Ders.**: Die Reform des Rechts der Leistungsstörungen, JZ 2001, 499–524.

Coester-Waltjen, Dagmar: Das Verhältnis von Ansprüchen aus Geschäftsführung ohne Auftrag zu anderen Ansprüchen, JURA 1990, 608–611.

Dankwardt, H.: Die locatio conductio operis, in: Jahrbücher für die Dogmatik des heutigen römischen und deutschen Privatrechts, Hrsg. C. F. von Gerber, R. Jhering. – Jena: Mauke. Bd. 13 = N.F Bd. 1 (1874), S. 299–380.

Das neue Bauvertragsrecht, hrsg. v. Bernd Dammert, Olaf Lenkeit, Iris Oberhauser, Hans-Egon Pause, Anna Stretz, München 2017. (Dammert/Lenkeit/Oberhauser/Pause/Stretz/*Bearb.* Bauvertragsrecht §)

Dauner-Lieb, Barbara/ Arnold, Arnd: Dauerthema Selbstvornahme, ZGS 2005, 10–14.

Dauner-Lieb, Barbara/ Dötsch, Wolfgang: § 326 II 2 BGB (analog) bei der Selbstvornahme?, NZBau 2004, 233–237.

-**Dies.:** Aufwendungsersatz für eine Mängelbeseitigung durch den Mieter. Alte Fragen in neuem Gewand?, NZM 2004, 641–647.

Decurtins, Carl: Die Erfüllungsverweigerung vor Fälligkeit im System der Vertragsverletzungen des schweizerischen Obligationenrechts, Zürich 1956. (Decurtins, Erfüllungsverweigerung, S.)

Derleder, Peter: Mängelrechte des Wohnraummieters nach Miet- und Schuldrechtsreform, NZM 2002, 676–685.

- **Ders.**: Der Rückbau nach Beendigung des Mietverhältnisses und der Ausgleich von Mieterinvestitionen, WuM 2006, 175–181.

Die Beratung des BGB: hrsg. v. Horst Heinrich Jakobs/ Werner Schubert, Die Beratung des Bürgerlichen Gesetzesbuchs in systematischer Zusammenstellung der unveröffentlichten Quellen, Recht der Schuldverhältnisse III, § 652 bis 853, Berlin 1980. (Die Beratung des BGB, bearb.)

Die gesammten Materialien zum Bürgerlichen Gesetzbuch für das Deutsche Reich, Hrsg. Benno Mugdan, I. Band: Einführungsgesetz und Allgemeiner Theil, Berlin 1899. (Mot. Bd. I, S.)

- **Dies.**: II. Band: Recht der Schuldverhältnisse, Berlin 1899. (Mot. Bd. II, S.)

Diederichsen, Uwe: Zur gesetzlichen Neuordnung des Schuldrechts, AcP 182 (1982), 101–125.

Diskussionsentwurf eines Schuldrechtsmodernisierungsgesetzes: v. Bundesministerium von Justiz, 4. August 2000.

Dörner, Heinrich: Zivilrechtliche Folgen des Parkens vor Grundstückszufahrten – AG Heidelberg, NJW 1977, 1541 und AG Karlsruhe, NJW 1977, 1926, JuS 1978, 666–672.

Dötsch, Wolfgang: Ersatz- bzw. Selbstvornahme im Mietrecht, Zugleich: Erstattungsansprüche des auf der Grundlage unwirksamer Schönheitsreparaturklauseln renovierenden Mieters, NZM 2007, 275–280

Ebert, Ina: Das Recht des Verkäufers zur zweiten Andienung und seine Risiken für den Käufer, NJW 2004, 1761–1764.

Emmerich, Volker: Die Verwendungen des Mieters, NZM 1998, 49–54.

- **Ders.**: Miete, in: Eckpfeiler des Zivilrechts, J. von Staudingers Kommentar zum Bürgerlichen Gesetzbuch mit Einführungsgesetz und Nebengesetzen, Berlin 2020, S. 1043–1097. (Emmerich, in: Staudinger/Eckpfeiler (2020) O)

Emmerich/Sonnenschein, Miete: Handkommentar §§ 535 bis 580a des Bürgerlichen Gesetzbuches, Allgemeines Gleichbehandlungsgesetz, hrsg. v. Volker Emmerich, Jürgen Sonnenschein, Berlin 2011.

Endemann, Friedrich: Lehrbuch des bürgerlichen Rechts: Einführung in das Studium des Bürgerlichen Gesetzbuchs. Einleitung; Allgemeiner Theil; Recht der Schuldverhältnisse, Band 1, 1899.

Erman, Bürgerliches Gesetzbuch: Handkommentar mit AGG, EGBGB (Auszug), ErbbauRG, LPartG, ProdHafiG, VBVG, VersAusglG und WEG, hrsg. v. Harm Peter Westermann, Barbara Grunewald, Georg Maier-Reimer, Köln 2020. (Erman/Bearb. §)

Esser, Josef/ Weyers, Hans-Leo: Schuldrecht, Band II, Besonderer Teil, Teilband 2, Gesetzliche Schuldverhältnisse, beg. v. Josef Esser, fortg. v. Hans-Leo Weyers, Heidelberg 2000. (Esser/Weyers, Besonderer, Bd. II TB. 2 §)

Falk, Ulrich: Von Titelhändlern und Erbensuchern – Die GoA-Rechtsprechung am Scheideweg, JuS 2003, 833–839.

Faust, Florian: Anm. zu BGH Urt. vom 16.1.2008 – VIII ZR 222/06, JuS 2008, 462–464.

- **Ders.**: Anm. zu BGH Urt. vom 21.05.2010 – V ZR 244/09, JuS 2010, 1016–1020.

- **Ders.:** Pflichtverletzung und Vertretenmüssen als Voraussetzungen des Anspruchs auf Schadensersatz statt der Leistung, in: Festschrift Für Claus-Wilhelm Canaris Zum 70. Geburtstag, hrsg. v. Andreas Heldrich, Jürgen Prölss, Ingo Koller sowie Katja Langenbucher, Hans, Christoph Grigoleit, Johannes Hager, Felix Christopher Hey, Jorg Neuner, Jens Petersen, Reinhard Singer, Band I, München 2007, S. 219–249. (Faust, FS Canaris, S.)

Fest, Timo: Die Bezugspunkte des Vertetenmüssens im System der §§ 280 ff. BGB, JURA 2005, 734–737.

- **Ders.**: Der Umfang des Ausschlusses des Rücktrittsrechts gem. §§ 323 Abs. 6 Alt. 1, 326 Abs. 5 BGB, ZGS 2006, 173–178.

Folnović, Alen: Sind werkvertragliche Mängelansprüche in der Herstellungsphase des Werkes ausgeschlossen?, BauR 2008, 1360–1368.

Franke, Horst: Anm. zu BGH, Urteil v. 19.12.2002 – VII ZR 103/00, LMK 2003, 82–83.

Fuchs, Heiko: Der Leistungsbegriff des Architektenvertrags Mängel und Verzug vor Abnahme, NZBau 2019, 25–29.

Führich, Ernst/ Staudinger, Ansgar: Reiserecht. Handbuch des Pauschalreise-, Reisevermittlungs-, Reiseversicherungs- und Individualreiserechts, München 2019. (Führich/Staudinger/ReiseR-HdB/Bearb. §)

Gauch, Peter: Die Verbesserung des mangelhaften Werkes durch einen Dritten, BR 1982, 34–36.

- **Ders.**: Die ·Ersatzvornahme nach OR 98 I und viele Fragen zur Nichterfüllung, Ein Entscheid des· Luzerner Obergerichts, recht 1987, 24–28.

- **Ders.**: Der Werkvertrag, Zürich 2019. (Gauch, Werkvertrag)

- **Ders.**: Die Vertragshaftung des Unternehmers: Eine Übersicht und praktische Einzelfragen, in: Schweizerische Baurechtstagung 1981, S. 1–32.

Gauch, Peter/ Schluep, Walter R./ Schmid, Jörg/Emmenegger, Susan: Schweizerisches Obligationenrecht Allgemeiner Teil ohne ausservertragliches Haftpflichtrecht, Bd. II, Zürich 2014. (Gauch/Schluep/Schmid/Emmenegger, OR AT, Bd. II Rn.)

Gernhuber, Joachim: Das Schuldverhältnis. Begründung und Änderung, Pflichten und Strukturen, Drittwirkungen, Tübingen 1989. (Gernhuber, Schuldverhältnis, §)

- **Ders.**: Die Erfüllung und ihre Surrogate: sowie das Erlöschen der Schuldverhältnisse aus anderen Gründen, Tübingen 1983. (Gernhuber, Erfüllung, §)

Gierke, Otto von: Dauernde Schuldverhältnisse, Jherings Jahrbücher für die Dogmatik des bürgerlichen Rechts. Bd. 64 = 2.F. Bd. 28, 1914, S. 355–411.

Glöckner, Jochen: Bauverträge im Bürgerlichen Gesetzbuch, JZ 2020, 63–75.

Ders.: Der neue alte Sachmangelbegriff – Begründung und Folgen, BauR 2009, 302–318.

Greiner, Stefan: Grenzfragen des Erfolgsbezugs im Werkvertragsrecht, AcP 211 (2011), 221–261.

- **Ders.**: Schuldrecht Besonderer Teil. Vertragliche Schuldverhältnisse, Berlin 2019. (Greiner, Besonderer)

Grüneberg: Bürgerliches Gesetzbuch mit Nebengesetzen, 81., neubearbeitete Auflage 2022 (Grüneberg/Bearb. §)

Grüneberg, Christian: Anmerkung zu OLG Hamm, Urteil vom 8.2.2018 – 21 U 95/15, NJW 2018, 2654.

Gsell, Beate: Substanzverletzung und Herstellung: deliktsrechtlicher Eigentumsschutz für Material und Produkt, Tübingen, 2003. (Gsell, Substanzverletzung)

-**Dies.**: Schadensersatz und Aufwendungsersatz im Mietrecht, NZM 2010, 71–78.

-**Dies.**: Deliktsrechtlicher Eigentumsschutz bei „weiterfressendem" Mangel, NJW 2004, 1913–1915.

-**Dies.**: Anmerkung zu BGH, Urteil vom 30.05.2008 – V ZR 184/07, LMK 2008, 266937.

- **Dies.**: Rechtlosigkeit des Käufers bei voreiliger Selbstvornahme der Mängelbeseitigung, ZIP 2005, 922–928.

Gursky, Karl-Heinz: Bereicherungsausgleich bei Selbsterfüllung?, NJW 1971, 782–787.

- **Ders.**: Der Tatbestand der Geschäftsführung ohne Auftrag, AcP 185 (1985), 13–45.

Hadding, Walther: Die Verweisungen auf die Vorschriften über die Herausgabe einer ungerechtfertigten Bereicherung im BGB, in: Festschrift für Otto Mühl zum 70. Geburtstag 10. Oktober 1981, hrsg. v. Jürgen Damrau, Alfons Kraft, Walther Fürst, Stuttgart 1981, S. 225–266 (Hadding, FS Mühl, S.)

Hagen, Horst: Funktionale Und Dogmatische Zusammenhänge zwischen Schadens- und Bereicherungsrecht, in: Festschrift für Karl Larenz zum 70. Geburtstag, hrsg. v. Gotthard Paulus, Uwe Diederichsen, Claus-Wilhelm Canaris, München 1973, S. 867–884. (Hagen, FS Larenz, S.)

Harke, Jan Dirk: Allgemeines Schuldrecht, Berlin, 2010. (Harke, Allgemeines)

- **Ders.**: Besonderes Schuldrecht, Berlin, 2011. (Harke, Besonderes)

- **Ders.**: Vorrang der Nacherfüllung – eine Bilanz, in: Zehn Jahre Schuldrechtsmodernisierung, hrsg. v. Markus Artz, Beate Gsell, Stephan Lorenz, Tübingen 2014, S. 237–259. (Harke, in: Schuldrechtsmodernisierung, S.)

- **Ders.**: Römisches Recht: von der klassischen Zeit bis zu den modernen Kodifikationen, München 2008. (Harke, Römisches, §)

Hartmann, Felix: Der Anspruch auf das stellvertretende commodum, Tübingen 2007. (Hartmann, stellvertretende)

Heinrichs, Helmut: Schadensersatzansprüche wegen Pflichtverletzung gegen den nach § 346 BGB zur Rückgewähr verpflichteten Schuldner, in: Liber Amicorum Eike Schmidt Zum 65. Geburtstag am 26.11.2004, hrsg. v. Gert

Brüggemeier, Heidelberg 2005, S. 159–185. (Heinrichs, Liber Amicorum E. Schmidt)

Herresthal, Carsten/ Riehm, Thomas: Die eigenmächtige Selbstvornahme im allgemeinen und besonderen Leistungsstörungsrecht, NJW 2005, 1457–1461.

Hirsch, Christoph: Schadensersatz statt der Leistung, JURA 2003, 289–298.

Historisch-kritischer Kommentar zum BGB: Band III Schuldrecht: Besonderer Teil §§ 433–853, 2. Teilband: §§ 657–853, hrsg. v. Mathias Schmoeckel, Joachim Rückert, Reinhard Zimmermann, Tübingen 2013. (HKK/Bearb. § BGB Rn.)

Hofmann, Carolin: Selbstvornahme im Mietrecht. Finanzieller Ausgleich bei eigenmächtiger Mangelbeseitigung, unwirksamen Schönheitsreparaturklauseln und Schönheitsreparaturen durch den Vermieter, Baden-Baden 2012. (Hofmann, Selbstvornahme)

Hofmann, Christian/ Pammler, Sebastian: Die Rechte des Käufers vor Übergabe bei unbehebbarem Mangel des Kaufgegenstandes, ZGS 2004, 91–95.

Honsell, Heinrich: Schweizerisches Obligationenrecht Besonderer Teil, Zürich 2017. (Honsell, Besonderer)

Huber, Peter: Die Schadensersatzhaftung des Verkäufers wegen Nichterfüllung der Nacherfüllungspflicht und die Haftungsbegrenzung des § 275 Abs. 2 BGB neuer Fassung, in: Festschrift für Peter Schlechtriem zum 70. Geburtstag, hrsg. v. Ingeborg Schwenzer, Günter Hager, Tübingen 2003, S. 521–567.

Huber, Ulrich: Leistungsstörungen, Empfiehlt sich die Einführung eines Leistungsstörungsrechts nach dem Vorbild des Einheitlichen Kaufgesetztes? Welche Änderungen im Gesetzestext und welche praktischen Auswirkungen im Schuldrecht würden sich dabei ergeben?,in: Gutachten und Vorschläge zur Überarbeitung des Schuldrechts, Band I, hrsg. v. Bundesminister der Justiz, Köln 1981, S. 647–909. (Huber, Gutachten, Bd. I, S.)

- **Ders.**: Leistungsstörungen, Band II, Die Folgen des Schuldnerverzugs; Die Erfüllungsverweigerung und die vom Schuldner zu vertretende Unmöglichkeit, Tübingen 1999. (Huber, Leistungsstörungen, Bd. II, §)

Huguenin, Claire: Obligationenrecht, Allgemeiner und Besonderer Teil, Zürich 2014. (Huguenin, Obligationenrecht)

Ingenstau/Korbion: VOB Teile A und B Kommentar, hrsg. v. Stefan Leupertz, Mark von Wietersheim, Köln 2020. (Ingenstau/Korbion/Bearb. VOB/B §)

Institut für Baurecht Freiburg i.Br. e.V.: Empfehlungen an den DVA zur Überarbeitung der VOB/B, BauR 1999, 699–712.

Jagenburg, Walter: Kurzkommentar zu BGH, Urt. v. 28.10.1986 - VI ZR 254/85, EWiR 1987, 677–678.

Jakobs, Horst Heinrich: Nichterfüllung und Gewährleistung beim Werkvertrag, in: Festschrift für Günther Beitzke zum 70. Geburtstag am 26. April 1979, hrsg. v. Otto Sandrock, Berlin 1979, S. 67–88.

Jansen, Kathrin Susanne: Die Mangelrechte des Bestellers im BGB-Werkvertrag vor Abnahme, Frankfurt am Main 2010. (Jansen, Mangelrechte)

Janssen, Bernhard: Abschleppen im bürgerlichen Recht, NJW 1995, 624–627.

Jauernig Bürgerliches Gesetzbuch mit Rom-I-, Rom-II-VO-, EuUnthVO/HUntProt und EuErbVO Kommentar: Hrsg. v. Rolf Stürner, 2021. (Jauernig/Bearb. §)

Jensen, Christina: Das Dilemma der Bauverträge. Insbesondere: Ein Vorschlag zur Entschärfung von Nachtragskonflikten, Baden-Baden 2006. (Jensen, Dilemma)

Jordan, Maximilian: Der zeitliche Anwendungsbereich des allgemeinen Leistungsstörungsrechts und der besonderen Gewährleistungsrechte beim Kauf-, Werk- und Mietvertrag, Frankfurt am Main 2015. (Jordan, Anwendungsbereich)

Joussen, Edgar: Mängelansprüche vor der Abnahme, BauR 2009, 319–332.

Kapellmann, Klaus D.: Die AGB-Festigkeit von § 1 III, IV und § 2 V, VI VOB/B angesichts des neuen BGB-Bauvertragsrechts, NZBau 2017, 635–639.

- **Ders.**: Schuldrechtsmodernisierungsgesetz: Baurechtlicher Ergänzungsentwurf des Arbeitskreises beim Institut für Baurecht Freiburg, NZBau 2001, 183–190.

Katzenstein, Matthias: Kostenersatz bei eigenmächtiger Selbstvornahme der Mängelbeseitigung nach § 326 Abs. 2 Satz 2 BGB?, ZGS 2004, 144–153.

- **Ders.**: Kostenersatz bei eigenmächtiger Selbstvornahme der Mangelbeseitigung – ein Plädoyer für die Abkehr von einer verfestigten Rechtspraxis, ZGS 2004, 300–308.

Kapellmann/Messerschmidt VOB-Kommentar: VOB Teil A und B Vergabe und Vertragsordnung für Bauleistungen mit Vergabeverordnung, hrsg. v. Klaus D. Kapellmann, Burkhard Messerschmidt, München 2020. (Kapellmann/Messerschmidt/Bearb. § VOB/B)

Keilholz, Kurt: Baurecht. Empfiehlt sich eine besondere Regelung der zivilrechtlichen Beziehungen zwischen den Beteiligten eines Bauvorhabens, soweit sie die Planung und Herstellung eines Bauwerks oder die Veräußerung eines für den Erwerber errichteten Bauwerks zum Gegenstand haben? Sollten baurechtliche Sonderentwicklungen des Zivilrechts außerhalb des BGB in die Kodifikation eingearbeitet werden?, in: Gutachten und Vorschläge zur

Überarbeitung des Schuldrechts, Band III, hrsg. v. Bundesminister der Justiz, Köln 1983, S. 241–333. (Keilholz, Gutachten, Bd. III, S.)

Kerwer, Christof: Die Erfüllung in der Zwangsvollstreckung, Köln 1996. (Kerwer, Erfüllung)

Klauser, Karl-August: Aufwendungsersatz bei Neubauten und werterhöhenden Verwendungen auf fremden Grund und Boden, NJW 1965, 513–518.

Klein, Walter: Nacherfüllung als Mangelanspruch gegen den Architekten, insbesondere vor Abnahme, BauR 2015, 358–371.

Klingbeil, Stefan: Die Not- und Selbsthilferechte: Eine dogmatische Rekonstruktion, Tübingen, 2017. (Klingbeil, Selbsthilferecht)

- **Ders.**: Selbsthilfe als private Zwangsvollstreckung, in: Jahrbuch Junge Zivilrechtswissenschaft Bochum 2018, Strukturwandel und Privatrecht, hrsg. v. Husemann, Korves, Rosenkranz, Schmitt, Arnold, Beke-Martos, Dördelmann, Häsemeyer, Kämper, Musinsky, Tadus, Tophof. Weirauch, Baden-Baden 2019, S. 185–214.

Klöhn, Lars: Kurzkommentar zu BGH, Urt. v. 16.1.2008 VIII-ZR 222/06, EWiR 2008, 235–236.

Kniffka, Rolf/ Retzlaff, Björn: Das neue Recht nach dem Gesetz zur Reform des Bauvertragsrecht, zur Änderung der kaufrechtlichen Mängelhaftung und zur Stärkung des zivilprozessualen Rechtsschutzes (BauVG), BauR 2017, 1747–1900.

Knütel, Christian: Zur „Selbstvornahme" nach § 637 Abs. 1 BGB n.F., BauR 2002, 689–694.

Koch, Raphael: Erstattungsfähigkeit von Abschleppkosten, NJW 2014, 3696–3698.

- **Ders.**: Abschleppen vom Privatparkplatz: geklärte und ungeklärte Fragen, NZV 2010, 336–340.

Kohler, Josef: Lehrbuch des Bürgerlichen Rechts, Berlin 1906. (Kohler, Bürgerlichen)

Koller, Alfred: Schweizerisches Obligationenrecht Allgemeiner Teil. Grundriss des allgemeinen Schuldrechts ohne Deliktsrecht, Band Il, Bern 2006. (Koller, OR AT, §)

- **Ders.**: Mängelbeseitigung durch Ersatzvornahme – Insbesondere das sog. Selbsthilferecht des Bestellers nach Art. 366 Abs. 2 OR, in: Haftung für Werkmängel, St. Galler Baurechtstagung 1998, hrsg. v. Alfred Koller, St. Gallen 1998, S. 1–31. (Koller, in: Werkmängel)

- **Ders.**: Vom Recht des Bauherrn auf Verbesserung des mangelhaften Werks – Das Nachbesserungsrecht im Bauwerkvertrag, in: Aktuelle Probleme des privaten und öffentlichen Baurechts, St. Galler Baurechtstagung 1994, hrsg. v. Alfred Koller, St. Gallen 1994, S. 1–177. (Koller, in: Baurechts)

- **Ders.**: Schweizerisches Werkvertragsrecht, Zürich 2015. (Koller, Werkvertragsrecht)

Kommission zur Überarbeitung des Schuldrechts: Abschlussbericht der Kommission zur Überarbeitung des Schuldrechts, hrsg. v. Bundesminister der Justiz, Köln 1992. (Abschlussbericht, 1992, S.)

Kompendium des Baurechts: Privates Baurecht und Bauprozess, hrsg. v. Rolf Kniffka, Wolfgang Koeble, München 2014. (Kniffka/Koeble/Bearb.)

- **Dies.**: hrsg. von Rolf Kniffka, Wolfgang Koeble, Andreas Jurgeleit, Dagmer Sacher, München 2020. (Kompendium/Bearb.)

Konsolidierte Fassung des Diskussionsentwurfs eines Schuldrechtsmodernisierungsgesetzes: v. BMJ, 6. März 2001. https://lorenz.userweb.mwn.de/schumod/diske/entwurf.pdf (Stand: 13.06.2024)

Koppensteiner, Hans-Georg: Probleme des bereicherungsrechtlichen Wertersatzes (II), NJW 1971, 1769–1776.

Korenke, Thomas: Fälle zum reformierten Schuldrecht, München 2003. (Korenke, Schuldrecht)

Kraus, Steffen/ Vygen, Klaus/ Oppler, Peter Michael: Ergänzungsentwurf Kraus/Vygen/Oppler zum Entwurf eines Gesetzes zur Beschleunigung fälliger Zahlungen der Fraktionen der SPD und Bündnis 90/Die Grünen, BauR 1999, 964–970.

Krauskopf, Frédéric: Die Kündigung von Bauverträgen und die Folgen, BRT 2007, 29–66.

Krüger, Wolfgang: Die Leistung zur Abwendung der Zwangsvollstreckung im Spannungsfeld zwischen materiellem und formellem Recht, NJW 1990, 1208–1213.

Kuhn, Tomas: Selbstvornahme im BGB – insbesondere im kauf-, miet- und werkvertraglichen Gewährleistungsrecht, JURA 2018, 541–555.

- **Ders.**: Eigenmächtige Mangelbeseitigung im Mietrecht: Sperre auch des Anspruchs aus § 539 I BGB i.V.m. berechtigter GoA?, ZMR 2009, 175–179.

Lamprecht, Philipp: Selbstvornahme des Gläubigers und Vorrang der Erfüllung nach neuem Schuldrecht, ZGS 2005, 266–274.

Larenz, Karl: Lehrbuch des Schuldrechts. Zweiter Band Besonderer Teil 1. Halbband, München 1986. (Larenz/Canaris, Schuldrecht, Bd. II/2 §)

Lederer, Marvin: Der funktionale Werkerfolg, Baden-Baden 2016. (Lederer, Werkerfolg, S.)

Leitzke, Walther: Vergütungsänderung bei unverändertem Werkerfolg – Versuch einer theoretischen Begründung, BauR 2008, 914–924.

Leuenberger, Christoph: Dienstleistungsverträge, ZSR 1987, 1–92.

Leupertz, Stefan: Der verpreiste Leistungsumfang und der geschuldete Erfolg. Überlegungen zur Struktur des Bauvertrages, BauR 2010, 273, 283.

Lettl, Tobias: Die Beeinträchtigung des Eigentums nach § 1004 I 1 BGB, JuS 2005, 871–879.

Lieb, Manfred/ Höhn, Günther: Grundfragen einer Schuldrechtsreform, AcP 183 (1983), 327–368.

Locher, Horst: Reformation – oder Deformation des Werkvertragsrechts durch die EG, in: Festschrift für Joachim Gernhuber zum 70. Geburtstag, hrsg. v. Hermann Lange, Knut Wolfgang Nörr, Harm Peter Westermann, Tübingen 1993, S. 281–298.

Looschelders, Dirk: Geltendmachung von Mängelrechten ohne Abnahme des Werkes, JA 2017, 708–710.

- **Ders.**: Die neuere Rechtsprechung zur kaufrechtlichen Gewährleistung, JA 2007, 673–679.

- **Ders.**: Die Verteilung des Schadens bei beiderseits zu vertretender Unmöglichkeit - OLG Frankfurt a.M., NJW-RR 1995, 435, JuS 1999, 949–952.

Lorenz, Stephan: Selbstvornahme der Mängelbeseitigung im Kaufrecht, NJW 2003, 1417–1419.

- **Ders.**: Anm. zu AG Daun, ZGS 2003, 398–399.

- **Ders.**: Voreilige Selbstvornahme der Nacherfüllung im Kaufrecht: Der BGH hat gesprochen und nichts ist geklärt, NJW 2005, 1321–1324.

- **Ders.**: Einmal Vertretenmüssen – immer Vertretenmüssen? Zum Verhältnis von Fristablauf und Vertretenmüssen beim Schadensersatz statt der Leistung, in: Festschrift für Ulrich Huber zum siebzigsten Geburtstag, hrsg. v. Theodor Baums, Johannes Wertenbruch, in Gemeinschaft mit Marcus Lutter, Karsten Schmidt, Tübingen 2006, S. 423–435.

- **Ders.**: Privates Abschleppen – Besitzschutz oder „Abzocke"?, NJW 2009, 1025–1029.

Loyal, Florian: Der fremdnützige Leistungszweck, JZ 2012, 1102–1110.

Magnussen, Sven: Die eigenmächtige Mängelbeseitigung durch den Besteller, Münster 1992. (Magnussen, Mängelbeseitigung)

Markus, Jochen: VOB/B-Novelle 2006 – Es bleibt dabei: Keine Anordnungsbefugnis des Auftraggebers zur Bauzeit, NZBau 2006, 537–540.

Markworth, David: Die Dogmatik der Selbstvornahmetatbestände des Leistungsstörungsrechts. Zugleich ein Plädoyer für eine Erweiterung des Kaufmängelgewährleistungsrechts, AcP 219 (2019), 63–99.

Martinek, Michael: Das Recht der ungerechtfertigten Bereicherung und der Geschäftsführung ohne Auftrag, in: Eckpfeiler des Zivilrechts, J. von Staudingers Kommentar zum Bürgerlichen Gesetzbuch mit Einführungsgesetz und Nebengesetzen, Berlin 2014/2015, S. 1181/1264. (Martinek, in: Staudinger/Eckpfeiler (2014) S)

Martinek, Michael/ Theobald, Uwe: Grundfälle zum Recht der Geschäftsführung ohne Auftrag, 1. Teil. Die Grundstrukturen der Geschäftsführung ohne Auftrag, JuS 1997, 612–619.

Matz, Christoph: Die Konkretisierung des Werkes durch den Besteller, Tübingen 2012. (Matz, Konkretisierung, S.)

Messerschmidt/Voit, Privates Baurecht: Kommentar zu §§ 631 ff. BGB samt systematischen Darstellungen sowie Kurzkommentierungen zu VOB/B, HOAI und BauFordSiG, hrsg. v. Burkhard Messerschmidt, Wolfgang Voit, 4. Auflage, München 2022 (Messerschmidt/Voit – Bearb., §)

Meßmer, Daniel: Das werkvertragliche Selbstvornahmerecht. Eine Untersuchung am Beispiel des Softwareerstellungsvertrags, Baden-Baden 2017. (Meßmer, Selbstvornahmerecht)

Motzke, Gerd: Parameter für Zusatzvergütung bei zusätzlichen Leistungen, NZBau 2002, 641–648.

Musielak/Voit, ZPO: Zivilprozessordnung mit Gerichtsverfassungsgesetz Kommentar, hrsg. von Musielak, Hans-Joachim/ Voit, Wolfgang, 19. Neub. Auflage, München 2022 (Musielak/Voit/bearb. ZPO)

Müller-Foell, Christoph: Ersatzvornahme beim VOB-Bauvertrag vor Abnahme auch ohne Kündigung?, NJW 1987, 1608–1610.

Münchener Kommentar zum Bürgerlichen Gesetzbuch: Hrsg. v. Franz Jürgen Säcker, Roland Rixecker, Hartmut Oetker und Bettina Limperg:

- **Band 2:** §§ 241–310 BGB, Schuldrecht Allgemeiner Teil I, München 2022.
- **Band 3:** §§ 311–432 BGB, Schuldrecht Allgemeiner Teil II, München 2022.
- **Band 5:** §§ 535–630h BGB, Schuldrecht Besonderer Teil II, BetrKV, HeizkostenV, WärmeLV, EFZG, TzBfG, KSchG, MiLoG, München 2020.
- **Band 6:** §§ 631–704 BGB, Schuldrecht Besonderer Teil III, München 2020.
- **Band 7:** §§ 705–853 BGB, Schuldrecht Besonderer Teil IV, Partnerschaftsgesellschaftsgesetz, Produkthaftungsgesetz, München 2020.

- **Band 8:** §§ 854–1296 BGB, Sachenrecht, WEG, ErbbauRG, München 2020. (MünchKommBGB/Bearb. §)

Münchener Kommentar zur Zivilprozessordnung mit Gerichtsverfassungsgesetz und Nebengesetzen: Band. 2: § 355–945b ZPO, hrsg. v. *Thomas Rauscher, Wolfgang Krüger*, 6. Auflage, München 2020.

Nicklisch, Fritz: Rechtsfragen des Subunternehmervertrags bei Bau- und Anlagenprojekten im In- und Auslandsgeschäft, NJW 1985, 2361–2370.

- **Ders**.: Empfiehlt sich eine Neukonzeption des Werkvertragsrechts? – unter besonderer Berücksichtigung komplexer Langzeitverträge, JZ 1984, 757–808.

Nicklisch/Weick/Jansen/Seibel, VOB/B: VOB Teil B Vergabe- und Vertragsordnung für Bauleistungen Kommentar, Hrsg. Günther Arnold Jansen, Mark Seibel, 5. Neubearbeitete Auflage, München 2019. (NWJS/Bearb., VOB/B §)

Niklaus, Jürg: Das Recht auf Ersatzvornahme gemäss Art. 366 Abs. 2 OR unter Einbezug anderer Rechte des Bestellers beim absehbaren Werkmangel, Bern 1999. (Niklaus, Ersatzvornahme)

Niquille-Eberle, Martha: Probleme rund um die Ersatzvornahme, insbesondere die Bevorschussung der Kosten, in: Neue und alte Fragen zum privaten Baurecht, St. Galler Baurechtstagung 2004 Tagungsbeiträge, hrsg. v. Alfred Koller, St. Galler 2004, S. 63–116. (Niquille-Eberle, in: SRT 2004, S.)

NomosKommentar: BGB Schuldrecht, Band 2/1: §§ 241–487, hrsg. v. Barbara Dauner-Lieb, Werner Langen, 4. Auflage, Baden-Baden 2021. (AnwKommBGB/Bearb. §)

- **Dies**.: BGB Schuldrecht, Band 2/2: §§ 488–661a, hrsg. v. Barbara Dauner-Lieb, Werner Langen, 4. Auflage, Baden-Baden 2021.

- Dies.: BGB Schuldrecht, Band 2/3: §§ 662–853, hrsg. v. Barbara Dauner-Lieb, Werner Langen, 4. Auflage, Baden-Baden 2021.

Oechsler, Jürgen: Praktische Anwendungsprobleme des Nacherfüllungsanspruchs, NJW 2004, 1825–1830.

- **Ders**.: Anm. zu BGH Urt. vom 23.02.2005 – VIII ZR 100/04, LMK 2005, 81–82.

- **Ders**.: Vertragliche Schuldverhältnisse, Tübingen 2017. (Oechsler, Schuldverhältnisse, §)

Oetker, Hartmut: Das Dauerschuldverhältnis und seine Beendigung. Bestandsaufnahme und kritische Würdigung einer tradierten Figur der Schuldrechtsdogmatik, Tübingen 1994. (Oetker, Dauerschuldverhältnis, S.)

Omlor, Sebastian: Selbstvornahme der Mängelbeseitigung im Kaufrecht ohne vorherige Fristsetzung, JA 2005, 563–564.

Ott, Andreas: Allgemeines Leistungsstörungsrecht versus werkvertragliche Mängelrechte, in: Recht des Wohnens – Gestalten mit Weitblick, Festschrift für Werner Merle zum 70. Geburtstag, hrsg. v. Christian Armbrüster, Matthias Becker, Wolf-Rüdiger Bub, Dagmar Reiß-Fechter, Joachim Wenzel, München 2010, S. 277–288. (Ott, FS Merle)

Paehler, Alexa: Die Selbstvornahme des Käufers, Baden-Baden 2010. (Paehler, Selbstvornahme)

Palandt, Otto: Bürgerliches Gesetzbuch, 59. Auflage, München 2000. (Palandt/Bearb. (2000) §)

Peters, Frank: Das geplante Werkvertragsrecht II, in: Zivilrechtswissenschaft und Schuldrechtsreform. Zum Diskussionsentwurf eines Schuldrechtsmodernisierungsgesetzes des Bundesministeriums der Justiz, Hrsg. Wolfgang Ernst und Reinhard Zimmermann, Tübingen 2001, S. 277–302. (Peters, in: Zivilrechtswissenschaft, S.)

- **Ders.**: Die Fälligkeit des Werklohns bei einem gekündigten Bauvertrag, NZBau 2006, 559–562.

- **Ders.**: Die fehlerhafte Planung des Bestellers und ihre Folgen, NZBau 2008, 609–612.

- **Ders.**: Weisungen des Bestellers nach VOB/B und BGB, NZBau 2012, 615–619.

- **Ders.**: Die Fälligkeit der Werklohnforderung, in: Festschrift für Hermann Korbion zum 60. Geburtstag am 18. Juni 1986, hrsg. von Walter Pastor, Düsseldorf 1986, S. 337–347.

- **Ders.**: Anm. zu Urt. des BGH v. 12.10.2006 – VII ZR 307/04, JR 2007, 426–427.

- **Ders.**: Rechtsdogmatik und Rechtspolitik im Werkvertragsrecht. Leistungen des Gesetzgebers und der Rechtsprechung, in: Rechtsdogmatik und Rechtspolitik. Hamburger Ringvorlesung, hrsg. v. Karsten Schmidt, Berlin 1990, S. 235–249.

- **Ders.**: Mängelbeseitigung durch den Unternehmer nach freier Kündigung des Bestellers?, NZBau 2014, 333–334.

- **Ders.**: Die eigene Mängelbeseitigung des Käufers, JR 2004, 353–355.

- **Ders.**: Zu der Struktur und den Wirkungen einer auf § 649 BGB gestützten Kündigung des Bestellers, BauR 2012, 11 ff.

Peters, Frank/ Jakoby, Florian: Werkvertrag, in: Eckpfeiler des Zivilrechts, J. von Staudingers Kommentar zum Bürgerlichen Gesetzbuch mit Einführungsgesetz und Nebengesetzen, Berlin 2018, S. 1063–1104. (Peters/Jacoby, in: Staudinger/Eckpfeiler (2018) Q)

Piel, Rudolf: Zur Abgrenzung zwischen Leistungsänderung (§ 1 Nr. 3, 2 Nr. 5 VOB/B) und Behinderung (§ 6 VOB/B), in: Festschrift für Hermann Korbion zum 60. Geburtstag am 18. Juni 1986, hrsg. von Walter Pastor, Düsseldorf 1986, S. 349–358.

PWW, Bürgerliches Gesetzbuch: Kommentar, hrsg. v. Hanns Prütting, Gerhard Wegen, Gerd Weinreich, 16. Auflage, Hürth 2021. (PWW/Bearb. §)

Ramming, Klaus: Die Aufforderung zur Bestätigung der Leistungsbereitschaft und -fähigkeit als weiterer vorzeitiger „Rechtsbehelf" des Gläubigers, ZGS 2003, 209–213.

Rampini, Corrado: Die nachträgliche Leistungserschwerung, Diss. an der Universität St. Gallen, 2002. (Rampini, Leistungserschwerung)

Reichelt, Juliane/ Ishola, Karen: Anmerkung zu BGH, Urt. v. 19.01.2017 - VII ZR 301/13, ZfIR 2017, 279–282.

Reichenbach, Sandy Bernd: Das Tatbestandsmerkmal der Pflichtverletzung im neuen Leistungsstörungsrecht, JURA 2003, 512–520.

Reischl, Klaus: Grundfälle zum neuen Schuldrecht, JuS 2003, 453–461.

Reuter, Dieter/ Martinek, Michael: Ungerechtfertigte Bereicherung, 2. Teilband, Dreiecksverhältnisse – Bereicherungshaftung – Konkurrenzen – Erkenntnisleitende Grundgedanken – Reformvorstellungen, von Dieter Reuter, Tübingen 2016. (Reuter/Martinek, Bereicherung, Teilb. 2 §)

Rieble, Volker: Ausgleichsansprüche bei unzulässiger Ersatzvornahme nach § 633 Abs. 3 BGB, DB 1989, 1759–1761.

Riehm, Thomas: Fiktive Mängelbeseitigungskosten auf dem Weg zum Großen Zivilsenat, NJW 2021, 27–32.

- **Ders.**: Pflichtverletzung und Vertretenmüssen – Zur Dogmatik der §§ 280 ff. BGB –, in: Festschrift Für Claus-Wilhelm Canaris Zum 70. Geburtstag, hrsg. v. Andreas Heldrich, Jürgen Prölss, Ingo Koller sowie Katja Langenbucher, Hans, Christoph Grigoleit, Johannes Hager, Felix Christopher Hey, Jorg Neuner, Jens Petersen, Reinhard Singer, Band I, München 2007, S. 1079–1103. (Riehm, FS Canaris, S.)

Rintelen, Claus von: Nachträge und Bauzeit, in: Baurecht und Architektenrecht, Festschrift für Messerschmidt zum 65. Geburtstag, hrsg. v. Klaus D. Kapellmann, Günther Jansen, Dieter Merkens, Thomas Thierau, München 2018, S. 279–291.

Rößing, Jens: Der Regreß des Verbrauchers gegen den Hersteller nach selbst vorgenommener Beseitigung von Produktgefahren, Frankfurt a.M. 2000. (Rößing, Produktgefahren)

Sacher, Dagmar/ Jansen Günther: Die einstweilige Verfügung in Bausachen gem. § 650 d BGB. Möglichkeiten und Grenzen, NZBau 2019, 20–24.

Saenger, Ingo: Einstweiliger Rechtsschutz und materiellrechtliche Selbsterfüllung. Möglichkeiten der kurzfristigen Verwirklichung von Ansprüchen auf Vornahme vertretbarer Handlungen – zugleich ein Beitrag zum Spannungsverhältnis von Prozeßrecht und materiellem Recht. Tübingen, 1998. (Saenger, Selbsterfüllung, S.)

Saenger, ZPO: Zivilprozessordnung, Familienverfahren, Gerichtsverfassung, Europäisches Verfahrensrecht Handkommentar, hrsg. v. Ingo Saenger, **9. Auflage, Baden-Baden 2021.** (Saenger-ZPO/Bearb., §)

Schlier, Thorsten: Mängelrechte vor der Abnahme im BGB-Bauvertrag, Überlegungen de lege lata und de lege ferenda, Baden-Baden 2017. (Zitiert: Schlier, Mängelrechte)

Schmid, Jörg,: Ersatzvornahme: Voraussetzungen, Vorschuss, Durchführung, BRT 2017, 117–130.

- **Ders.**: Die Ersatzvornahme im allgemeinen Schuldrecht, in: Norm und Wirkung. Beiträge zum Privat- und Wirtschaftsrecht aus heutiger und historischer Perspektive. Festschrift für Wolfgang Wiegand zum 65. Geburtstag, hrsg. v. Eugen Bucher Claus-Wilhelm Canaris Heinrich Honsell Thomas Koller, Bern 2005, München 2005, S. 605–632.

Schmid, Kerstin: Die Natur des Bauvertrags. Der Prüfungsmaßstab bauvertraglicher Regelungsmechanismen, analysiert anhand nationaler und internationaler Regelwerke, Köln 2010. (Schmid, Bauvertrags, S.)

SCHMIDT-FUTTERER Mietrecht Großkommentar des Wohn- und Gewerberaummietrechts, Hrsg. v. Hubert Blank, München 2017.

Schroeter, Ulrich G.: Das Recht zur zweiten Andienung im System des Schuldrechts, AcP 207 (2007), 28–63.

- **Ders.**: Kostenerstattungsanspruch des Käufers nach eigenmächtiger Selbstvornahme der Mängelbeseitigung?, JR 2004, 441–444.

Schönknecht, Marcus: Die Selbstvornahme im Kaufrecht. Eine Untersuchung der voreiligen Mangelbeseitigung durch den Käufer unter Berücksichtigung der Parallelproblematik im UN-Kaufrecht. Baden-Baden 2007. (Schönknecht, Selbstvornahme)

Schubert, Werner: Grenzen der Geschäftsführung ohne Auftrag, NJW 1978, 687–689.

Schulze, Bürgerliches Gesetzbuch Handkommentar: Hrsg. Reiner Schulze, 11. Auflage 2022. (HK-BGB/Bearb. §)

Schünemann, Wolfgang B.: Befriedigung durch Zwangsvollstreckung, JZ 1985, 49–57.

Schwarz, Günter Christian/ Ernst, Astrid: Ansprüche des Grundstücksbesitzers gegen "Falschparker", NJW 1997, 2550–2556.

Schwarze, Roland: Das Recht der Leistungsstörungen, 3. neu bearbeitete Auflage, Berlin 2022. (Schwarze, Leistungsstörungen, §).

Schwarze, Torsten: Auswirkungen der bauvertraglichen Kooperationsverpflichtung, BauR 2004, 895–904.

Schwenker, Christian: Keine Mängelrechte vor Abnahme, NJW 2017, 1579–1581.

Seidel, Hans-Jürgen: Das "Nachbesserungsrecht" des Unternehmers beim Werkvertrag, JZ 1991, 391–395.

Siegburg, Peter: in: Festschrift für Walter Jagenburg zum 65. Geburtstag, hrsg. v. Klaus Brügmann, Peter Michael Oppler, Christian Wenner, München 2002, S. 839–853.

- **Ders.**: Zum AGB-Charakter der VOB/B und deren Privilegierung durch das AGB-Gesetz, BauR 1993, 9–23.

Soergel, Kohlhammer-Kommentar: Bürgerliches Gesetzbuch mit Einführungsgesetz und Nebengesetzen, Band 4/1 Schuldrecht III/ 1 (§§ 516–651) Gesetz zur Regelung der Miethöhe Verbraucherkreditgesetz, beg. v. Hs. Th. Soergcl, hrsg. v. W . Siebert, Stuttgart 1998. (Soergel/Bearb. (1998) §)

- **Ders.**: Bürgerliches Gesetzbuch mit Einführungsgesetz und Nebengesetzen, Band 8 Schuldrecht 6 §§ 535–610, Stuttgart 2007. (Soergel/Bearb. §)

- **Ders.**: Bürgerliches Gesetzbuch mit Einführungsgesetz und Nebengesetzen, Band 10 Schuldrecht 8 §§ 652–704, Stuttgart 2012. (Soergel/Bearb. §)

- **Ders.**: Bürgerliches Gesetzbuch mit Einführungsgesetz und Nebengesetzen, Band 11/3 Schuldrecht 9/3 §§ 780–822, Stuttgart 2012. (Soergel/Bearb. §)

- **Ders.**: Bürgerliches Gesetzbuch mit Einführungsgesetz und Nebengesetzen, Band 15/1 Sachenrecht 2/1 §§ 985–1017 ErbbauVO, Stuttgart 2007. (Soergel/Bearb. §)

Spindler, Gerald: IT-Sicherheit und Produkthaftung – Sicherheitslücken, Pflichten der Hersteller und der Softwarenutzer, NJW 2004, 3145–3150.

Staudinger BGB: J. von Staudingers Kommentar zum Bürgerlichen Gesetzbuch mit Einführungsgesetz und Nebengesetzen, Buch 2, Recht der Schuldverhältnisse §§ 255–304 (Leistungsstörungsrecht 1), Berlin 2019. (Staudinger/Bearb. §)

- **Ders.**: J. von Staudingers Kommentar zum Bürgerlichen Gesetzbuch mit Einführungsgesetz und Nebengesetzen, Buch 2, Recht der Schuldverhältnisse §§ 362–396 (Erfüllung, Hinterlegung, Aufrechnung), Berlin 2016.

- **Ders.**: J. von Staudingers Kommentar zum Bürgerlichen Gesetzbuch mit Einführungsgesetz und Nebengesetzen, Buch 2, Recht der Schuldverhältnisse §§ 433–480 (Kaufrecht), Berlin 2014.

- **Ders.**: J. von Staudingers Kommentar zum Bürgerlichen Gesetzbuch mit Einführungsgesetz und Nebengesetzen, Buch 2, Recht der Schuldverhältnisse §§ 631–651 (Werkvertrag, Bauvertrag, Verbraucherbauvertrag, Architekten- und Ingenieurvertrag, Bauträgervertrag), Berlin 2019.

- **Ders.**: J. von Staudingers Kommentar zum Bürgerlichen Gesetzbuch mit Einführungsgesetz und Nebengesetzen, Buch 2, Recht der Schuldverhältnisse §§ 631–651 (Werkvertragsrecht), Berlin 2014. (Staudinger/Bearb. (2014) §)

- **Ders.**: J. von Staudingers Kommentar zum Bürgerlichen Gesetzbuch mit Einführungsgesetz und Nebengesetzen, Zweites Buch, Recht der Schuldverhältnisse §§ 631–651, Berlin 2000. (Staudinger/Bearb. (2000) §)

- **Ders.**: J. von Staudingers Kommentar zum Bürgerlichen Gesetzbuch mit Einführungsgesetz und Nebengesetzen, Buch 2, Recht der Schuldverhältnisse §§ 677–704 (Geschäftsführung ohne Auftrag), Berlin 2015.

- **Ders.**: J. von Staudingers Kommentar zum Bürgerlichen Gesetzbuch mit Einführungsgesetz und Nebengesetzen, Buch 2, Recht der Schuldverhältnisse §§ 812–822 (Ungerechtfertigte Bereicherung), Berlin 2007.

- **Ders.**: J. von Staudingers Kommentar zum Bürgerlichen Gesetzbuch mit Einführungsgesetz und Nebengesetzen, Buch 3, Sachenrecht §§ 903–924 (Eigentum 1 – Privates Nachbarrecht), Berlin 2016.

- **Ders.**: J. von Staudingers Kommentar zum B ürgerlichen Gesetzbuch mit Einführungsgesetz und Nebengesetzen, Buch 3, Sachenrecht §§ 985–1011 (Eigentumsschutz und Eigentümer-Besitzer-Verhältnis), Berlin 2019.

Stein/Jonas ZPO: Kommentar zur Zivilprozessordnung, Band 7: §§ 704–827, hrsg. v. Friedrich Stein, Martin Jonas, 22. Auflage, Tübingen 2002. (Stein/Jonas/Bearb. § ZPO)

Stöber, Michael: Das Abschleppenlassen von Fahrzeugen durch private Grundstücksbesitzer – Rechtsmäßigkeit und Kosten, DAR 2006, 486–490.

- **Ders.**: Die Einschaltung von Abschlepp- und Überwachungsunternehmen sowie anwaltliche Mahnungen als Mittel gegen unbefugtes Parken auf Privatgrundstücken?, DAR 2008, 72–77.

- **Ders.**: Ansprüche des Grundstücksbesitzers gegen den unbefugt Parkenden auf Ersatz der Abschleppkosten, DAR 2009, 539–542.

Teichmann, Arndt: Empfiehlt sich eine Neukonzeption des Werkvertragsrechts?. Gutachten A für den 55. Deutschen Juristentag, in: Verhandlungen des fünfundfünfzigsten Deutschen Juristentages. Hamburg 1984, hrsg. v. Ständigen Deputation des Deutschen Juristentages, Band I (Gutachten) Teil A, München 1984. (Teichmann, Verhandlungen, Bd. I, A.)

Teichmann, Christoph: Werkvertragsrecht, in: Examenswissen zum neuen Schuldrecht, hrsg. v. Martin Schwab, Carl-Heinz Witt, München 2003, S. 255–293.

Thode, Reinhold: Mängelansprüche vor Abnahme der Werkleistung: Minderung des Vergütungsanspruchs und kleiner Schadensersatz statt Leistung, Anmerkung zu: BGH 7. Zivilsenat, Urteil vom 19.01.2017 – VII ZR 235/15, jurisPR-PrivBauR 5/2017 Anm. 1.

- **Ders.**, Die wichtigsten Änderungen im BGB-Werkvertragsrecht: Schuldrechtsmodernisierungsgesetz und erste Probleme – Teil 1, NZBau 2002, 297–305.

Thole, Christoph: Die Geschäftsführung ohne Auftrag auf dem Rückzug – Das Ende des „auch fremden" Geschäfts?, NJW 2010, 1243–1248.

Tillmanns, Kerstin: Strukturfragen des Dienstvertrages. Leistungsstörungen im freien Dienstvertrag und im Arbeitsvertrag, Tübingen 2007. (Tillmanns, Strukturfragen, S.)

Todorow, Valentin: Der Bezugspunkt des Vertretenmüssens beim Schadensersatz statt der Leistung, Berlin 2009. (Todorow, Vertretenmüssens)

Tuhr, Andreas von/ Escher, Arnold: Allgemeiner Teil des Schweizerischen Obligationenrechts, Zweiter Band, Zürich 1974. (Von Tuhr/Escher, OR AT II, §)

Unberath, Hannes: Die Vertragsverletzung, Tübingen 2007. (Unberath, Vertragsverletzung)

Vogel, Olrik: Die gesetzlichen Kündigungstatbestände – Ausübung, Voraussetzungen und Rechtsfolgen – BauR 2011, 313–330.

Voit, Wolfgang: Die Rechte des Bestellers bei Mängeln vor der Abnahme, BauR 2011, 1063–1078.

- **Ders.**, Mängelrechte vor der Abnahme nach den Grundsatzentscheidungen des BGH, NZBau 2017, 521–525.

- **Ders.**, Die außerordentliche Kündigung des Werkvertrages durch den Besteller, BauR 2002, 1776–1788.

- **Ders.**, Der antizipierte Vertragsbruch und seine Auswirkungen im Baurecht, in: Festschrift für Wolfgang Koeble zum 65. Geburtstag, hrsg. v. Rolf Kniffka, Ulrich Locher, München 2010, S. 225–236.

- **Ders.**: Anm. zu BGH Urt. vom 29. 9. 2011 – VII ZR 87/11, NJW 2011, 3782–3783.

- **Ders.**: Keine Mängelrechte vor der Abnahme – Die Bedeutung des Erfüllungsanspruchs des Bestellers und des werkvertraglichen Abrechnungsverhältnisses vor der Abnahme, BauR 2022, 339–349.

Vollkommer, Max: Die Konkurrenz des allgemeinen Leistungsstörungsrechts mit den Leistungsstörungsinstituten der besonderen Schuldvertragstypen, AcP 183 (1983), 525–561.

Vorwerk, Volkert: Mängelhäftung des Werkunternehmers und Rechte des Bestellers nach neuem Recht, BauR 2003, 1–13.

Vowinckel, Cornelius: Die Geltendmachung des Vorschussanspruchs nach dem Verlangen des kleinen Schadensersatzes, NZBau 2019, 87–90.

Wandt, Manfred: Gesetzliche Schuldverhältnisse. Deliktsrecht – Schadensrecht – Bereicherungsrecht – GoA, München 2014. (Wandt, Gesetzliche, §)

Weidt, Heinz: Antizipierter Vertragsbruch, eine Untersuchung zum deutschen und englischen Recht, 2008. (Weidt, Vertragsbruch)

Weingart, Hans-Joachim: Das Postulat der Funktionstauglichkeit im Werkvertrag. Die richtige Verortung beim Wegfall der anfänglich gemeinsamen subjektiven Geschäftsgrundlage, NZBau 2019, 342–353.

Weise, Stefan: Mängelrechte vor der Abnahme, NJW-Spezial 2008, 76–77.

Weller, Marc-Philippe: Die Vertragstreue. Vertragsbindung – Naturalerfüllungsgrundsatz – Leistungstreue, Tübingen 2009. (Weller, Vertragstreue, S.)

Wendehorst, Christiane: Der Rückgriff, JURA 2004, 505–513.

Wersin, Patrick: Das Bereicherungsverbot im Vertragsrecht, Berlin 2019. (Wersin, Bereicherugsverbot)

Weyers, Hans-Leo: Werkvertrag. Welche Ergänzungen und Fortentwicklungen sind im Werkvertragsrecht im Hinblick auf die technischen, wirtschaftlichen und juristischen Weiterentwicklungen der Rechtswirklichkeit geboten?, in: Gutachten und Vorschläge zur Überarbeitung des Schuldrechts, Band II, hrsg. v. Bundesminister der Justiz, Köln 1981, S. 1115–1207. (Weyers, Gutachten, Bd. II, S.)

- **Ders.**: Typendifferenzierung im Werkvertragsrecht, AcP 182 (1982), S. 60–79.

Woitkewitsch, Christopher: Kostenerstattung – Die Freihaltung privater Parkfläche durch Abschleppunternehmen, MDR 2005, 1023–1027.

Wolf, Alfred: Die Überarbeitung des Schuldrechts, AcP 182 (1982), 80–100.

Wolf, Manfred: Die aufgedrängte Bereicherung, JZ 1966, 467–473.

Zanner Christian, Keller Natalie: Das einseitige Anordnungsrecht des Auftraggebers zu Bauzeit und Bauablauf und seine Vergütungsfolgen, NZBau 2004, 353–360.

FSC
www.fsc.org
MIX
Papier | Fördert gute Waldnutzung
FSC® C083411

Kolibri 360 GmbH
Ferdinand-Jühlke-Straße 7
99095 Erfurt, Deutschland
produktsicherheit@kolibri360.de

Druck:
CPI Druckdienstleistungen GmbH
im Auftrag der
Kolibri 360 GmbH
Ferdinand-Jühlke-Str. 7
99095 Erfurt